慈悲 Forward Facing® 枯竭

PROFESSIONAL RESILIENCE

Prevention and Resolution of Burnout,
Toxic Stress and Compassion Fatigue

我撐不住了，還能繼續幫人嗎？
助人者的自我修復指南

J. ERIC GENTRY　｜　JEFFREY JIM DIETZ
艾瑞克・根特里　　　傑佛瑞・吉姆・狄亞茲

著

郭約瑟 —— 譯　　林式毅 —— 審訂

Content

| 專文推薦 | 永續守護助人者的心靈火種　李正達 ……… 006

| 專文推薦 | 我們不需要再「燃燒自己，照亮別人」了　袁瑋 ……… 010

| 專文推薦 | 一段感動、解惑、療癒與救贖的旅程　陳錫中 ……… 013

| 專文推薦 | 於生命昏暗之時，重現光明與溫暖　陳高欽 ……… 017

| 專文推薦 | 選擇「不受苦」的智慧　黃名琪 ……… 019

| 專文推薦 | 在危機中綻放永續的熱情　蘇冠賓 ……… 021

| 審訂者序 | 延續熱情與專業的心靈指引明燈 ……… 024

| 譯 者 序 | 慈悲枯竭，不是人格軟弱的印記，
　　　　　而是轉化與重生的契機 ……… 027

| 作 者 序 | 向前看，並堅定信心 ……… 038

前　言　強化韌力，健全心理免疫機制 ……… 041

PART 1　洞悉問題的本質 ……… 075

第 1 章　助人工作的試煉與韌力：
　　　　發光者必得忍受焚燒之痛 ……… 076

第 2 章　希望與轉機：
　　　　修正威脅感知與調節自律神經系統 ……… 087

第 3 章	慈悲枯竭：	
	次發創傷壓力與倦怠綜合影響的後果	104
第 4 章	職業倦怠：	
	感知要求超過感知資源的慢性狀態	115
第 5 章	次發創傷壓力：	
	目擊或聆聽悲慘情事的潛在性傷害	125

PART 2 實踐有效的解決方案 151

第 6 章	前瞻式專業韌力與五大核心技能	152
第 7 章	自我調節：	
	內在覺察與即刻放鬆	159
第 8 章	循意向行事：	
	莫忘初衷，活出價值與使命	192
第 9 章	感知成熟：	
	職場解毒與自我優化	217
第 10 章	連結與支持：	
	建立連結且共依存的支持網絡	248

第 11 章　自我照護與活力重振：
　　　　　為慈悲與韌力充能　　　　　　　　　256

第 12 章　建立個人專屬的前瞻式專業韌力計畫　　265

第 13 章　未來願景：
　　　　　理性溝通、團結合作，共創三贏局面　　292

附　錄　專為療癒慈悲枯竭設計的
　　　　前瞻式加速復原計畫　　　　　　　　　302

致　謝　　　　　　　　　　　　　　　　　　　318

參考文獻　　　　　　　　　　　　　　　　　　321

好評推薦

自從二十多年前初次接觸「替代性創傷」這個詞，我才真正明白——原來，願意關懷他人，是會疼的。在助人這條路上，我們學會了傾聽、陪伴、付出，卻很少有人教我們，怎麼好好地回來擁抱自己。當我們一次次走進他人的創傷與苦痛中，是否也在不知不覺間，與自己失去了連結？

當熱情漸漸熄滅，當感受變得遲鈍，當疲憊覆蓋了我們熟悉的信念與初心，那份想暫停、想照顧自己的渴望，常常還夾雜著羞愧。這些年來，我陪伴許多默默承擔的助人者，也持續尋找一本能真正觸及他們內在困頓與渴望的書。

直到今天，這本書終於來到我們眼前——它不只是一本關於專業恢復力的指南，更像是一雙溫暖的手，輕輕牽著我們，往內走。走進那個可能早已疲憊、遺忘自己的地方。它不要我們對抗脆弱，而是邀請我們，在脆弱裡找到勇氣。不再只是學會怎麼「撐住」，而是學會怎麼真實地「活著」。

這本書，獻給每一位願意用心關懷他人的人，也是一封深深寫給自己的溫柔回信——你的痛苦，值得被看見。你的疲憊，不該被忽略。你的內在，有重生與連結的力量。

——楊東蓉，資深社工督導

廣義來說，所有需要為他人付出心力、給予同理或懷抱慈悲的助人工作者們，都能從這本書中獲得提醒與實用的方法，讓「自己」——這項最重要的工具——得到更好的保護、保養與滋養。誠摯推薦！

——蘇益賢，臨床心理師

| 專文推薦 |

永續守護助人者的心靈火種

李正達

臺北榮總精神部主治醫師及情緒精準醫療中心主任
國立陽明交通大學醫學系及腦科學研究所教授

　　身為深耕腦科學及腦神經刺激的精神科醫師，我曾治療過無數位頑固型憂鬱症患者，並進行許多深入的研究。除了深切體會到慢性壓力與憂鬱症之間有著高度關聯性，也反覆觀察到若運用上精準的腦部刺激治療，就連原本不抱希望的頑固型憂鬱患者，也能在數星期內快速恢復情緒穩定與精神健康。這些臨床現象背後的腦神經機制，與本書《慈悲枯竭》所提出「前瞻式專業韌力」架構與慈悲枯竭的核心概念，可謂不謀而合。

　　本書作者同樣來自精神醫療相關領域，運用實際的臨床案例與平易近人的筆調（應該歸功於翻譯功力深厚的郭約瑟副院長），讓人在閱讀的過程中能不自覺地聚精會神，亦能感同身受。長期職業壓力及從事助人工作都難免經歷痛楚，然而只要方法得當，就能避免受到積累的傷害。我認為本書不僅是所有現代人自我療癒的心理指南，更是腦科學的臨床應用典範。本書所提「提升專業韌力的五項核心技能」，概念明確、執行容易，是現代人長期培養出自我保護能力、維持榮譽感及使命初心的實用策略。

以醫療為例,醫護人員長期面臨的壓力,不僅來自病患、家屬的需求,還包括醫療系統的高負荷、社會對醫療人員的高度期待、行政管理壓力、人際壓力、甚至還有研究及教學的繁瑣業務。尤其是在重大事件,如疫情爆發、或是近年醫護人力大量出走所導致的人力短缺危機,使得醫院前線人員工作量激增,慈悲枯竭的風險大幅升高。

坦白說,長期堅守一線工作的醫護人員,慈悲枯竭的出現,就如同書中所表述:是一定會出現,但可能只是時間的問題。而且這問題可想見在整體臨床表現愈卓越的醫療機構,潛在的風險愈高,因為人畢竟是血肉之軀,事情要做得盡善盡美,靠的就是其中醫護人員們無私的奉獻,傲人成績的背後,如書中弗蘭克醫師的名言「發光者必得忍受焚燒之痛」所示:**都是給患者希望的發光者,燃燒自己所帶來的正向結果**。而且,影響的不只是深受慈悲枯竭困擾的助人者,病人與醫療機構同樣也會深受其害。也因此,請正在閱讀此書的醫護人員給自己一個掌聲,也請社會大眾多給醫護人員一些同理及關懷。

細讀此書,發現其中的內容與我長年針對憂鬱症大腦機制的研究結果,有著異曲同工之妙。例如書中提到:「慈悲枯竭並非表面上單純來自環境壓力的毒害,而是來自於心理免疫系統(大腦因應迴路)的缺失。」此概念呼應了在重大創傷環境中的救難人員,大多數不會在現場立即出現身心問題,因為在於具備良好的「大腦免疫」因應機制,而這種保護性的心理抗體,正是本書所稱的「韌力」。

吾人近來的研究也發現,壓力與大腦前額葉的抑制能力有顯著的關聯性。壓力愈大,健康者及輕度憂鬱症患者的大腦前額葉的抑制訊號表現愈強;然而,在頑固型憂鬱症患者身上,此關

聯性消失,且其整體自評壓力值並未過高,代表頑固型憂鬱症患者,其實是腦部已經失去正常因應能力,當下的壓力源已非其憂鬱的主要致病原因。

然而,雖然本書重點並未聚焦制度面因素,但也不要輕忽實際工作負荷壓力、工時過長、薪資偏低及相關人際霸凌,對於職場人員的潛在傷害,這些問題,在人力缺乏、工作內容多元且難以預期時,也是造成過勞及精力枯竭的元凶之一。其中系統性的問題,更需要制度面的改善,也同時需要政府、醫院管理層與社會共同努力方能解決。

其實,精神疾病的出現,受到多元的影響,所謂「三分天注定、七分靠打拼」,這個概念用在精神官能症上是再貼切不過。過去針對同卵雙胞胎的研究,發現絕大多數的精神官能症,基因生理的影響(多是腦部神經傳導相關調控分子)大概佔了三成,而後天環境影響佔七成。也就是說即便帶有先天不足的基因,經過後天的努力及生活調整,也能避免受到精神官能症的影響。當然,愈是重大的精神疾病,生理的致因比例可能佔比愈高。

書中亦指出,一旦腦部的前扣帶迴皮質功能受損時,個體會失去對環境訊息的正確感知能力,容易在實際很低或沒有危險的情境中產生威脅感知。前額葉與前扣帶迴都是腦部掌控杏仁核(負面情緒迴路中的關鍵腦區)過度活化的重要腦區,一旦失常,便會啟動過度的威脅偵測機制,進而引發情緒困擾。這些神經變化正可解釋為何傳統壓力管理策略效果有限,也凸顯慈悲枯竭需要針對特定腦區的靶向性介入。

吾人長期透過探索新的腦部造影及刺激技術,尋找患者的希望之光。本書讓我有了新的發想:現代精神醫學除了能破解治療患者大腦迴路的奧秘,也應能找出內在韌力的腦部機制,以預防

職業倦怠及慈悲枯竭,進而加強守護專業職人與助人者的心靈火種。人腦調控壓力及情緒的機制已逐步被解構,人腦亦有著驚人的神經可塑性及自我療癒潛力。本書所提出的「前瞻式專業韌力」課程,為職業倦怠及慈悲枯竭提供了實證的解方,而且光靠簡單的練習及自我思維的改變即可做到,從腦神經科學的視角看來,這無疑是對「韌力」的一種成功解碼。

　　本書不僅是現代職場助人者的自我修復指南,更是神經可塑性理論的臨床延伸,並為醫療系統改革提供新思路。當我們在臨床上運用腦刺激術,如重覆經顱磁刺激(rTMS),重塑患者的前額葉功能時,亦需以同等科學而嚴謹的態度,建構並培育一個能提升神經韌力的醫療生態系統。願此書成為雙重療癒的明燈——不僅能照亮患者的未來希望,也能永續守護助人者自身的神經元星火。

李正達教授創立臺灣第一個以客觀智慧醫療方式來診療情緒的「情緒精準醫療中心」(Precision Depression Intervention Center, PreDIC),亦為臺灣腦刺激學會的發起人。根據ExpertScape的統計,李正達教授在治療頑固型憂鬱症(Treatment-Resistant Depressive Disorders)領域有著頂尖的研究貢獻,全世界排名小於1%(0.55%),是目前臺灣學術引用排名第一的專家。

| 專文推薦 |
我們不需要再「燃燒自己，照亮別人」了

袁瑋
台北振興醫院銀光學苑主任
精神醫學部主治醫師

　　身為一名精神科醫師，也擔任多年心理師實習督導，我常笑說我們這行其實不只診斷別人，也時常在觀察自己是不是快「壞掉了」。

　　老實說，收到這本書時，我原本的期待不高。畢竟「自我照顧」、「助人者韌力」這類詞彙，我們在培訓課程、年會講座、心理成長營聽過無數遍，常常覺得很空泛、很理想、很不實際。

　　但本書《慈悲枯竭》讓我意外地收起了原本的懷疑。它談的不是那些「深呼吸三秒鐘」或「給自己一杯溫開水」就能好起來的簡化建議，而是提供了一套有架構、有指標、有方向，也可追蹤的專業韌力實踐工具。它讓人看見：即使無法立刻改變外部結構，我們還是能從內在修復，從壓力的惡性循環中抽身出來。

　　書中講述的「前瞻式專業韌力」不是喊口號，而是一整套系統。從身體的自律神經調節到行為選擇，從價值澄清到支持系統的建立，這套方法不但務實，而且溫柔，像是對每一位已經疲憊、但不願放棄的助人者說：「你不是孤單一人，這些感覺不是

你的錯,而且是有辦法可以處理的。」

我自己在閱讀時,最有感的其實不是某一項技能,而是一種「原來不是只有我這樣」的普遍性(universality)。書裡提到一個團體工作坊的做法──參與者一開始不說話,只靜靜列下自己正經歷的耗竭症狀。然後他們看見彼此的清單,發現彼此的故事竟如此相像。

這段文字讓我想到許多臨床經驗,身心科(精神科)病人帶著各種家庭、人際、職場壓力而來,但最痛的,往往不是外在事件,而是「是不是只有我這樣?」、「我是不是太脆弱?」的羞愧感。同樣的,身為醫療人員、心理工作者、社工、老師……我們面對他人痛苦的同時,內心的那種呢喃:「我不應該有這些感覺。」其實更使人孤單。我們以為要「專業」、「撐住」、「不能讓人看見自己垮掉」,但這本書很誠實地告訴我們:助人工作的痛,是可以被理解、可以被看見,而且可以被照顧的。

在台灣這個仍然深陷血汗醫療文化的環境,這本書尤其顯得重要。前陣子某醫院的醫師投書國際期刊,提到健保制度崩壞與醫療人員耗竭的現象,因為統計數字錯誤而被要求撤稿,引起爭議。那篇文章的錯,也許在於數據,但裡面所陳述的痛苦卻是真實的。更令人感慨的是,這種痛苦在我們的專業圈裡,往往會被要求「吞下去」,以專業之名壓抑了求援的本能。

所以,我很希望這本書能進入更多助人者的生命中。不為了灌心靈雞湯,不為了讓你更努力撐住,而是為了讓你看見:原來我們有方法可以活得更久,也活得更好。

我們都知道,「燃燒自己,照亮別人」聽起來很崇高,但其實蠟燭如果燒完了,只剩一縷青煙。這本書教我們如何加油、不讓自己的能源乾掉,讓我們能繼續發光,而不是被焚燒殆盡。

推薦給每一位曾經懷疑過「我還能撐多久」的你。你值得更好的照顧，也值得一本好書陪你走下去。

| 專文推薦 |

一段感動、解惑、療癒與救贖的旅程

陳錫中

台大精神科教授、台灣精神醫學會秘書長
台大醫院心身醫學科主任

　　郭約瑟醫師是我非常景仰的前輩。他邀請我為這本譯作《慈悲枯竭》撰寫序言，對我而言，原本只是將此視為一種榮譽與責任；但實際通讀全書之後，這卻成為一段深受感動、解惑、療癒與救贖的旅程。

　　在台灣的分級醫療制度中，醫院正面臨嚴重的人才流失危機。多數公部門與管理階層認為，此危機來自醫病關係緊張、薪資結構失衡、健保給付制度不公、臨床工作過勞，以及年輕世代價值觀的變化等多重因素。身為精神科專科醫師、醫學院教師、醫院行政主管及精神醫學會幹部，我深感無力，只能無奈期待某天有「魔法」出現，能讓工作量合理化、分工專業化、薪資理想化，並讓每位醫療團隊成員在努力之餘，仍能兼顧個人成長與家庭生活。

　　所幸，賴清德總統提出的「健康台灣」政策，已啟動多項醫療環境的改善措施，令人欣慰。然而，我心中仍有一份悠悠的焦慮：這些改革，真的能即時化解累積多年的痼疾與包袱、終止眼

前的惡性循環嗎？本書讓我理解到：改善充滿「毒性」的醫療環境，不僅是管理階層的責任，也是個人的責任。當我們能重新找回生命的掌控點，就有機會扭轉能量流失、進而逆轉枯竭歷程。讓「世間本無事，庸人自擾之」不再只是風涼話，而是頓悟的起點。

由於教學與工作的需要，我長期從事「撰、譯、編、審」等文字工作，對翻譯過程中可能遇到的挑戰略有所知。專業書籍翻譯最困難之處，往往在於無法直譯或無前例譯詞的專業概念。郭約瑟醫師的翻譯功力，達到了「信、雅、達」的境界。舉例而言，當我首次讀到「慈悲枯竭」這一詞彙時，儘管它並非我過往語彙中曾見的用語，卻立刻帶來強烈衝擊，彷彿被精準同理，點出我在盤旋在教學、服務、研究、社會參與和家庭生活間那股「無止境被要求」的疲憊感。相對地，「慈悲滿足」所傳遞的心靈飽足，也精確捕捉助人工作者為自己與他人帶來幸福時的驅動核心。

原書作者強調本書介紹的並非傳統心理治療，然而由於其學養背景涵蓋多種心理治療訓練，我個人認為這是建立在認知行為理論基礎上的整合性壓力管理與危機處理課程。本書兼具知識介紹與自助手冊的實用性，作者同時擔任兩個「類」治療師角色，在各章節中穿針引線，除了交代「前瞻式專業韌力」的理論脈絡，也透過自我揭露與代言的方式，安全且真實地描繪專業人員的苦楚。

書中大量的個案經驗分享，描寫出我們日常周遭真實發生的情境，令人動容。閱讀本書的過程中，我不僅習得新知，也會自然而然地照書中方式去辨識並面對自身的慈悲枯竭症狀，練習自我調節，並嘗試完成書中的作業。這種彷彿講師在旁引導的親切方式，大幅提升閱讀的沉浸感與實用性，遠勝於枯燥的標準操作

手冊。

多年來，我參與台灣本島與離島社區的公共衛生推廣工作。親眼見證當年懷抱熱情投身公衛的年輕戰士，如何在現實中逐漸被消磨，變成體制中機械性的齒輪，甚至選擇離開。同時，我也見到許多社區志工充滿活力、樂於助人、持之以恆地分享幸福。他們通常熱愛運動、信仰虔誠、人際關係良好，行動時常三五成群，呼朋引伴。他們沒有專業身分的包袱，樂於學習、謙遜開放，甚至不一定有豐富的人生閱歷。但正是這些看似平凡的生活型態與人格特質，與本書中所提的五大韌力培養法不謀而合，也讓我解開多年來的疑惑：什麼樣的條件，能讓人不被工作耗損、仍保持助人的熱忱？

自詡擁有多工處理能力的大腦，近年隨著年齡增長與任務繁重，逐漸感到力不從心。閱讀本書，讓我免於上課時面對自戀創傷的焦慮，在夜深人靜時得以沉浸於久違的心靈寧靜。書中的「當下」觀念使我專注於這些過去未曾學習的替代性思考，並以系統方式理解與實踐。

外在的「案牘勞形」，未必非得成為內在的「心疲力竭」。理解自己的心智狀態，也讓我明白對同事的不耐，其實反映的是交感神經過度活化的「感知威脅」，這些狀態進一步導致能量耗損與工作疲憊。此外，透過本書我也體會到自己所堅持的行事信念與價值觀，正是抵抗慈悲枯竭的重要支柱。這些「理解」，確實幫助我在逐漸失控的生活中，找到了穩定步伐的浮木。

我們常耗費大量時間進行事件外部的「問題解決」，卻忽略個人內部的「內在覺察」，以致無法警覺並處理那些多年來累積的小型創傷（小t創傷）所帶來的長遠影響。讀完本書，我終於明白，即便我能有效解決複雜問題，卻從未真正感受到完成任務後

應有的喜悅。這些能力連結的是過往的負面經驗與情緒，面對難題時，我只是「被要求」上場，從不從容，亦非自我選擇，難以優雅，更談不上揮灑。閱畢本書後，我開始嘗試每天練習「創傷壓力減敏」、「職場解毒」與「自我優化」，期待自身邁向「感知成熟」。

最後，恭賀郭醫師再次完成一本重要且實用的譯作，除了衷心推薦這本好書，更期盼本書出版後，能廣為台灣各醫療機構管理階層所知所用。我目前在醫學中心服務，身為師者，「傳道、授業、解惑」是日常。但「解惑」殊非易事，需因緣具足，更需智慧，方能引導頓悟，尤其當我們被賦予「發光者必得忍受焚燒之痛」的天命時。

這本書中文譯本的問世，以及能為其作序的機緣，似乎是冥冥之中安排的天意。善用本書技巧，引導年輕醫師辨識「辛苦」與「痛苦」之別，進而從容面對辛苦，堆疊屬於自己的幸福，將成為我讀完本書後許下的「使命宣言」。

| 專文推薦 |

於生命昏暗之時，重現光明與溫暖

陳高欽
成大醫學院醫學系教授、精神學科主任
成大醫學院附設醫院精神部醫師、部主任

　　對我而言，成為醫師是因緣。這其中有努力與堅持，也有辛酸苦澀。選擇精神科，是當初自己的興趣與喜愛，有關人心的學門。多年前，偶遇文人雅士郭約瑟醫師於一場如常的研討會議，相談甚歡。從此牽起了這段淡泊而持續的連結。

　　助人，我喜歡約瑟兄引用聖經提到的「愛人如己」。因為懂得愛己，得以愛人，援用愛己的心力助人，其力道咸信更加強大。韌力的展現，往往在日常生活裡見識到。常言道：「自助、人助，而後助人。」若無完好健朗的自我而行有餘力，怎堪發力助向他人。尤其在以助人為工作重點的人們，燃燒自己、照亮他人的內在火炬如何持續，就成為日常面對的另一種挑戰與課題。

　　因為自己從事的臨床工作，常常由別人的眼裡、口中的故事一一見識到人生。多年以來，領悟到寓助人於工作的有限自己，隨著歲月增長，了解生命課題的無窮。從而謙卑地告訴自己：「俯身低頭時，或可見腳下的細緻；秉息緩氣後，再度仰首，或可驚瞥蒼穹藍天的悠悠美況。」我以此自勉，也與人分享。如何能夠

做到如此？究其原因無他，應可從本書所要敘述、分享、說明的心得與智慧中窺見端倪。

約瑟兄承多年以來良醫助人無數，韌力淬鍊的親身經歷，完整地將其翻譯成中文，讓我們有幸領略經由其充滿關懷胸襟的溫暖手筆，如實呈現原作者的心法。很高興，我能藉此機會略表自己為本書譯作的喝采與讚許。

願所有心懷助人的良善初衷，得以持續發熱成光；於生命昏暗之時，重現光明與溫暖。

| 專文推薦 |
選擇「不受苦」的智慧

黃名琪

臺北市立聯合醫院松德院區院長
臺北醫學大學醫學系精神科教授

本書為郭約瑟醫師前作的譯本續集。在其前作《韌力》(啟示出版社)中,以科學實證為基礎,帶領讀者認識到大多數人一生中至少會經歷一次重大壓力事件;然而,透過「韌力」,我們不僅能在困境中突圍,甚至能愈挫愈勇,迎向下一個挑戰。該書更系統地歸納出十項培養「韌力」的心智技能,幫助讀者學會耐挫、調適與變通,保持正向思維,以克服難關、促進心理復原。

有一位在加護病房工作不到一年的年輕護理師,準備轉職。促使她想離開的,並非輪班制度的辛勞,而是每日面對與死神交手的患者時,那份深層的無力感與心力交瘁。這樣的內在耗損、孤獨感或疲憊,事實上在許多不同領域的助人工作者身上會反覆出現。

在本書《慈悲枯竭》中,作者進一步闡述將「韌力」應用於助人工作的專業發展,提醒我們在面對一波一波從未止息的挑戰時,「韌力」彷彿是戰士手中的致勝武器,或是食糧裡的關鍵養分,讓我們在助人的失意與掙扎中獲得淬鍊,進而如作者所言去

鍛造出一套屬於自己的「心理免疫系統」。

從第六章到第十三章，作者更提出一系列可實踐的具體方法，協助助人工作者去發展「個人化的韌力培養計畫」，藉此調節內在的焦慮與不安，穩定維持自我正向的狀態。這不僅有助於個人的身心健康，也將成為回應服務對象需求時，一股更強大的支持力。

在整部譯作中，郭醫師以細膩而深情的筆觸，傳遞對助人工作者的理解與溫柔鼓舞。他以「慈悲枯竭」（compassion fatigue）一詞翻譯，精確而感性地捕捉了這種情緒耗竭的複雜性與深層影響；他也運用弗蘭克醫師名言「發光者必得忍受焚燒之痛」的視覺化意象，具體描繪出助人歷程中的心理負荷與勇敢承擔；此外也詮釋了「痛楚」是或許無法避免，但我們可以選擇「不受苦」的智慧。

我深信若能掌握「韌力」，不忘助人之初心，熟習本書的層層引領，學習梳理與理性地分化情緒，就能處於內在平靜之中，持續執起那道助人的光，穿越每一段艱難與不平的路程。

| 專文推薦 |
在危機中綻放永續的熱情

蘇冠賓

中國醫藥大學醫學院教授、安南醫院副院長
身心介面研究中心及憂鬱症中心主持人

羅東聖母醫院郭約瑟醫師所翻譯的《慈悲枯竭》,以生理、心理、行為及社會支持的多維視角,建構了一套全面的助人者韌力提升框架。此書延續郭醫師前譯作《韌力》的精神,提供了在高壓照護環境中增進韌力的實用策略。作為精神醫學與神經科學領域三十餘年的臨床醫師與研究者,我深感此書對台灣醫療專業人員而言,宛如一盞明燈,照亮韌力發展的前景,指引助人者在危機中守護自己的身心健康並蛻變成長。

在三十年的精神醫學生涯中,我多次目擊助人專業者(包括我自己在內)因未能及時察覺自身狀態,陷入職業倦怠與慈悲枯竭的困境。此現象不僅危害個人身心健康,更威脅醫療體系的穩定性。台灣護理人力短缺危機尤為顯著,高離職率反映出倦怠與支持系統不足的雙重挑戰。

數年前,我曾遇到一位年輕的急診護理師,她在高壓環境中持續工作多年,卻因身心俱疲選擇辭職。她形容自己「被掏空」,無法再面對病人的痛苦或職場衝突。她的經歷並非特例,而是台

灣醫療體系的縮影：部分醫院的護理離職率高達15%，不僅因長工時與低薪資，更因缺乏心理支持與毒性職場環境。這些系統性問題不僅削弱醫療服務品質，更對病人安全構成威脅。

《慈悲枯竭》直面這些挑戰，提供了建構心理韌力的實用工具。其核心理念「前瞻式專業韌力」強調自我調節、循意向行事及感知成熟等技能，使助人者在逆境中尋求平衡與成長。此策略與我長期倡導的「助人者自我照護」理念一致：唯有善待自己，助人者才能持續為他人提供有力支持。本書提出的五大核心技能—從自我調節到建立支持網絡—既是抵禦倦怠的防線，亦是助人專業長遠發展的基石。

本書在個人韌力策略的建構上表現出色，但對系統性職場問題（如霸凌、績效壓力、毒性組織文化）的探討相對有限。這些結構性因素對慈悲枯竭有顯著影響，卻缺乏對其形式、成因及系統性解決方案的深入分析。

近期的一場悲劇 —— 勞動部公務員因長期職場壓力而輕生——凸顯了這些問題的迫切性。本人身為總統府「健康台灣推動委員會」委員，於2024年11月28日會議中提出「全民心理健康韌性計畫」，獲總統認同；並於2025年3月26日由衛福部正式啟動為期六年、五十億元的計畫，其中包括職場的反霸凌機制。

現代社會的壓力與創傷型態已大不相同，急速變化中的數位化社會的職場壓力與青少年創傷、不健康社群媒體對Z世代心理健康傷害等議題，不要說學校的老師或輔導人員不夠瞭解，醫院臨床心理師、精神科醫師也不甚熟捻，甚至精神醫學或教育心理學的專家學者們，都仍然不斷在研究、學習，以因應新的挑戰。

《慈悲枯竭》不僅是一部助人專業韌力的實用指南，更是一份對奉獻於改善他人生活者的致敬。它為助人專業人員提供工具，

確保他們在燃燒熱情時,不致耗盡,成為他們旅途中的堅實夥伴。期望本書能激勵照護者優先關注自身福祉,確保以韌力和慈悲持續其重要使命。

蘇冠賓教授創辦台灣第一個「憂鬱症中心」,並投入精神醫學的大腦研究,根據ExpertScape的統計,是台灣「憂鬱症」以及「生物精神醫學」研究領域中學術引用排名第一的專家;蘇教授長年關懷精神醫療心理支持的社會議題,是明怡基金會董事與總統府健康台灣推動委員會委員。更多身心保健文章可參考蘇冠賓醫師部落格:https://cobolsu.blogspot.com/

|審訂者序|
延續熱情與專業的心靈指引明燈

我的好朋友郭約瑟醫師最近又完成了一項令人敬佩的工作——他再度翻譯了一本書,並邀請我為這本書擔任審訂者且撰寫序言,我自然是義不容辭。

這本書的書名為《慈悲枯竭》。初看書名,或許會覺得就像是硬梆梆的心靈雞湯,但當我真正讀完全書後,不禁感受到其中蘊含的深刻意義,並想起孟子的那段名言:「故天將降大任於是人也,必先苦其心志,勞其筋骨,餓其體膚,空乏其身,行拂亂其所為,所以動心忍性,曾益其所不能。」

從小到大,我們都被教導要任勞任怨,才能有所成就,甚至出人頭地。這種價值觀深植我們的文化與教育體系中,成為許多人面對挑戰時的精神支柱。然而,這種信念在現實生活中,尤其是在極度高壓的工作環境中,卻往往忽略了人類身心的極限。

書中提到的急診科醫師、第一線護理人員、消防救護員、警察等職業,甚至是其他助人工作者,正是長期處於這種高壓環境中的代表。他們不僅承擔著繁重的工作任務,還要面對隨時可能發生的突發事件,這使得精力耗竭與職業倦怠成為不可避免的結

果。在這樣的情境下，許多人可能會選擇默默承受，認為這是工作的一部分，甚至是人生的一部分。然而，長期的壓力積累與情感耗竭，對個人身心健康的影響往往是深遠且不可逆的。

本書的作者以其自身的工作經驗與學術背景，深入探討這些職業群體所面臨的挑戰，並提出「慈悲枯竭」這一專業術語來描述這種狀態。這是一種因長期付出情感與關懷而導致的心理耗竭，特別常見於需要高度同理心的工作者身上。慈悲枯竭不僅影響個人的心理健康，還可能進一步削弱他們的專業表現，甚至對他們的生活品質造成深遠的影響。

然而，這本書的價值不僅僅在於揭示問題，更在於提供解決之道。作者透過大量生動的案例，將抽象的理論轉化為具體的實踐方法，幫助讀者理解並因應這種心理狀態。書中一些案例的敘述，如同講故事般引人入勝，讓讀者能輕鬆進入核心觀念，而不會覺得艱澀難懂。這種以案例為基礎的寫作方式，既富有啟發性，又充滿親和力，讓人讀來受益匪淺。

除了個人層面的調適，作者也強調了建立「專業韌力」的重要性。專業韌力並非天生具備，而是可以通過系統性的訓練與實踐來培養。例如，書中提到的「前瞻式專業韌力工作坊」，便是一個得推廣的概念。這類工作坊的設計，旨在幫助參與者提升心理韌性與情緒調節能力，從而更好地應對壓力與挑戰。然而，這類專業訓練的推廣與實施，需要有志之士的積極投入，才能將這些先進的理念與方法引進國內，造福更多的專業人士。

書中弗蘭克醫師的名言「發光者必得忍受焚燒之痛」，這幾個字讓人印象深刻。那些在各自領域中發光發熱的人，往往也承受著旁人難以想像的壓力與痛苦。他們之所以選擇堅持，不僅是因為責任感，更是因為對生命與工作的熱愛。然而，正如蠟燭燃燒

自己來照亮他人，若不懂得適時調適與自我保護，最終只會耗盡所有能量。這本書的出現，正是為了提醒這些「發光者」，如何在奉獻與自我照護之間找到平衡，進而長久地維持自己的熱情與專業能力。

此外，書中還特別提到，現代社會對於「成功」的定義，往往過於狹隘，甚至帶有某種程度的苛責。許多專業人士在追求卓越的過程中，無形中給自己施加了過大的壓力，導致身心負荷超載。這不僅是個人層面的問題，更是整個社會需要共同面對的挑戰。如何建立一個更健康、更支持性的工作環境，讓每個人在追求成就的同時，也能擁有足夠的空間來照顧自己，這是我們需要深思的課題。

最後，我想再次感謝郭約瑟醫師將這本書帶給我們，讓更多人能理解並重視職業倦怠與慈悲枯竭的問題，並提出解決之道。同時，也希望這本書能激發更多人投入相關領域的研究與實踐，共同為這些默默奉獻的「發光者」提供支持與幫助。願這本書成為每一位助人專業人士的心靈指引，幫助他們在面對挑戰時，依然能保持初心，繼續發光發熱。

| 譯者序 |

慈悲枯竭,不是人格軟弱的印記,
而是轉化與重生的契機

　　我在河邊俯身,用雙手舀水喝。水中眾多的魚、青蛙、烏龜悠遊穿梭,彷彿一場靈動的水中盛宴。但喝完水後,右手竟爬滿水蛭,令夢者疼痛且驚懼;我果斷地將牠們一一剝除,手臂隨即劇烈抽搐,繼而滿布幾近破裂的水泡。

　　這場夢,就在本書即將出版之際悄然降臨。醒來那刻,我明白:這不是一般的夢境,而是心靈所發出的訊息——那些長年悄然耗損自身能量的關係、信念與角色,正逐一浮現,透過身心的痛楚,訴說療癒的召喚。

　　夢中的水蛭,或許象徵著一種古老、原始卻誠實的療癒力量,正幫助我吸附那些潛藏於體內的疲憊與毒素。牠們讓我痛,也讓我醒。那些抽搐與水泡,不單純是折磨,更是身體在排出舊傷的確據,是轉化的前奏。

　　《慈悲枯竭》一書正是獻給「一直在照顧他人、卻忘了愛護自己」的助人者。翻譯此書,也是我與自身療癒歷程的深刻映照,

更是一場深度排毒的旅程。願此書如夢中的河水，邀請讀者一同飲用，洗滌在愛與責任中遍體鱗傷的心靈，並溫柔地提醒：在照亮他人之前，請先回到自己內在的光中——療傷、充能、復原，再度出發。

正如法國作家古斯塔夫－尼古拉斯・費雪（1994）所言：「在生命遭受摧殘之處，潛能悄然孕育……宛如隱形的彈簧，助人跨越試煉……一切看似不可能之事，皆得以轉化為可能。」

懂得滋養自己，給出的愛會更有力量

成為精神科醫師後，最常被問到的兩個問題是：「你為何選精神科？」以及「每天接觸那麼多有精神困擾的病人，你怎麼調適自己？」我的回答很簡要：「我對完整的人比對個別的器官更感興趣，更喜歡聆聽人性脆弱與堅毅交織的故事。」這答案與上一本我翻譯的書《韌力[1]》的核心概念密切相關。

至於如何調適自己，不被病人的精神困擾淹沒，我常說：「我會和家人分享故事與心情，並透過規律運動來紓解壓力。」有時，我也會引用聖經：「要愛人如己。」（馬太福音22:39）並加上：「懂得滋養自己，給出的愛會更有力量。」然而，真正完整的內容，原來都呈現在本書當中。

《韌力》一書深入探討韌力（Resilience）的關鍵概念：在逆境中調適、承受壓力，並且能夠復原、甚至成長的能力。其中論到提升韌力的四大類、十大要素，包括身體韌力（維護身心健康）、社會韌力（社會支持與典範學習）、心理韌力（樂觀、勇

---

[1]. 《韌力：釋放創傷、挺過挫折，在逆境中前進的復原力》。史蒂文・索斯威克等著，郭約瑟翻譯。啟示出版社（2023.9.28.）

氣、開放心智潛能、認知與情緒彈性）及靈性韌力（道德準則、生命的意義與信仰）。

韌力無疑是助人專業中面對壓力與挑戰的關鍵，但在長期的助人工作中，該如何避免自身的倦怠與枯竭，並且穩健前行，繼續為他人帶來光和希望？這正是本書《慈悲枯竭》試圖解答的核心問題。

突破倦怠與慈悲枯竭的專業韌力之道

助人工作者（包括醫療專業與長期照護人員、心理師、社工師、輔導教師、執法與靈性關懷人員等）走入這個特殊的領域，往往期待自己成為「發光者」，並以專業知識、技術和愛，為他人的生命帶來溫暖與希望。然而，在持續發光的過程中，是否察覺自身的燃燒也在悄然發生？

倘若燃燒的不是能源，而是自己的身心健康，那麼職業倦怠（詳見第四章）便會悄然來襲，使人逐漸感到無力疲憊、情感耗竭，對自己曾經熱愛的工作產生懷疑。而這種掙扎往往不僅止於倦怠，從事助人工作本身，因長期目擊或聆聽悲慘情事，還可能因而承受次發創傷壓力（詳見第五章）。當倦怠與次發創傷交互影響，最終可能會演變為慈悲枯竭（詳見第三章）。

然而，這並不意味著助人者只能被動地接受這一切。本書「前瞻式專業韌力計畫」提供了一套可行的策略，讓我們在高壓環境中依然能保持內在平衡，並且讓助人不再是耗竭，而是一場持久、持續的發光過程。

本書強調五項核心技能，包括：

- **自我調節**：當面對壓力或各種形式的創傷時，大腦本能的

威脅反應系統會啟動，交感神經系統主導下進入「戰鬥或逃跑」模式，導致我們變得易怒、焦慮，或對外界麻木、退縮。此技能特別強調對交感神經的即時調控，幫助我們辨識自己的壓力生理狀態，並運用身體覺察、呼吸調節、感官調節等技巧，適時啟動副交感神經系統，讓身心回歸平衡與穩定狀態，維持清晰且專業的表現。

- **循意向行事**：當現實壓力讓我們迷失時，價值觀與使命便是前行的羅盤。此技能幫助我們釐清個人的榮譽準則（價值觀）、並書寫個人使命，確保我們的行動是源自內心的主動選擇，而非被環境牽引。它同時也提醒我們辨識並持續警覺那些「關鍵觸發因素」，即可能引發我們採取反射性攻擊或逃避行為的引爆點。

- **感知成熟**：助人專業者常習慣將壓力歸因於外在的環境與要求。然而，韌力來自內在的選擇，而非外在的驅使。感知成熟意味著，將關注焦點轉到所能掌控的層面，並學習接受暫時無法控制的層面。此技能也一直強調「自我肯定」、「正向樂觀」、「書寫幸福或感恩日誌」、「正念練習」的重要性。

- **連結與支持**：助人者習慣獨自承擔壓力，但健康的人際關係是韌力的重要支柱。本書強調建立支持網絡，學會尋求、接受與付出支持，透過團隊合作與社群力量，能讓韌力更持久，並幫助我們有效覺察與因應潛在的倦怠與慈悲枯竭現象。

- **自我照護與活力重振**：助人專業講求奉獻，若長期忽視自身需求，終將導致耗竭。此技能幫助我們建立身心靈整全與專業的自我照護，以及為韌力充能的策略，以回復慈悲

滿足狀態,能夠長久而穩健地走下去。

本書作者們不僅傾囊相授其畢生的專業知識與技能,更大方地分享個人或家族珍貴的生命掙扎歷程,以印證書中理論與實務的深刻意涵,令人動容。特別是透過工作坊「訓練即治療」的精妙之處,更是期待本書讀者也能達到「閱讀即療癒」的初步功效。

「慈悲枯竭」一詞的由來

將「Compassion fatigue」翻譯為「慈悲枯竭」,其中包含有兩個核心概念「慈悲」與「枯竭」,需要進一步說明。首先,關於「慈悲」的概念,許多文獻[2,3]把同情(Sympathy)、同理心(Empathy)及慈悲(Compassion)視為面對受苦者時,所產生的三種不同層次的情緒反應,能幫助我們和他人建立連結,並展現適度的關懷。

「同情」是對他人痛苦的憐憫或哀傷,但不一定理解或貼近其感受,因此帶有一定的距離感;「同理心」則是能夠精準感受並理解他人的情緒,和對方建立更深層的情感連結;「慈悲」則融合了同理心與同情,並進一步驅使個體採取行動,積極幫助他人減輕痛苦。

其次,「fatigue」字面上的意思為「疲勞」或「疲憊」,但這些詞語較偏向身體層面的感受,若直接用來描述「慈悲」這種心理與情緒層面的感受,未必到位。在本書〈附錄〉的「專業生活品質量表」架構中,其中第一分項標題為「Compassion

---

2. Palliative Medicine 2017; 31(5): 437–447.
3. https://www.linkedin.com/pulse/sympathy-empathy-compassion-three-significant-levels-shokralla/ (2025.3.15.)

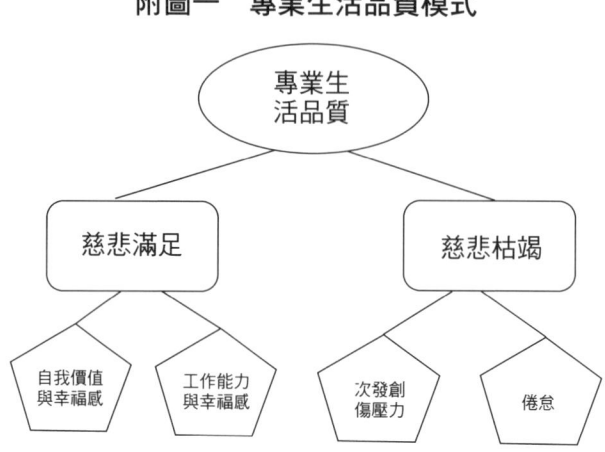

附圖一　專業生活品質模式

satisfaction」(也有人稱其為慈悲韌力〔Compassion Resilience〕[4]),是對比於「Compassion fatigue」的概念,因此將其分別譯為「慈悲滿足」與「慈悲枯竭」,這樣的對應關係較為清晰易懂。

事實上,「專業生活品質量表」中包含三大分項:「慈悲滿足」、「倦怠」及「次發創傷壓力」,這三者可進一步歸納為兩大類指標(附圖一)[5]:一、正向指標:「慈悲滿足」代表助人專業人員在工作中獲得的意義、價值感(正直)與幸福感,並促進個人成長和專業發展,是本書原文書名「專業韌力之道」及第二部〈實踐有效的解決方案〉所要達成的目標;二、負向指標:「慈悲枯竭」則由「倦怠」及「次發創傷壓力」兩部份組成;這些狀態可能導致情緒與身心耗竭,進而影響工作表現與整體生活品質。本書第一部將聚焦於釐清此現象及其影響。

此分類方式如同「正向情緒與負向情緒」的概念——完整的

---

4. Can Vet J 2021;62(11):1229–1231.
5. Front Public Health 2024; 12(1406467): 1-19.

譯者序　慈悲枯竭，不是人格軟弱的印記，而是轉化與重生的契機

附圖二　情緒、慈悲之相對獨立與互為影響模式

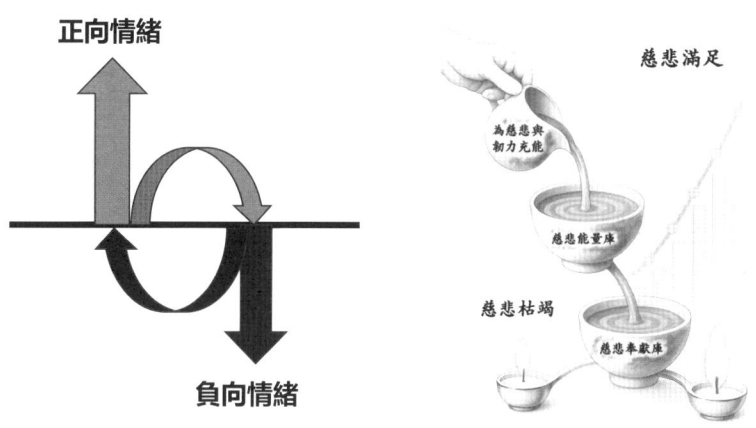

情緒健康不僅來自於減少負向情緒，還需要同步提升正向情緒；兩類情緒是獨立存在（不同腦區所掌管[6]），卻可互相影響（附圖二）。同理，助人者要維持長期的專業韌力與身心健康，除了減少「慈悲枯竭」的影響（奉獻庫的節流，運用的技能包括自我調節、循意向行事、感知成熟），更需要積極提升「慈悲滿足」的程度（能源庫的開源，運用的技能包括連結與支持、自我照護與活力重振）。唯有如此，才能在高壓環境下持續保有熱忱，維持穩定且高效的助人工作，而不至於被身心耗竭所吞噬。

芙若瑪・沃爾許（Froma Walsh）曾提出一套「動態系統觀點：韌力之多層次互動流程」模型[7]，指出個體的韌力並非僅止於單一層面的發展，而是生理、心理、家庭、社區與社會文化等多重系

---

6. The Journal of Neuroscience 2012 ;32(36):12499 –12505.
7. Froma Walsh, Family Resilience In: Multisystemic Resilience. Edited by: Michael Ungar, Oxford University Press (2021).

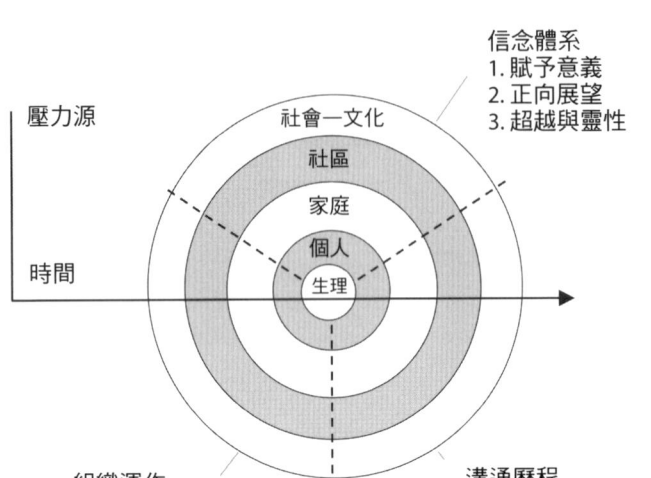

圖三 動態系統觀點：韌力之多層次互動流程

統交互作用的結果，並會隨時間與壓力源變化而持續進行調適與轉化（附圖三）。在這些層級之間，三種跨層級的關鍵結構——信念體系（賦予意義、正向展望、超越與靈性）、組織運作（靈活性、連結性、社會與社區資源）與溝通歷程（清晰的訊息、情感交流、問題解決與預防）——共同構成了支持韌力發展的重要基礎。

本書所聚焦的專業韌力，主要著重於個人層面，特別針對在生理、心理、靈性與社會支持等面向的韌力強化，但作者也強調：韌力的養成，不該只是孤身前行的旅程。因此，若能將這些經驗進一步放入更宏觀的系統脈絡中思考，將有助於我們理解—韌力，不僅是個人內在的修為，更是一股在關係網絡中共同學習、彼此滋養，隨時間持續深化的力量。這樣的觀點，或許也

能為職業倦怠與慈悲枯竭的預防與化解，開展出更廣闊且具前瞻性的理解與實踐途徑。

致謝

衷心感謝衛福部健保署副署長陳亮妤醫師能擔任本書的推薦人，也特別感謝台北市立聯合醫院松德院區黃名琪院長，繼我的上一本譯作《韌力》（書名由黃名琪院長親自命名）後，再度慷慨擔任本書推薦人並撰寫推薦序。本書也再次邀請林式穀教授擔任審訂者，對他的支持與指導，心中滿懷感恩，難以言表。

同時，謹向台北榮民總醫院李正達教授、台北振興醫院袁瑋醫師、台大醫院陳錫中教授、中國醫藥大學蘇冠賓教授，以及成大醫院陳高欽教授（依地理位置由北到南排列）等國內傑出的精神科醫師致上誠摯謝意，感謝他們願意聯名推薦，並撰寫動人的推薦序文。此外，也要感謝資深社工督導楊東蓉、蘇益賢心理師等助人領域專家願意推薦本書。

相信本書將能為正面對嚴峻醫療環境考驗的醫療人員與其他助人者，帶來切實的支持與助益。此外，深深感謝生命中所有的貴人天使，感激他們一路以來的扶持和幫助。最後，特別向我的妻子和三位兼具理性與感性的孩子們致以最深的謝意，感謝他們在人生旅途中溫暖而堅定的陪伴與支持。

謹以此書獻給已故的邁克・狄亞茲醫師；
也獻給那些在救助他人時不幸犧牲的醫療照護者，
以及仍勇敢秉持使命並堅守崗位的人們。

| 作者序 |
向前看,並堅定信心

　　直到2016年春天,我和艾瑞克共同開發「專業韌力」(Professional Resilience)教材已經七年了。我們決定寫一本書,將研究成果整理出來,讓參與過我們課程的專業人士(以及尚未參與的人)都能從中受益。雖然艾瑞克已有多本著作,但對我而言,這是全新的領域。最初給這本書的暫定標題為《專業韌力與優化》,隨著內容的成型與修訂過程,書名可能會有所調整。

　　在撰寫過程中,我發現「前瞻式」(Forward-Facing)★一詞頻繁出現在艾瑞克過去的著作裡。起初,我無法理解這詞的意涵與影響,總覺得像是一種心理學的空談,而我的醫師思路本能地對這類詞彙產生排斥。然而,經過一年半的沉浸和探索,當我們即將完成最後一章時,艾瑞克提議將書名改為《前瞻式專業韌力》(此指英文版)。就在那一刻,我突然領悟到,「前瞻式」不

★ 譯注:「前瞻式」專業韌力強調:一、預防導向:提早培養調適習慣與核心技能,減緩壓力影響;二、主動積極:於日常中持續調節,而非被動等待壓力爆發後才因應;三、釋放過去:在專業協助下直面創傷,徹底釋放過往陰影;四、著眼未來:以長期身心健康與韌力成長為目標,超越僅限於短期的壓力緩解。

再是晦澀的術語,而是整個研究中最關鍵的核心理念。

「前瞻式」是一種希望的宣言!

在接下來的篇章中,你會發現,職業倦怠(burnout)在專業照護者群體中極為普遍。我們往往將自己視為設計不良、執行欠佳的制度下的受害者,正是這種扭曲的認知,使我們在運用專業技能幫助他人時,反而感受到不滿與壓力。

數十年來,這種思考模式深植我們的心中,專業訓練讓我們習慣於隱忍,並相信只要「咬牙撐過去」,就能因應這些挑戰。然而,無論是在過去的訓練過程,還是當下的職場中,都難以找到有效的方法,能幫助我們改變這些高壓情境,或以不同的方式來因應它們。因此,許多人將自己所承受的痛苦與壓力視為無可避免的宿命。

年輕時,我曾經歷過幾次深沉的憂鬱狀態,意識到童年時期的一些創傷讓我對未來充滿恐懼,也讓我害怕邁出轉變為「成年人」的關鍵一步。我被猶豫和不安困住,難以行動。就在那時,一位深具洞察力的朋友寄給我一則來自《紐約客》的漫畫⋯⋯

畫面中,一頭龐大的巨龍正兇狠地盯著一位年幼的騎士。這位騎士神情緊張,彷彿在恐懼與不確定之間掙扎。他手中僅有的防禦和武器,一面小盾牌與一把沉重的劍,要用來對抗這頭足足

比他大十倍、能噴吐火焰的龐然巨獸。試想這男孩當下的感受：「我確實受過戰鬥訓練，但根本不可能真正為迎戰這樣致命的敵人做好準備。」

這幅漫畫的標題簡單明瞭——「堅定信心」。這是四十年前一位朋友送給我的，至今仍對我產生深遠的影響。

在閱讀本書的過程中，你將發現，無論多麼努力，對職場現狀的改變能力其實微乎其微。身為專業照護者，幾乎每個人都會遭受到這份職業所帶來的某些負面影響。然而，這並非異常現象，而是一種必然的結果，它源自於我們如何感知並回應自身的環境。

本書將幫助你學習一套經過實證的技能，讓你能調整自己的反應方式，並有效減輕慈悲枯竭（compassion fatigue）與職業倦怠的影響。這些技能不僅能讓你朝著自己理想中的專業人士邁進，還能幫助你持續發展，不只是更妥善地處理工作壓力，還能在你的專業領域中茁壯成長。

事實很清楚：我們無法僅憑舊有的訓練或既定的工作模式，就期待能獲得不同的成果。當前的專業照護領域普遍充斥著不適、痛苦與倦怠，而這正顯示現有體系存在著根本性的問題。在接下來的篇章中，將提供一種全新的視角，幫助你改變對工作的看法與因應方式，進而徹底改變你的專業體驗。請將這些學習付諸實踐，並長遠地受益於這場轉變。

抬頭直視巨龍的雙眼。這頭巨龍象徵著身為助人者與照護者所面臨的艱鉅挑戰。請相信自己，你完全有能力培養出一套更優雅地因應這些挑戰的技能，並從中獲得真正的韌力。

向前看，並堅定信心！

傑佛瑞・吉姆・狄亞茲醫師
於加州諾瓦托 2018 年 9 月 3 日

前言

強化韌力，
健全心理免疫機制

　　約翰坐在怠速運轉的轎車裡，停在童年故居幾戶之外。他透過後擋風玻璃，看著白色的廢氣翻騰上升。這是一個十二月初近冬、寒冷的星期五夜晚。透過飯廳的窗戶，他勉強能辨認出母親、父親和未婚妻貝絲的身影。他們的臉龐映照在溫暖的燈光中，手裡端著紅酒，正等著他回家。

　　「該死！」約翰低聲咕噥，揉了揉痠痛的雙眼，試圖驅散眼中的模糊感受。兩週前，這場家庭晚宴還算一個看似不錯的計畫。當時，幾位高中老友邀請他一起去家鄉芝加哥郊外的一家老酒吧參加聖誕聚會。

「我們順道去拜訪你父母吧！」當約翰給貝絲看那則由父母傳來的邀請簡訊時，她興奮地提議。約翰點了點頭，樂於投入聖誕氛圍，尤其是在醫院度過了幾個忙到喘不過氣的月份之後。

如今，約翰擔任住院部門的專責主治醫師將近四年，這是他完成住院醫師訓練後夢寐以求的職務，也是他無論身處何地，總是佔滿腦海的志業。今晚，他比預定的下班時間多待了一個小時，這常有的事。但隨著時間一分一秒過去，他遲到的時間越來越久，內心的不安也隨之翻攪。

當他終於離開病房時，仍然無法放下心中的那些牽掛。他反覆思索著病情複雜的病人，希望自己留給同事的交班紀錄已經足夠詳盡。五十分鐘的車程，趕在車潮逐漸散去時出發，反倒給了他更多時間去反覆思量那些病人的狀況。他真的做得夠好嗎？他是否夠盡了全力？在接下來三十六個小時內，會不會發生什麼意外變化，直到他再度當班時才發現是自己忽略了某個環節，或在哪部分沒能多減輕他們的痛苦？

約翰緊握方向盤，指關節泛白。心煩和母親那些無關痛癢的閒聊，想到貝絲過度開朗的笑容，那笑容掩飾不了她對他近來狀態的擔憂。想到家宴之後還得到酒吧聚會，那群朋友或許會帶著善意卻喧鬧不已的揶揄。大家似乎都過得如此輕鬆愉快，彼此親密無間，笑聲不斷，調侃彼此，彷彿工作的一切都能拋諸腦後……但約翰卻覺得自己和他們的距離比往常任何時候都還遙遠。他又怎麼可能真正告訴他們，這一週在醫院裡所經歷的一切？

- 那位剛生產的母親，被診斷出第四期轉移性乳癌。
- 那位吞下一整瓶藥的年輕男子，堅稱這只是意外，拒絕接受心理諮詢或支持團體的協助。

- 還有那位新近喪偶的老先生，在家中獨自摔倒導致骨盆骨折，每次約翰去查看他的狀況時，他總是不忘提起，自己有多麼思念妻子。

杯架上的手機震動了一下，約翰盯著它看了五秒，才拿起來查看螢幕。

「你在哪裡？？？？」是貝絲傳來的簡訊。那些連續的問號讓他皺起眉頭。她一定是氣瘋了。

他開始在手機上輸入訊息：「醫院走不開，有個病人突然惡化了。你知道的，情況就是這樣。抱歉，親愛的。」

但在按下傳送鍵之前，就把整段話刪掉了。他應該拿出點男子氣概。

這就是他選擇的職業，一條自己選的路。當然，有時候他確實覺得自己快要被壓力逼得窒息，甚至時常幻想著開車遠離醫院，永不回頭……但，難道不是每個人都曾在職業生涯中的某個時刻，會生出這樣的念頭嗎？

約翰轉動車鑰匙，熄了火，目光依舊停留在兩棟房屋之外，那透著溫暖燈光的窗戶。

他簡短地回覆貝絲：「馬上過去。」

然後，他深吸一口氣，推開車門，頂著寒風、拖著疲憊的步伐向前走去，努力讓自己做好心理準備，迎接這個夜晚。

▶ 對助人工作者的實際影響

有多少人在閱讀約翰的故事時，發現自己和他的經歷產生共鳴？有多少人能感同身受，即便身處家人或朋友之間，內心卻仍

被白天所見所聞所影響——坐在面前的是剛失去摯愛的喪偶者、剛經歷重大手術的病人,或是傾訴自身遭受性侵害的倖存者?

對於那些將畢生精力奉獻於照護身心受創者的人來說,這份工作帶來的不僅僅是成就感,更可能伴隨沉重的代價。任何人若曾經投入服務、陪伴苦難者,或許都能體會,雖然這份工作的確充滿意義,卻也可能導致身心耗損。有些人因此罹患身體疾病,另一些人則長期處於低度憂鬱或焦慮狀態,還有人發現自己在人際關係或睡眠方面出現問題。

大量研究顯示,慈悲枯竭(compassion fatigue)對所有助人工作者都有深遠的影響,尤其是在醫療照護領域,此種現象更為普遍且嚴重。這些助人工作者包括:

醫師族群

- 2009年的一份報告指出,相較於其他職業,男性醫師的自殺比例高出1.5至3.8倍;而女性醫師的自殺風險更高,約為3.7至4.5倍[1]。
- 一項針對加拿大不列顛哥倫比亞省醫師的研究顯示,80%的受訪醫師曾經歷中度至重度的情緒耗竭;另有13%的醫師透露,在過去五年內曾服用過抗憂鬱劑[2]。
- 1989年的一篇研究發現,英國的男性家庭醫學科醫師的焦慮程度,顯著高於一般大眾,且對工作滿意度較低[3]。
- 愛爾蘭近期的一項調查發現,住院醫師的職業倦怠程度與醫療失誤之間呈現明顯關聯性。64%出現倦怠症狀的住院醫師,承認曾犯過醫療失誤;相較之下,沒有倦怠症狀的住院醫師中,僅22%表示曾犯醫療失誤[4]。

緊急醫療技術員

- 唐納利等的一項報告發現，80%至100%的緊急醫療技術員（EMTs, emergency medical teams）在其工作中曾遭遇過創傷性事件。研究發現，職業壓力暴露（包括慢性壓力與重大事件壓力）與創傷後壓力症（post-traumatic stress disorder）、高風險酒精及藥物使用之間存在直接關聯[5]。

護理師

- 2005年一項加拿大研究發現，護理師比一般受雇人口更容易罹患憂鬱症[6]，9%的男性與女性護理師在過去一年內曾有憂鬱症狀；相較之下，其他受雇女性的比率為7%，而受雇男性則為4%。
- 2007年的一項後設分析（meta-analysis）綜合多項研究，顯示約50%的重症加護單位醫師經歷嚴重的倦怠症候群（依馬斯拉赫倦怠問卷評估），而至少33%的重症加護單位護理師遭遇類似狀況[7]。
- 美國醫療研究與品質機構估計，10%至70%的護理師受倦怠影響，30%至50%的醫師、專科護理師及醫師助理也面臨同樣問題[8]。

執法機構

- 2015年的一篇博士論文探討警察因頻繁接觸暴力與創傷事件所產生的影響，結果顯示，這類經驗可能導致創傷後壓力症、憂鬱、焦慮、藥物濫用、自殺傾向，以及高血壓等健康問題。此外，警察還可能面臨職場與婚姻問題（如人際關係困難）以及市民對騷擾或過度使用武力的投訴[9]。

兒童福利單位

- 1999年的一項調查發現，在美國南部地區的兒童保護服務工作者中，37%的受訪者出現與「次發創傷壓力（secondary traumatic stress）」相關的顯著情緒困擾[10]。
- 2010年的一項研究指出社會工作者的倦怠程度，尤其是失去自我感（depersonalization）與情緒耗竭，與流感症狀及腸胃炎發生率呈較高的正相關[11]。

心理師與心理健康工作者

- 澳洲的心理師普遍陳述高倦怠程度，且無論是在私人診所或非私人執業環境，其倦怠程度皆無顯著差異。研究發現，正念（mindfulness）練習與倦怠程度呈現顯著負相關；而心理師在目前工作崗位的年資，則與倦怠程度呈現低度但顯著的正相關[12]。
- 一項針對軍隊心理健康服務提供者的調查發現，21%受訪者出現顯著的倦怠症狀，且多工作領域的高壓環境與倦怠程度呈正相關[13]。
- 2015年的一項後設分析彙整過去二十年間的十五項研究，結果顯示倦怠對心理健康臨床工作者的認知表現產生顯著的負面影響，尤其在從事高強度或複雜的專業活動時，影響尤為明顯[14]。

安養機構非醫療照服員

- 2018年的一項針對124位在安養機構工作的非醫療照服員進行的研究顯示，40%的受訪者出現倦怠症狀[15]。

慈悲枯竭──不能說的秘密

隨著來自各種照護專業的負面影響逐漸累積,倦怠可能導致職涯受阻、婚姻破裂、嚴重健康問題,甚至是早逝或自殺。

然而醫療照護者並非唯一受到慈悲枯竭與倦怠影響的群體,病人與醫療機構同樣深受其害。研究顯示,醫師倦怠可能增加提供病人醫療不足與發生醫療失誤的風險[16]。薩利爾斯等研究指出:「超過一半的臨床醫師(58%)認為倦怠對工作品質或工作量造成負面影響。此外,倦怠還導致從業人員和他人疏遠、耐心降低、精力不足、溝通與傾聽能力下降、病人照護結果惡化,並影響其對病人及同事的態度[17]。」

這些影響不僅限於人際互動與個人福祉,還涉及更廣泛的層面。2014年,普里維特拉等報告指出,過度的職場壓力不僅影響醫療照護者的健康與認知表現,還會對其所屬機構產生直接的財務影響[18]。即使是學術界也無法倖免於慈悲枯竭的影響。辛德勒等針對學術教職員進行的匿名問卷調查,分析其憂鬱、焦慮症、工作壓力、職場及生活滿意度等指標,結果發現20%的受訪者出現顯著的憂鬱症狀,而年輕教職員的比例更高[19]。

儘管慈悲枯竭(包含倦怠)在過去二十五年來一直是心理健康領域的核心議題,但直到最近才開始在整個醫療體系中獲得關注。醫界長期將此問題視為「不能說的秘密」,其背後的原因,將在後文詳述。如今,隨著倦怠對醫療照護者、病人與服務品質的深遠影響逐漸浮現,此議題終於受到正視。

過去二十年間,我們在「韌力培訓工作坊」中遇見許多優秀的臨床醫師,他們分享自己在醫療職涯中遭遇的創傷經歷。其中,一位年輕醫師的故事尤為令人動容。他在一家知名醫院的急

診部擔任主治醫師才兩年，就向我們透露，他和同事之間最常討論的話題，除了個案討論，竟然是「如何離開這個行業」。這是多麼令人不安的現象！經過四年的大學課程、四年的醫學院學習，再加上四年的住院醫師訓練，這位年輕醫師卻在從醫僅兩年後，便和同儕們苦思該如何脫離這個行業。

另一個發人深省的案例發生於1999年。一位專門治療兒童性虐待與酷刑倖存者的資深社工師來參加我們早期的工作坊，坦承自己正認真考慮離開這份工作，轉而去應徵佛羅里達高速公路的收費站員工（值得一提的是，她最終順利完成我們的培訓課程，之後不僅繼續為數千名受創兒童提供治療，還開始指導他人如何運用這些方法，以降低慈悲枯竭的影響）。

這些並非孤立的案例。每年，全球數百萬名專業照護者都在與慈悲枯竭帶來的沉重影響奮戰，這些影響不僅損害他們的生活品質，也降低他們的工作表現。

根據2016年的一項調查[20]，49%的美國醫師表示他們「經常或總是」感受到倦怠，並且不會建議自己的子女選擇醫療作為職業。

2017年一月，醫學資訊平台Medscape（全世界最大的醫學訊息與資源網站）期刊發表一份醫師生活型態報告，深入探討醫療領域的偏見與倦怠問題。儘管醫界對此議題已有所關注，調查結果卻顯示，倦怠的情況仍在加劇。調查涵蓋一萬四千名醫師，結果顯示整體倦怠率達51%，較2013年類似調查的41%增加了10%。急診科醫師的倦怠率最高，達59%；婦產科與家庭醫學科醫師分別為56%和55%，同樣處於高風險之中[21]。

此外，沙納費爾特等於2012年的研究指出，醫師比一般美國勞動人口更容易出現倦怠症狀，其中急診醫學、一般內科等醫療前線科別的風險最高[22]。

醫療專業出現倦怠的主要原因與影響

根據《新英格蘭醫學雜誌創新推動》(*NEJM Catalyst*)的研究，受訪者將「日益增加的文書負擔」視為導致每日工作壓力與倦怠的主要因素，占比高達62%。其中包括電子病歷的推廣與更廣泛應用。《洞見報告》(*Insight Report*)指出，現有的電子病歷系統破壞許多醫師長年建立的工作流程，迫使他們將未完成的工作帶回家，侵蝕原有的休息時間[23]；而造成醫師倦怠的第二大因素，是「績效要求與期望的提升」。另一研究顯示，96%的臨床領導者、醫護人員與醫療機構主管一致認為，醫師倦怠已成為醫療專業中是嚴重，或至少達到中度的問題[24]。

如今，醫療領域終於開始正視倦怠危機對照護者與病人所造成的實際影響。並且有越來越多的出版品深入探討此議題的嚴重性。例如，《華爾街日報》於2012年的一篇文章指出，慈悲枯竭已被證實與生產力下降、病假增加及癌症照護者的高流動率有關。

此外，內華達大學雷諾分校護理學院於2008年主導的一項研究發現，約12%的美國執業護理師已經離開臨床工作★。在這些離職者中，超過27%表示離職原因與倦怠或高壓的職場有關[25]。多項研究進一步顯示，護理師的高流動率與日益增加的工作負荷，可能導致更高的病人死亡率與降低病人安全。

根據《新英格蘭醫學雜誌》的一份特別報告指出，醫師對

★ 譯注：根據衛福部資料顯示，111年度護理師空缺率6.53%、離職率11.73%，整體護理人員執業率約為63%。研究指出，長期高工時、高壓力與高風險的工作環境，導致身心健康過度負荷，且難以兼顧工作與家庭生活，是護理師離職主因。此外，薪資待遇不足、人力不足及缺乏對專業的尊重等，也是關鍵因素。為保障護理師而設的「護病比限制」，則間接導致關閉病房、急診住院待床延宕及醫療品質下滑等惡性循環。

醫療行業的失望,不僅影響新進醫師的招募,還可能對公共衛生產生更廣泛的影響。該報告作者指出,醫師對職業的不滿可能導致:臨床處置不當、病人的抱怨與不遵從、在診所與醫院的高流動率等,進而影響醫療服務的延續性與品質[26]。

此外,越來越多證據顯示,和工作相關的壓力是導致醫療疏失與倫理違規的重要因素[27]。其中一項研究指出,外科醫師回報的重大醫療失誤與其倦怠程度及心理生活品質密切相關[28]。當專業照護者所經歷的困擾越大,他們越有可能做出不良判斷、採取捷徑,甚至涉及剝削行為或從事非法活動[29]。

對專業照護者而言,在長期倦怠與心理困擾情況下持續執業,會付出全面性的代價,涵蓋財務、情感、關係,或個人身心健康。**然而,這似乎正是許多專業照護者的現況**,他們否認自己正經歷任何問題,或將自己的困擾與不適歸咎於職場。許多照護者逐漸形成一種特權(entitlement)心態,合理化自己的不當行為。

除了照護品質的影響外,慈悲枯竭與職業倦怠也帶來嚴重的財務負擔。替換一位經歷倦怠的醫師需要多少成本?由史丹佛醫學院醫療健康中心與精神醫學暨行為科學部的哈米地等所進行的一項研究估計,招聘一位醫師的成本可能介於25萬到100萬美元之間(視專科別、教職等級與地理因素而定)。研究近一步指出,如果不採取措施來處理職業倦怠,史丹佛醫院在兩年內的總經濟損失可能在1,550萬到5,550萬美元之間[30]。

路透社一篇報導針對倦怠的財務影響進行探討,指出即便倦怠的醫師繼續留在職位上,他們也可能導致數億美元的損失[31]。當我們將病假成本、照護不足、醫療疏失與訴訟費用納入考量時,這些對整體經濟的影響更加顯著。

改善趨勢

在醫療保健體系持續優化的過程中,醫療照護改善研究院(IHI, Institute for Healthcare Improvement)於2008年提出其標誌性的「三重目標」策略,確立醫療改革的三大核心目標[32]:一、改善病人的照護體驗(包括滿意度與品質);二、提升人群的健康狀況;三、降低每位病人的醫療成本。

博登海默等於2014年在《家庭醫學年刊》發表評論,指出此一廣被推崇的保健體系的改革策略,忽略了一個關鍵要素:「改善臨床醫師與醫療人員工作生活品質的框架」。倦怠與較低的病人滿意度、較差的臨床成果及較高的整體醫療成本息息相關,意味著不將醫療照護者的福祉納入考量,將可能影響三重目標的實現。該文章建議將三重目標擴展為四重目標,額外增添一個關鍵目標:**促進醫療照護者的健康、並減少倦怠**[33]。

儘管IHI尚未將第四重目標納入其官方策略,但已經開始推動「工作的喜悅(Joy in work)提升框架」,該框架涵蓋九個層面(其中包括身心安全、自主性、目標感、團隊合作、學習與發展、工作與生活平衡、支持性領導、認可與回饋、職場等),旨在更有效地協助醫療照護者提升喜悅程度,並維持投入感[34]。

此外,對於績效與病人安全造成影響的認知,已促使許多大型醫療機構與醫學院在其課程中新增專注於醫療照護者健康的項目。許多機構也創設「首席健康維護長」(Chief Wellness Officer),納入其高層領導團隊。這些倡議的發展,無疑為預防與治療慈悲枯竭帶來希望,但除非更多醫療機構推動類似計畫,並真正致力於改進職場效能,否則照護領域仍將繼續流失優秀且具競爭力的專業人才。

當認清此現象的普遍性時，不難發現，許多醫療照護者在執業初期所懷抱的熱情與興奮，久而久之，往往被冷漠和無奈所取代。許多醫師、護理師、心理治療師與其他照護提供者，感到被職場無止境的壓力層層輾壓，這些環境要求過高，資源卻嚴重不足，且缺乏適當的感謝或鼓勵。在這樣毒性環境中堅持下去，更可能對身心健康、人際關係與整體生活滿意度造成嚴重衝擊。

那麼，身為照護者該如何培養勇氣、毅力與韌力，以避免在職業生涯中被逐漸消磨，甚至失去方向？在面對看似無止境的要求下，該如何維持同理心與慈悲？當最竭誠的努力仍無法改變現實時，如何接受這樣的事實而不將矛頭指向自己，陷入自我否定與失敗感之中？又該如何在充滿毒性的醫療環境中生存下來？

專業照護者如何擁有成熟且持續成長的能力，正是本書的核心焦點。我們並未提供速成的解決方案，儘管運用本書所探討的技能，確實能立即帶來正向影響。相對地，本書是提供一個藍圖，幫助專業照護者培養韌力，建立必要的技能和架構，以便在充滿挑戰、嚴苛、甚至毒性的環境中運作而不至於身心俱疲。這本書是誠摯的邀請，邀請你投入一場終身的實踐，逐步且深刻地發展自身的專業與個人成長。

當專業照護者將這些技能付諸實踐時，會發現一些深刻的益處。會變得更加靈活且具韌力，開始放鬆下來，專注於工作中最能帶給我們滿足感的部分。這將使我們更具親和力，更能和他人建立連結，不再感到孤立無援。讓我們擁有許多美好的一天，即便面對最艱難的時刻，也能比以往更快地恢復。最重要的是，重新找回內在的韌力與使命感，不再迷失，也不會遺忘選擇成為照護者的初衷。

身為陪伴你踏上這段療癒與探索之旅的作者，不僅希望能

向你介紹我們自己,分享在照護領域的個人經歷,更想進一步說明,是什麼理由促使我們如此致力於預防與治療慈悲枯竭。本書並非以專家對新手的角度書寫,而是以同儕對同儕的對話方式。儘管在此領域累積了三十年的研究與實踐經驗,並持續發展相關技能,但我們個人仍在不斷學習與成長,每天、每月都在工作中汲取更多力量、靈活度與喜悅。這是一場終身實踐的過程,而我們也滿懷熱情,期待和你分享這段旅程。

// 艾瑞克的經驗分享 //

許多選擇進入助人專業領域的人,在早年生活中都曾經歷過痛苦的事件。對某些人而言,這正是他們投身此領域的主要原因,除了自我療癒,也希望能預防或減輕他人在生命中所經歷的苦難,如同他們自己曾經承受過的一樣。這無疑是一項崇高的使命,也是成為專業照護者的絕佳動機,但同時也可能成為一把雙面刃。來自過去的創傷,若未經妥善處理和療癒,確實能激發我們以無比的熱忱投身相關職涯,但同時也會大幅增加罹患慈悲枯竭的風險。

就我個人而言,這份創傷來自於童年,生長在一個世代相傳的酗酒、暴力與虐待充斥的家庭。這樣的環境中往往迫使孩子們培養出一種高度警覺性與自我保護機制,會對父母的情緒波動變得極度敏銳。當察覺即將爆發衝突時,便試圖安撫;當他們情緒失控時,則選擇迴避;而當一切塵埃落定後,則由我們來收拾殘局,扮演他們的照護者。

多年後,當我參與童年逆境經驗(ACE, Adverse Childhood Experiences)調查研究時,才真正意識到自己童年創傷的嚴

重程度。我發現，這項用來辨識創傷經驗的十項嚴重虐待與忽視的量表中，我竟然經歷了九項。了解童年逆境經驗及其對身心發展的影響，讓我能更加珍視並尊重自己和姊姊在童年時所培養出的韌力。儘管那些經歷曾讓我飽受折磨，如今我卻能真誠地說，我對它們心存感激。因為透過多年來的自我療癒歷程，這些經驗讓我成為一個更富同理心、理解力、勇氣與韌力的專業照護者。然而，我並非一開始就能這樣來看待它們……

憂鬱、成癮與治療

1982年，我剛踏入心理專業領域，並在接下來的數年間，專門輔導遭受極端身體虐待、性侵害或情緒虐待的問題青少年。他們的經歷，是我三十五年執業生涯中所遇過最殘酷的案例之一。這份工作本身雖帶來很大的成就感，但同時也感到極度痛苦，甚至充滿危險。

有一次，我的個案喬伊因嫉妒而情緒失控。他看到我和幾位同事走進辦公室，關上門討論事情後，情緒瞬間失控。他隨手從浴室牆上拆下一根沉重的金屬毛巾架，衝進辦公室，朝著我的頭部狠狠揮舞。如果那一擊打中了，我勢必會受到重傷。所幸，他被成功地壓制住，也報警處理，沒有人因此受傷。

幾個小時後，我看見喬伊被戴上手銬，坐在警車後座，準備被送往少年拘留所。他滿臉淚水地向我道歉，並懇求我還能收養他。當下，我拼命壓抑自己的情緒，因為我對喬伊懷有深厚的關愛，也很希望能給他一個安全、充滿愛的家

庭,一個他如此渴望卻從未擁有的家。但即使這在現實中可行,對我們兩人來說恐怕也會是一場災難,畢竟,當時的我連自己的生活都無法掌控。

到了那時,我童年創傷的殘留影響,加上每天在工作中所目擊的青少年創傷,幾乎已將我摧毀。我深陷憂鬱,並且開始與成癮問題苦苦掙扎。1988年,我參加一項「十二步驟復原計畫」,並且成功維持五年的戒癮期。在這段期間,我完成了學士學位,並開始逐步重新掌握自己的人生。

當我接受一份臨床主任的職位,負責一家新成立的機構,專門治療當地受創最深的青少年時,我那原本就脆弱的穩定狀態,再次受到嚴峻考驗。這家機構剛開張,開始收治住民後,連續一百一十天,我幾乎每天都得親自壓制至少一位青少年,以防止他們傷害自己或他人。這份工作極端艱辛,環境混亂而高壓,甚至讓我連續工作三個月,才首次請假休息。

正如吉姆和我在本書後面將會討論的,過度投入工作是許多受慈悲枯竭影響的照護者所擁有的共同特徵。隨著身心狀態越發疲憊與耗竭,我開始出現強烈的焦慮、創傷回憶重現(flashback)與高度警覺狀態,這些都是創傷後壓力症最典型的症狀。我無法集中注意力,工作能力嚴重受損,甚至在個人生活中也變得更加失控與自毀。

在這場個人危機的漩渦中(或許也正因如此),我終於鼓起勇氣尋求治療,開始接受諮商。他是一位溫暖且富同理心的心理治療師,幫助我理解:我的成癮、衝動冒險、自我厭惡與自殺意念,並非人格缺陷或病態的表現,而是我自童年以來,為了生存而發展出來相當複雜的因應機制。

「如果你想要痊癒，就必須重新面對那些你一直用酒精和藥物壓抑的痛苦與創傷記憶。」某次會談時，他這樣告訴我。這句話讓我的心跳瞬間加速，雖然我知道他的見解極具價值，但我發現直接面對創傷的過程，對我來說，仍是過於可怕且難以承受。最終，我很快便退出了治療。

人生轉捩點

接下來的幾年裡，我不斷換工作，天真地希望新的環境能帶給我迫切渴望的嶄新開始，但這一切都只是徒勞。1991年，我和一位志同道合的同事珍妮特合夥創立私人治療所，也開始交往，並於次年結婚。就在新婚後不久，她因一場嚴重的車禍陷入昏迷。然而，奇蹟發生了，她活了下來，最終康復並重返工作崗位。滿懷感激的我們，更加努力地經營治療所，日復一日緊湊地工作，卻幾乎沒有留下時間來經營婚姻與彼此的關係。

到了1993年，由於每天都在聆聽來訪者痛苦的創傷故事，導致長期累積的壓力，再次喚醒了我內心的惡魔，我失守了，終結自己苦撐五年的戒癮生涯。這次復發，以及隨之而來的失控行為，讓我們的婚姻飽受考驗。1995年，珍妮特和我正式離婚。

如今的我，終於醒悟，這次復發與婚姻破裂，本質上是由於長期的職業倦怠，加上長年未能解決的童年創傷所導致。但在當時，我卻將一切歸咎於自己，深信這是個人的失敗，甚至再度認定自己毫無價值。

1995年，成為我人生的重要轉捩點。五月，我取得機

構諮商碩士學位,並重返心理治療領域。這一次,我成功地直接面對並療癒過往的創傷,同時重新展開我的戒癮旅程。至今,我仍保持完全戒癮狀態。

我更進一步在西維吉尼亞大學醫學院,開始為期一年的創傷學研究員計畫。在這一年裡,師從路易斯・廷寧博士,他是創傷研究與治療學界的泰斗,被譽為二十世紀最偉大的創傷治療專家之一,讓我對創傷與復原有了更深刻的理解。這一切,讓我開始真正走上療癒與重生的道路。

完成創傷研究員計畫後,我花了六個月的時間徒步穿越阿帕拉契山徑,由緬因州的卡塔丁山一路南行,抵達喬治亞州的斯普林格山,全程約2,168英里(約3,489公里)。這趟旅程讓我的身心煥然一新,也讓我準備好迎接人生的下一個挑戰。隨後,進入佛羅里達州立大學攻讀婚姻與家庭治療博士學位,專注於創傷研究與治療。在此,我有幸和查爾斯・菲格利(Charles R. Figley)教授合作,他是創傷研究與治療領域的先驅之一,享有極高聲譽。第一次見面時,他送給我一本親簽的著作《專業照護者如何因應慈悲枯竭與次發創傷壓力症》(*Compassion Fatigue: Coping with Secondary Traumatic Stress Disorder in Those Who Treat the Traumatized*)。

這是我首次接觸「慈悲枯竭」的概念,但當下我立刻產生強烈的共鳴。這正是我多年來在照護受創青少年以及私人執業期間所經歷的痛苦,一直承受這種難以言語的煎熬,卻始終無法精準描述它的本質。當時,該大學中大部分的研究與文獻仍著重於建立慈悲枯竭的理論架構,並發展診斷標準

與衡量工具。然而，我和另外兩位研究生決定專注於編寫一套治療方案與體驗式練習課程，希望能針對並快速緩解慈悲枯竭的症狀。

加速復原計畫

在菲格利教授的指導下，我和安娜・巴拉諾夫斯基、凱瑟琳・鄧寧合作，於1997年耗用五個月的時間，共同開發出「療癒慈悲枯竭的加速復原計畫」（Accelerated Recovery Program, ARP for compassion fatigue）。這是一套為期五次會談的治療方案，融合多種創傷治療模式與專業發展框架，以幫助照護者快速恢復心理健康。

在臨床試驗後，我們驚喜地發現，此模式不僅能有效減輕慈悲枯竭的症狀，更對參與者如何感知自我及身為照護者的角色，產生更正向且深遠的改變。

同年，菲格利教授於該大學的專業發展中心成立「創傷學研究所」，由我負責撰寫大部分的課程內容，並擔任主要授課教師之一。這套課程獲得極高的評價，並榮獲1997年「年度最佳課程獎」，該獎項是由知名的繼續教育機構頒發。同年秋天，我們在國際創傷壓力研究學會（ISTSS）於蒙特婁所舉辦的會議上，正式向全球的創傷專業人士發表「加速復原計畫」。

不久之後，美國聯邦調查局（FBI）的一位官員主動聯繫我們，詢問是否有興趣參與他們的「員工協助計畫」，並協助培訓人員。隨後「加速復原計畫」獲得美國聯邦調查局採用，並正式納入其內部心理支持體系。透過該局的聯繫，

我們得以接觸奧克拉荷馬市爆炸案的倖存者支援團隊。當時，有十二位長期提供心理支援的專業人員因慈悲枯竭症狀而向我們求助，並在創傷學研究所的指導下接受治療。

這標誌著該計畫正式進入實務應用領域，開始為更多受職業壓力與創傷影響的照護者提供幫助。

我們持續精修「加速復原計畫」模式，並於1998年開發出「慈悲枯竭認證專家培訓」（Certified Compassion Fatigue Specialist Training, CCFST）計畫，並於1999年一月首度實施。我們最初推測，該培訓計畫不僅能作為有效的專業訓練工具，還能直接減輕參與者的慈悲枯竭症狀。

在收集並分析數據後，我們欣喜地發現：1999至2001年間完成培訓計畫認證的一百六十六名專業人員，在「專業生活品質量表」（Professional Quality of Life Scale, ProQOL）上的得分有了臨床及統計學上的顯著改善。這份量表由貝絲‧斯塔姆博士於1998年開發，專門用來測量慈悲枯竭（包括次發創傷壓力與職業倦怠）的影響程度（完整量表請見附錄）。這項成果為我們**「訓練即治療」**模式的療效，提供了堅定的實證支持。

自此，已有數萬名專業照護者完成該項課程，或透過我們後來開發的「慈悲枯竭認證專業人士培訓」（Certified Compassion Fatigue Professional, CCFP）取得認證。2001年，我們將創傷學研究所遷至南佛羅里達大學，並於2009年成立國際創傷專家協會（International Association of Trauma Professionals, IATP），持續推動此領域的專業發展。

過去十年間，共有九項研究探討這套培訓課程在減輕慈

悲枯竭（包括次發創傷壓力與職業倦怠）、增強韌力與提升慈悲滿足方面的有效性。這些研究涵蓋的受試族群包括：醫師、護理師、心理治療師、動物專業照護者、執法人員及輔助專業人員。結果顯示，這些專業者的工作相關症狀皆有顯著減輕。

911事件與「韌力」新觀點

2001年，我對慈悲枯竭的成因與治療的研究觀點迎來了新的轉折。

911恐怖攻擊發生後不久，我前往紐約市，為在世貿中心現場工作的第一線救援人員與專業照護者提供心理支持。和過往不同的是，過去的病人通常是在出現慈悲枯竭症狀數月、甚至數年後，才尋求治療；然而，這些在911現場工作的專業人員，則是在創傷事件發生的當下即刻接受支持與介入。在那段時間裡，我每天花數小時傾聽他們的訴說。他們將自己親眼目擊的毀滅與失落傾瀉而出，而這種敘述與分享的過程，竟然能顯著減少他們的壓力，使他們能恢復活力、重拾使命感並繼續投入工作。

某個夜晚，我在曼哈頓下城區的飯店內進行線上研究，窗外是搜尋與救援隊伍，他們正在雙子星大樓倒塌後的廢墟中搜尋倖存者。突然，一句話從網頁上映入我的眼簾：「疾病並非來自於環境的毒害，而是來自於免疫系統的缺失。」

我屏息凝視，重新讀了一遍：**疾病並非來自於環境的毒害，而是來自於免疫系統的缺失**。這簡單卻深刻的論述震撼了我，也讓我頓悟為何911的救援人員在極端壓力與創傷之中，卻

> 依然能運作良好,很少人會在現場出現身心問題。他們的使命感、以及對救援行動與復原的投入,讓他們即使身處驚嚇與創傷的場面,依然能得到鼓舞,**成為一種心理免疫機制。**
>
> 然而,數月或數年後,當他們脫離這個「高度專注」的工作狀態後,許多人才開始出現心理問題。我後來曾為數十名第一線救援人員、專業照護者及心理健康從業者提供治療,他們在災難發生的後續階段才真正感受到遭受創傷影響。
>
> 我意識到,慈悲枯竭並非在壓力重重、充滿毒性的環境中工作的必然結果。相反地,它源於未能培養足夠的「**抗體,也就是韌力**」來保護照護者免於受到慈悲枯竭及其破壞性影響的侵襲。從這個角度來看,慈悲枯竭其實可以成為促使正向改變的催化劑,甚至是一個促進專業成長的契機。這項領悟使我在慈悲枯竭培訓模型中加入韌力與預防的核心概念,而這也成為提升整體效能的關鍵要素。

過去二十年來,我們不斷發展並研究「一日韌力工作坊」(最初稱為「預防慈悲枯竭:前線工作者的健康維護」。這項課程現已演變為「前瞻式專業韌力計畫」(Forward-Facing® Professional Resilience Program)。至今,這項課程的進行已經涵蓋美國所有五十個州,並曾在四大洲的七個國家開辦,受訓者超過十萬名專業照護人員,涵蓋的職業包括:醫師、護理師、醫師助理;心理健康專業人士、個案管理師、非臨床照護人員、執法人員、第一線救援人員;牧師/信仰領袖;動物專業照護者;律師、教師、政府機構員工。

該計畫的有效性已獲得多篇經過同儕審查評核的研究論文支持，這些研究證實該培訓課程在減輕慈悲枯竭症狀與提升韌力方面具有顯著成效。共有九篇相關學術論文列在參考文獻（第一部分），詳細說明該課程在不同專業群體中的有效性，包括護理師、法醫護理師、護理實習生、急診護理師、動物照護師等。

　　本培訓課程已被證實為一項基於實證的介入措施，能有效減輕工作相關症狀，提升專業滿意度與韌力。本書的內容正是源自於此項培訓課程，希望將這些方法分享給讀者，幫助你們擺脫毒性職場的影響，更重要的是，掌握預防未來負面影響的關鍵技能。隨著研究持續深入，我們發現，除了預防與治療慈悲枯竭，還存在更多可能性：我們能夠賦能照護者，強化其內在韌力，使其提供更優質且更富同理心的照護。最終，他們也將在個人與職業生活中找到新的意義與滿足感。吉姆和我在本書中提出的技能，不僅簡單易行、隨手可用且行之有效，更能為專業照護者帶來重振與成長的前進動力。

// **吉姆的經驗分享** //

　　從許多面向來看，我在急診醫療領域三十五年的職涯，可說是既充實且成功。在過去的二十九年裡，我有幸在一所設備完善、資源充沛的優質社區醫院工作，並和一個具支持性的醫療團隊並肩合作，也曾擔任極具挑戰、但富有回饋的領導職位。過去十六年來，我擔任本科的醫療主任，並參與醫院治理和醫院基金會的管理工作。我和充滿活力的社區成員保持著深厚的聯繫，並擁有一個支持我、讓我充滿力量與愛的家庭。

如果十年前問我過得怎麼樣,我會回答像平常一樣的「還好,謝謝」,而不願冒著揭開醫師無敵盔甲的風險,坦承自己的真實感受。事實上,儘管表面上看來一切順遂,我內心卻時常被焦慮與恐懼籠罩,對行醫的工作越來越感到不滿和失望。經過多年掙扎,我終於能確定這份困頓和我自幼以來一連串的創傷經歷息息相關。

我和四個手足分別出生於1949年到1957年之間,成長於費城郊區的中產階級猶太社區。我們很幸運,祖父母在二戰爆發前便已經移民美國,因此我的直系親屬未曾直接經歷大屠殺帶給父母和祖父母那幾代人的死亡和摧殘。

儘管如此,我們的成長過程仍無法不受到影響,家中瀰漫著哀傷、恐懼與失落的氛圍,一種未曾言明卻深植心中的信念悄然成形:**這個世界既危險且充滿威脅,必須時刻保持警覺,否則便會遭逢厄運**。直到我成年後,我才真正理解這種潛意識中對「恆久懸浮著的危機」的感知,是如何帶來深重的痛苦與折磨,並對我們身心造成持續的影響。如今,我們將這種影響視為「創傷壓力症狀」,這也是後續章節將深入探討的議題。

我們的家族對將臨災難的瀰漫感知,在我青少年時期以最真實、摧毀性的方式顯現出來,五十歲的父親被診斷出罹患一種極具侵襲性的癌症。在他生命的最後幾年,我們只能驚恐地看著他日漸衰弱。病情惡化後的最後六個月,他因精神病症狀而被送進封閉式的精神療養院。如果當時已有電腦斷層攝影掃描,或許能證實醫師的診斷:癌細胞已經擴散至腦部。然而,我始終相信,父親真正罹患的,是伴隨精神病

症狀的重度憂鬱症，他被自己的病痛和即將離開妻子與五個孩子的現實所擊垮。

父親的疾病和離世，無疑加深了家族對這世界充滿危險與恐怖的感知。即便在這樣恐懼的陰影下成長，我仍努力維持鎮定，繼續過著自己的生活與築起職涯。

哥哥邁克：慈悲枯竭的典型案例

數十年後，我面臨另一次同等程度的創傷性失落，迫使我更深刻地凝視自己的陰影，因為我摯愛的哥哥邁克去世了，他是我所認識最聰明的人。我們都熱愛學術，在學業上表現優異，從家庭和文化的背景來看，選擇從醫是必然的選擇。邁克走上高度學術化的內科路線，此領域吸引了當時最才華橫溢的學生。完成住院醫師訓練後，他前往加州大學洛杉磯分校（UCLA）完成風濕免疫學的研究員訓練，隨後又在麻省綜合醫院擔任博士後研究員。

我不像哥哥那麼雄心壯志，也沒有學術野心，而是深受父親病重的深遠影響。父親的病情正值最嚴重階段時，我正在醫學院就讀。那些求學歲月對我而言，宛如一場模糊的夢境，或許正因親眼見證疾病是如何摧毀一個家庭，使我選擇了家庭醫學科，在加州大學戴維斯分校醫學中心接受住院醫師訓練。這個選擇對我來說極具優勢，因為家庭醫學科住院醫師會輪流在各個科別實習，獲得全面性的臨床經驗。

完成住院醫師訓練後，我意識到自己仍未準備好開設診所，我依舊活在父親長期生病的陰影下，不確定自己是否該返回費城，還是定居在西海岸。當時急診醫學科仍處於發展

初期,這個科別提供極大的彈性,我可以輪班工作,而不必全時間被工作綁住。此外,急診醫療的工作內容相當多元,對於像我這樣的「萬能型人才」來說,是個理想的選擇。

差不多同一時期,邁克決定離開學術領域。或許是因為對競爭激烈的環境與學術政治感到厭倦,他選擇和妻兒搬遷至麻州瑪莎葡萄園島,轉而從事一般內科醫療工作,這一待就將近十年。這座兼具田園氣息與濃厚人情味的島嶼,為他們全家帶來寧靜而充實的生活。然而,他始終沒能滿足於僅僅擔任開業醫師的角色,或許他渴望為病人提供超越島上有限資源所能達到的更高標準醫療服務。他一向是位完美主義者,對自己的要求極高。

某個暴風雨之夜,一架他為病人預定的醫療直升機,在執行轉診任務途中不幸墜毀,機上所有人無一生還。這場悲劇讓邁克深感自責,這份愧疚糾纏了他多年。最終,經濟壓力與想要更接近家族的渴望,使他決定離開瑪莎葡萄園島。此時,我的母親和手足們都已經搬到加州,因此邁克和妻子蘇珊也決定加入我們。他在北加州度過了職業生涯的最後歲月,加入一家大型醫療集團,專精於內科與風濕免疫科。

風濕免疫科醫師往往得照護病情複雜的重症病人,儘管他是出色的診斷與臨床醫師,卻常無法減輕病人的痛苦與困難,儘管竭盡全力,許多病人最終走向殘障或死亡。對邁克而言,這些無法挽回的失落,遠遠超過他在醫療上的成就。成功減輕病人痛苦時的短暫成就高峰,卻比不上他們病情惡化、最終離世時的低谷來得深沉且持久。

多年來,我遇見許多認識邁克的人,他們經常稱讚他對

病人的奉獻和投入，但言談之間卻透露出一股微妙的氛圍，彼此交換的眼神，似乎講述著另一個更複雜的故事。他的同事們察覺到，在邁克近乎苛求的完美主義背後，潛藏著一股難以言喻的絕望感，讓他們感到不安。沒有任何人（甚至連邁克自己）能達到他那不切實際的醫療標準。久而久之，他逐漸被當今確認為最嚴重且慢性化的慈悲枯竭症狀所吞噬。

邁克自幼便展現出卓越的藝術天賦，並且一直懷抱成為專業畫家的夢想。當他對醫療的不滿情緒與日俱增，便開始逐步減少臨床執業時間，將更多心力投注於繪畫。這無可避免地引發他和同事之間的緊張關係，他們認為邁克對工作的興趣與投入減少，給團隊其他人帶來額外的負擔。

之後邁克的行為變得有些異常，他和妻子、家人、朋友的關係也逐漸緊繃。隨著執業和個人生活的雙重崩解，他的健康迅速惡化，體重失控，並長期飽受嚴重失眠、胃潰瘍和一種漸進性腎臟疾病所困擾。他深信最終必須依賴透析，甚至曾對我坦言，他既不期待、也不希望能活太久。值得敬佩的是，他依然堅持尋求心理治療，並嘗試正念練習，但都未能帶來有效的緩解。他開始沉溺於各種自我慰藉的活動，雖能帶來短暫的解脫與控制感，但這終究稍縱即逝，僅止於虛幻的安慰。

2009年某天，邁克嘔出些許鮮血，並請同事為他進行上消化道內視鏡檢查，以確定出血來源。當施打麻醉劑時，他的呼吸道發生阻塞而無法自主呼吸。由於他的體型因素，加上醫療專家在面對熟識同事陷入危機時的焦慮，導致插管過程過於緩慢。等到他們成功插管時，邁克已經陷入昏迷，

隨即被送往加護病房。

七天後,我驅車北上,與蘇珊(他們夫妻五年前已離婚)、其兒子艾薩克、我們八十五歲的母親和姊姊一起,守候在邁克的病床旁。當我抵達時,氣管插管剛被移除,他開始慢慢恢復意識。清醒後,他仍無法自行維持氣道通暢與有效的自主呼吸。根據醫療指引,他應該立即重新接受插管,但他堅決拒絕,並且拒絕任何的輔助呼吸支持。

心碎的蘇珊、艾薩克和我只能選擇尊重他的決定,並努力說服醫療團隊,讓他們相信邁克擁有充分的判斷能力,可以做出這樣的選擇。我們眼睜睜地看著我那才華橫溢但飽受內心折磨的哥哥,在五十九歲時離世。為他的選擇進行辯護,成為我一生中最艱難的決定之一。

個人的領悟與使命

到那時,我已經在急診醫學領域確定了自己的專業方向,並擔任馬林綜合醫院急診醫學科的醫療主任。當我開始進行自我反思、審視自己的內心時,很快發現自己竟與邁克曾經奮力對抗的痛苦不謀而合。我越來越害怕,擔心自己會走上和他相同的黑暗之路,最終被摧毀。我迫切地想弄清楚究竟發生了什麼事情,這不僅是為了理解邁克的失落,更是為了拯救我自己。多年後,我才將我們共同的掙扎放入「慈悲枯竭」的框架中,並意識到其實有一套科學且實證的因應方法,能減輕其摧毀性的影響。

邁克去世的數月後,我偶然讀到一則通知,有關我們猶太教堂即將舉辦的演講,主題為「危機時刻的靈性」。儘管

很少參加這類活動，但這個主題觸動了我，決定前往聆聽。其中一位講者是消防隊的牧師，他分享一個令人痛心的故事，簡述如下：有一天，消防隊員們接到一通充滿驚恐的求救電話，是來自一對焦急萬分的父母，他們發現年幼孩子的臉朝下並漂浮在後院的泳池裡。儘管急救人員竭盡全力，仍未能讓孩子甦醒。他們將孩子送往最近的醫院急診室（那正是我擔任醫療主任的醫院）。醫師、護理師和技術人員竭盡所能地搶救，但最終仍未能挽回孩子的生命。

雖然我並未直接參與這名孩子的救治，但我深知這起事件，以及它對我們專業團隊的衝擊。對急診醫師來說，告訴父母他們的孩子已經去世，無疑是最痛苦的經歷之一，而這樣的時刻，我已經歷過不止一次。無論我們多麼努力保持專業的距離，這樣的創傷終究會滲透進內心，無可避免地會讓我們聯想到，如果這是自己的孩子，那會是多麼難以承受的失落。

回想起這一切，我聽得目不轉睛。當牧師提到消防隊員在處理這類案件後，會立刻獲得帶薪休假並提供心理輔導時，我深受感動。他解釋說，這些介入措施已納入正式規範，目的是確保隊員在返回工作崗位之前，有機會調適情緒與心理健康。

我不僅被這個故事觸動，更對牧師提到的「慈悲枯竭」與「代入性（vicarious）創傷壓力」這類詞彙感到好奇，因為過去未曾聽聞。而最令我震驚的，是這種對急救人員的關懷，因為目前給予急診室團隊的關懷是那麼地微不足道。如同許多醫療機構中的工作者，他們根本沒有時間處理剛剛目擊的創傷經歷。相反地，他們被期望能迅速拋下剛剛發生的

一切,繼續投入下一位病人的救治。我當時意識到,醫療界犯下了嚴重的錯誤,我們忽視了這些每天沉浸在他人痛苦與折磨中的人,將會付出什麼樣的代價。

參加這次講座後,我開始自學慈悲枯竭的相關知識,發現此問題已經變得如此普遍且具有破壞性。無論是照護摯愛的人,還是作為專業的照護者,沒有人能全然免疫。我還了解到慈悲枯竭不僅可以被有效治療,甚至如果我們願意選擇改變看待照護環境的方式,它還是可以預防的。

如果當時邁克知道我現在所知道的,他的故事會不會有所不同?我無法確定。但有兩件事我無比確信:今天,沒有人需要獨自與慈悲枯竭奮戰;而我已經將「協助根除此一問題」視為自己的使命。

夥伴關係的建立

2009年,也就是邁克去世的那一年,我是威特締醫療集團(Vituity,過去稱CEP America)中「資格認證與合夥事務委員會」的成員。當時,我已在這個全國性的多學科醫師合夥組織服務了二十九年。我們的委員會一直致力於發展以醫療照護者為核心的健康促進計畫,並剛審查過一項關於醫師職業倦怠的研究。我們知道這是個嚴峻的問題,但對於如何減輕其影響,仍缺乏具體的答案。

當時,我已經投入大量時間研究職業倦怠與慈悲枯竭,但對於主流的因應策略並不滿意。幾乎所有建議都停留在表面層次,例如:「健康飲食、適量飲酒、規律運動、充分休息,以及維持良好的工作與生活平衡。」但這些方法並未能

真正觸及問題的核心。

就在此時，我發現了一些來自心理治療師兼創傷學專家艾瑞克・根特里博士（Eric Gentry）的研究。後來得知，他曾在佛羅里達州立大學共同開發出全球首個基於實證的慈悲枯竭治療計畫。我主動聯繫艾瑞克，希望深入了解他的研究及其在醫學領域的應用可能性。很快地，我發現他的觀點和我過去接觸過的心理學家或創傷專家截然不同。於是，我們展開了密切的合作。

在威特諦高層的支持下，我邀請艾瑞克來分享慈悲枯竭與專業韌力。或許是因為這些議題在當時的醫界並未受到高度重視，艾瑞克的演講被安排在三天年度合夥人會議的最後一場，也就是週五下午的尾聲，只有大約三十人出席。我認為出席率不佳，源於醫療文化認為醫師應該堅韌不拔、毫不動搖，表現出情緒反而可能被視為軟弱，甚至影響專業權威。因此，對於聚焦在情緒耗竭與職業倦怠的主題，會感興趣的人寥寥可數，也不足為奇。

然而，這場演講卻深深觸動了在場的參與者，許多人對於在集團內推動慈悲枯竭與專業韌力計畫表現出濃厚興趣。受到鼓舞後，我和集團的同事聯繫，並獲得高層支持，成立了一支「韌力團隊」。不久後，我們參加艾瑞克在加州威特諦總部所舉辦為期兩天的工作坊，參與者的回饋依然極為正面。

接下來幾個月，我們開始修訂內容，將原本兩天的課程壓縮成五小時的工作坊，並調整為更符合臨床醫學文化、挑戰、語言與信念的版本。第一場「前瞻式專業韌力」工作坊於2010年秋季舉辦。自此以後，艾瑞克和我們團隊每年為

> 集團內的醫師與高階醫療照護者舉辦兩到三場工作坊,並逐步將這項計畫擴展至美國各地的醫療機構。

▶關於本書

　　本書的架構與「前瞻式專業韌力」一日工作坊相呼應。正如先前所述,這項工作坊是一種基於實證的治療方法,專門針對慈悲枯竭症狀。根據我們收集的數據(樣本數有一千多筆),參與者的職業倦怠及次發創傷壓力症狀顯著減少,此外,他們的韌力與專業滿意度也有顯著提升。

　　我們從1998年開始收集數據,對這套方法的有效性進行長期的研究與驗證,經過二十年的發展與精練,如今我們很高興能將這些內容整理成一本完整的專書,呈現給讀者。在撰寫本書之初,原本按照內容架構擬定了大綱。然而,隨著寫作的推進,我們發現這種機械化的編排方式,反而削弱了工作坊的核心影響力。因此,在撰寫幾個章節後,決定推翻原有架構,改以與工作坊相同的方式呈現,讓內容更具流暢性與自然性。

　　本書分為兩大部,第一部:架構並重新詮釋慈悲枯竭的問題;第二部:探討韌力培養策略的解決方案,這些方案不僅能預防慈悲枯竭,更能以深層且正向的方式來轉化你的生活。

第一部主題

- 慈悲枯竭韌力模式的演變,從希波克拉提斯(Hippocrates)到當代的研究者與理論家,針對慈悲枯竭與專業韌力理解

的演變,追溯其關鍵里程碑。
- 從演化背景與人類威脅反應系統的運作機制,探討壓力的真實意義及其來源,並分析當這些系統因長期過度激化而失調時,會如何增加我們罹患慈悲枯竭及其他壓力相關疾病的風險。
- 解析慈悲枯竭的診斷定義、風險因素、症狀及其典型發展軌跡,並提供評估工具,協助你判斷自身的易感程度,以及已受到慈悲枯竭影響的程度。
- 澄清壓力來自於照護環境的常見誤解,並探討原發創傷(primary trauma)與次發創傷(secondary trauma)是如何促成並加劇慈悲枯竭的症狀。

第二部主題

- 概述實證前瞻式專業韌力技能的五大核心要素,並探討照護者如何掌握這些技能,以維護身心健康與專業效率。
- 深入解析**自我調節**的概念、生理機制、認知作用與情緒影響,並介紹如何培養「身體覺察」(bodyfulness)這項韌力技能,幫助你降低並消除職場壓力的影響。
- 分析「**循意向行事**」(intentionality,又稱意向性)★與「自我肯定」兩項韌力技能是如何能提升你的專業表現,並為

★ 譯注:Intentionality 在現象學界譯為「意向性」,但本書翻譯則會交互使用「意向性」與「循意向行事」。由於意向性一般指所有心理過程(如感知、思考、情緒等)皆具有指向某個目標或對象的特性,而本書作者在第十二章當中則明確將意向性描述為:「在生活中的各個層面,無論是專業或個人生活領域,都能遵循個人的誓約、使命與榮譽準則,並保持誠信正直。也意味著從被動反應性與衝動行為,轉向有選擇性與目的性的行動。」這段話直指「循意向行事」的風格,而意向則包括個人的使命與價值觀等。

生活注入新的意義與使命感。並探討重振個人使命感,以及「原則導向的生活方式」如何成為韌力的兩大重要支柱。
- 探討「**感知成熟**」(perceptual maturation)的韌力技能如何幫助我們以誠信正直(integrity)為基礎的生活與工作,進而提升自我賦能(self-empowerment)與優化表現,並降低視職場為威脅環境的感知。
- 慈悲枯竭如何導致社交與職場孤立,探討建立人際**連結與支持**的韌力技能如何減輕這些影響,並重建與他人的關係。
- 探討**自我照護**的生理、心理、情緒、靈性與專業層面,以及如何習得並落實這些基本的韌力技能,以重振照護者的活力。
- 介紹如何將本書的治療與預防策略應用於「個人專屬的韌力計畫」,確保在職業與生活中能發揮長久效益。
- 闡述我們的整體願景,希望讓醫療機構領導階層採納並推動這些方法,以打造更高效率、具同理心且富韌力的照護體系,造福未來世代的照護者、行政人員與病人。

關鍵問題:誰該為醫療照護者的韌力負責?

當各組織機構的領導層開始發展因應職場壓力、慈悲枯竭與職業倦怠的計畫時,我們希望提出一個至關重要的問題,值得所有醫療照護者深思:**減少痛苦並確保我們的專業滿足感,這項責任應該由誰來承擔?**

這項責任應該由領導層與機構承擔,還是應該落在我們每個人的肩上?我們堅信,答案為:兩者皆是。然而,本書的重點聚焦於身為讀者、助人工作者與醫療照護者的你,當下能完全掌控

的部分：你本身的個人韌力。

在最後一章，我們將重新回到此問題，並進一步探討。現在，則希望先強調一個觀念：**慈悲枯竭的第一道防線就在於自己**。當然，機構與領導階層在未來的醫療體系設計中扮演著至關重要的角色，使其更具效率且人性化，但這些成果，還有賴於每位專業照護者個別培養的舒壓能耐（relief）與韌力來強化。

慈悲枯竭是真實存在的問題，影響著今日醫療與專業照護者，他們肩負著社會上最艱難的心理與情緒性工作。這並不羞恥，也不應被隱藏而直到痛苦無法承受才尋求幫助。你並不孤單，也並非有缺陷，這也不是一場無法擺脫的長期掙扎。

我們誠摯地邀請你踏上這段療癒、滿足與韌力的旅程，這將是你職業生涯中能夠持續攜帶的力量，並能應用在你個人與專業生活的各個領域。加入我們，一同獲取重新煥發的力量、熱忱與同理心，並找回當初吸引你進入照護專業領域的那份慈悲。

PART 1

洞悉問題的本質

清晰界定問題,便已解決一半。
——查爾斯・凱特靈,美國發明家

CHAPTER 1

助人工作的試煉與韌力：發光者必得忍受焚燒之痛

> 即使身處奧斯威辛的死亡集中營，我仍能在每天當中找到愉悅、平靜、目標、愛與意義。
> ——維克多·弗蘭克，精神科醫師

　　無論在哪座城市、哪個時區，或是參與者從事的是哪種醫療或助人相關職業，前瞻式專業韌力工作坊的展開方式始終如一。我們總會從「沉默見證」(Silent Witness)的活動開始（改編自薩克維特等所設計的課程[35]），其流程如下：

　　在簡單自我介紹後，我們會指向每張桌子中央放置的一疊空白索引卡和筆，對與會者說：「請各位拿起一張卡片，」我們自己也拿一張，接著說：「不用多加思考，請寫下三項因醫療工

作（或其他助人工作）而對你造成的負面影響。」

我們通常會舉幾個例子，例如吉姆會分享，他長期以來都有睡眠困難。此時，房內往往一片沉靜，那是一種帶著一絲不安，甚至略顯尷尬的靜默。因為我們正請這些專業照護者深入內心，真誠地面對──或許是有生以來第一次坦承──他們所選擇的這份職業，究竟對自己的專業與個人生活帶來了哪些深遠、不容忽視的影響。

在大家靜靜地寫下自己的三項感受時，我們也同樣提筆，寫下自己因助人工作所承擔的負面影響。接著，會請大家停筆，站起來，並說：「現在，請大家拿著這張卡片，把它舉起來，並請在房內四處走動，讓其他人也看看你所寫的內容，同時你也去看看別人寫了什麼，以見證彼此的經歷。」

幾聲緊張的輕笑響起，椅子拖動的聲音打破了沉默，與會者開始四處走動，互相閱讀卡片上的內容。片刻後，低語聲與點頭認同的畫面逐漸浮現──

「每個人幾乎都寫了『人際關係困難』。」通常會有人讀過幾張卡片後，帶著些許驚訝地說道，同時發現彼此的共同點超乎想像。

「我也是，我完全能理解。」其他人低聲回應，表示共鳴與認可。

當所有人都看完彼此的清單後，我們請大家再次坐下。此時，整個房間的氛圍已然明顯放鬆許多。

「你們覺得這活動的目的是什麼？」我們詢問著，並等待大家的回應。

「是讓我們知道，原來大家的工作都會帶來類似的問題？」通常會有人這麼回答，而我們則會用力點頭表示認同。

這正是這項練習的首要目的,讓大家意識到,凡從事照護或陪伴受苦者的工作,都無可避免地會受到影響。然而,在這類領域中,許多人甚至不願承認這一點,更遑論正視它、尋求改善。

專業照護者其實正承受著一個流傳超過兩千五百年來的錯誤職業信念,此信念源自古希臘醫師希波克拉提斯的教條:「如果能保持足夠的客觀與冷靜,那麼你就不會受到工作的影響。」

但如果你真的受到工作影響呢?如果你開始感受到沉重的專業責任所造成的影響,那又意味著什麼?

▶「沉默見證」活動的深層意涵

身為醫師或其他照護工作者,我們往往會不自覺地拿自己的「內在」與他人的「外在」作比較。我們看著同事,覺得他們總是井然有序、談吐專業、應對得體;久而久之,開始懷疑**自己才是那唯一「搞砸」的人**,擔心自己是不是哪裡出了問題,覺得自己太脆弱,甚至懷疑自己是否真的適任這份工作。

結果,我們因此失去了運用**同儕支持**的能力,而這正是發展韌力最重要的資源之一。當認定自己不如同事聰明、敏銳或有洞察力時,我們還會在彼此的對話中坦誠分享嗎?當然不會。而這正是慈悲枯竭最主要的後果之一:症狀越多,就會變得越封閉、越孤立。這種孤立狀態進一步成為溫床,使更多症狀滋生,最終導致更深沉的痛苦。

此時,我們會繼續引導與會者深入思考「沉默見證」活動的真正意義:「總體來說,你們看到幾張空白的卡片?」

大家搖搖頭,確認了相同的答案:零張。

「沒錯,沒有任何一張是空白的。那麼,你們覺得這意味著什

麼?」

此時,我們往往會收到一些幽默的回應,例如:「或許這表示我們這群人是所有照護者中最病態的,還遠離常態分布平均值的兩個標準差!」

這時,總會有一陣笑聲在屋宇內迴盪著。

我們則會接著說:「但事實上,我們已經與數萬名照護者做過這項活動,可以肯定,你們的分布是在正常範圍。既然我們接受這個現實,那麼我們可以推論出什麼呢?」

「我們都只是凡人。」曾經有位與會者如此回答,這句話極具洞察力,值得特別留意。

我們確實是凡人,但我們每天卻在做超越人類極限的事。我們面對困難、恐懼,甚至痛苦的工作,這勢必會對我們造成影響。因此必須牢記從事此類工作時看似矛盾之處:**你可以在不受苦(suffering)的情況下工作,但你無法避免承受一定程度的痛楚(pain)**★。

專業照護工作所帶來的艱辛與考驗無可避免,但這並不代表我們的生活品質必然會被削弱。要保護自己不受影響,其中一個關鍵,就是主動尋求並接受來自他人的支持。我們的目標,是立即打破照護領域中圍繞著「慈悲枯竭」的孤立與沉默,並揭示一個重要的真相:**我們並不孤單**。

回到工作坊,我們請與會者回顧自己在活動過程中的感受:「我們注意到,一開始大家的反應有點僵硬,」我們說,「但你們覺得,隨著活動進行,焦慮程度有變化嗎?變得更焦慮,還是比

★ 譯注:「痛楚」是工作帶來的挑戰、艱辛與不適,而「受苦」則是對這些挑戰的抗拒或無法調適的心理狀態。我們無法避免痛楚,但可以選擇是否受苦。

較放鬆?」

與會者的回應幾乎總是一致的,隨著活動展開,他們的焦慮減少了。

「為什麼會這樣?除了站起來四處走動,釋放了一些能量之外,還有什麼心理機制能讓焦慮顯著降低?」

有時候,現場會有人試著回答,但多數情況下,現場會陷入沉思與不確定。這正是我們進一步闡述的時機:「這個活動能降低壓力,有一個關鍵原因,那就是你們『被他人評價的威脅感』降低了。」

當我們認為自己有問題時,常常會主動切斷和同儕的聯繫,把自己排除在照護者的群體之外。然而,真正的療癒與韌力,正是從我們意識到「自己並不孤單」開始的。當我們願意接受這個事實,並開始善用身邊的資源,療癒就會自然發生。

此項活動除了常態化我們的經驗之外,另一個核心目標是提高我們對自身症狀的覺察。試想一位成功戒癮的人,在轉變的過程中,最關鍵的第一步是什麼?他必須承認並接受自己的真實狀況。只有當一個人展現出洞察力、覺察與接納,才能開始做出改變。

面對慈悲枯竭,情況亦然。我們的本能反應,是將這種被灌輸為「應該感到羞恥」的狀態壓抑,繼續埋首工作,在職涯中硬撐下去,從不承認這些影響的存在。當我們承認這些情況時,就能從旁觀者(甚至受害者)轉變為自身復原過程的積極參與者,而那些能在生活中練習本書即將介紹諸多技能的參與者,將會顯著減輕倦怠與慈悲枯竭的影響,且往往能立竿見影。

身為醫療照護者,我們在各自的專業領域皆受過高度訓練。然而,若我們的職業與個人生活無法帶來滿足與振奮,這無疑是

一大悲劇。好消息是，這種情況是有解方的，而且是一套基於實證、經過數十年研究驗證，並具可測試效果的方法。你不必在照護工作中受苦，甚至不該感到持續的困擾。如果你在這份工作中受苦，那麼或許你的方式可能需要調整。因此，本書將介紹一套簡單易行的練習方法（儘管其根基源於複雜的理論），幫助你減輕症狀。當你將這些方法落實於日常生活並持之以恆，受苦將不再是你的常態。

然而，在探索這些專業韌力的方法之前，首先需要定義「韌力」。

何謂韌力★

維克多・弗蘭克（Viktor Frankl）是奧地利神經學家、精神科醫師，同時也是大屠殺倖存者，可能是現代對人類韌力有最深刻洞察的思想家之一。他是於1941年在維也納工作的神經學家，翌年和妻子、父母被送至納粹的特雷津集中營。他不僅擔任一般科醫師，還領導一個自殺監視與治療計畫，幫助新來的囚犯克服震驚與悲痛。然而，於1944年他被送往奧斯維辛集中營，並與妻子分離，最終他的妻子死於卑爾根—貝爾森集中營。他自己則在考

★ 譯注：索斯威克（Southwick）等在《韌力》（啟示出版社，2023.9.）一書中針對韌力的定義如下：「承受逆境與復原的能力。」並提出韌力的四大類、十項要素，分別為：身體韌力——關切身體健康；社會韌力——社會支持、學習榜樣；心理韌力——樂觀、直接面對恐懼、挑戰心智、認知與情緒彈性；靈性韌力——道德準則、宗教與靈性，以及意義、目標與成長。本書第七章「自我調節」對應「身體韌力」；第八章「循意向行事」對應「靈性韌力」；第九章「感知成熟」對應「心理韌力」；第十章「支持與連結」對應「社會韌力」；第十一章：「自我照護與活力重振」則為身心靈群整全照護與為韌力充能。

弗林、圖爾克海姆等多個集中營熬過三年半，忍受飢餓、酷刑與極寒。當他身為醫師及外科醫師的學經歷被曝光之後，還曾被迫對其他受刑人進行不人道的醫學實驗。

1945年被美軍解救後，弗蘭克醫師返回維也納，隨即撰寫他最著名且暢銷的著作《向生命說YES!》，書中描述他在納粹死亡集中營所經歷的恐怖與暴行，同時也分享他在囚禁期間所領悟的生命真諦：「即使身處奧斯威辛的死亡集中營，我仍能在每天當中**找到愉悅、平靜、目標、愛與意義。**」這正是「韌力」的最佳詮釋。

身為醫療照護者，我們對此深受感動，而且這段話所蘊含的意義極為深遠。當每天面對痛苦、絕望與死亡，我們仍然可以對病人抱持正向的期望（expectancy），因為期望對病人的治療結果有著巨大的影響，此點得到普萊斯[36]和安德森[37]等研究的支持。此外，正向期望也會影響我們自身的心理狀態。

弗蘭克醫師教會我們如何在艱難的環境中保持最大程度的正向期望，並將這份希望傳遞給他人。這是他所賜予我們的一份珍貴禮物，也希望將這份禮物傳遞給你：「無論你是誰，無論你曾經受到多少傷害，無論在戰鬥中失去了多少肢體，無論被診斷出何種疾病，無論工作多麼艱難，**仍然有機會過上美好的生活。**」

當我們能將注意力從那些無法控制的事物上轉移，並將這些能量和注意力集中於能掌握的部分時，仍能在當前情境中找到快樂、和平、目標、意義與愛，並將這份力量傳遞給我們的病人。

你如何坐在一位剛失去孩子的父母面前，安慰他們？你如何告訴一位年輕母親，她被診斷出癌症？在這些時刻，你如何傳遞希望的訊息？如果能回想弗蘭克醫師在集中營的經歷，我們就能成為那些受苦者的光與希望，而這正是專業人員即使被苦難人群

圍繞時，依然能成為有效能的改變催化者的理由。

弗蘭克在該書中寫下一個觀點：「**發光者必得忍受焚燒之痛。**」這句話適用於所有專業照護者，在此進一步剖析。從納粹死亡集中營被釋放後，弗蘭克用了四十五年的時間來治療大屠殺的倖存者。而這句話本身既是警語、也是處方。處方的部分會在第十一章進行探討，現在則先專注於這份「警語」的意義。

你們當中有多少人當初選擇進入醫學院，是因為渴望成為療癒者，或可說是「發光者」？我們相信，對大多數人而言，這正是他們選擇面對專業照護中種種困難與挑戰的核心動機，也是驅動並激勵他們繼續前行的力量。然而，弗蘭克提醒我們：如果選擇成為他人的發光者，就必須忍受焚燒的痛楚。

在住院醫師訓練或其他專業課程中，曾有人教導過你們這樣的觀念嗎？許多我們工作坊的參與者表示，他們通常被告知要「忍耐」，直到最近，多數的教學模式還是基於這樣的觀念。

令人欣慰的是，越來越多的研究批評這種教育模式並不適用於照護者，許多機構和學校也已經開始調整課程，以更符合實務需求。例如，聖路易斯華盛頓大學醫學院已經將我們關於自我調節與韌力的教材納入其二、三年級醫學生的課程中。這對未來的專業照護者而言是好消息，他們將學會在承擔超人般的工作時，也能維持自我韌力與自我照護，而不僅僅是靠硬撐度日，直到燃燒殆盡。

簡單來說，從事助人工作無法避免痛楚，意味著需要學會如何承受痛楚而不至於受苦。我們需要培養一些技能，使自己在進入職場時，不再因痛楚而畏縮，也不再處於過度警覺的狀態。我們需要學會承受衝擊，但不讓職場中的毒性效應使我們變得脆弱。而達成此目標的第一步，就是重新定義我們認為日常生活中

壓力的確切原因。

▶ 重新架構問題

當完成本章先前提及的常態化與投入活動後，便會開始和工作坊參與者探討跟工作相關的壓力來源及其影響。這種壓力在業界常被稱為職業倦怠，但更精確的說法應該是「慈悲枯竭」（在接續的章節中，會更深入地剖析此問題）。

在工作坊中，此項探討會從以下問題展開，並請參與者和同桌成員討論：

1. 你的工作是否帶來壓力？
2. 如果有，這些壓力的來源是什麼？
3. 這些工作壓力對你和同事有何負面影響？

（請花幾分鐘思考這些問題，並寫下你的答案。）

在工作坊中，會給參與者十五分鐘來討論上述的問題。不僅是為了收集資料，也是促進投入過程，協助參與者之間建立連結，為當日午後所安排更多個人分享活動預作準備。當討論時間剩下約兩分鐘時，會引導參與者轉換思路，回答另一個問題：「你喜歡自己工作的哪一部分？」

在要求參與者花時間探討專業挑戰之後，會希望幫助他們重新連結到當初選擇這份工作的初衷，即使這份工作正在傷害他們。希望提醒參與者（以及正在閱讀這本書的你），大多數人踏入這個領域是懷抱著一種使命，而當他們的症狀變得越來越明顯時，往往也意味著他們正在逐漸偏離最初的使命。**以原則為導**

向、以使命為驅動的生活方式,正是專業韌力的核心要素。

當小組討論結束後,我們會回顧參與者所提出,關於專業照護工作中**正向層面的回應**。儘管這份工作確實有其代價,但同時也帶來了一些極具意義的回饋。以下是工作坊中常聽到的回應內容,包括:

- 人際連結
- 幫助他人療癒
- 感覺自己正在帶來改變
- 幽默感
- 和同事的情誼
- 持續學習與個人成長

當參與者不再有新的回應時,我們會提出一個關鍵問題:「這樣夠嗎?」、「這些回饋對你來說,夠嗎?」

這時,許多參與者的臉上會出現有趣的困惑表情,因為他們意識到自己從未真正思考過這個問題。在職場中抱怨工作的氛圍,幾乎是一種自動化反應,而有些人甚至從未認真考慮過這份工作所帶來的非財務性報酬。

接著,會誠懇地向他們建議:「如果你的答案是『不夠』,那麼今天可能是個好時機來考慮換個職業。如果你想要的是超越這些正向層面的其他回報,那麼你可能正在尋找一個在這個環境中不存在的報酬。如果你的目標是財富,這是一個完全合理的追求,那麼你可能難以在照護工作中找到它。同樣地,如果你追求的是聲望或權力,那麼你或許該考慮進入股票市場、房地產、政治或演藝圈,因為這些領域才是這類資源的聚集地。」

之後，我們會短暫停頓，讓參與者思考剛才所說的話，然後繼續：「我們強調這些內容的關鍵在於：**你並非自己工作的受害者**。在場的許多人，當初可是花費了數萬美元完成學業，為的是獲得資格，能爭取到目前這個職位。而且，你們還經歷了競爭，才贏得這份工作。所以，你並非受害者！如果這份工作已經不再適合你，那麼或許是時候考慮換個職業了。但如果你選擇留下來，那麼培養韌力，學會如何免疫於職場的毒性影響，將會對你有所幫助。」

　而正如我們向工作坊的學員發出的邀請，我們也向你──本書的讀者──發出同樣的邀請：請一同踏上這條由我們所鋪排、邁向韌力的道路。

CHAPTER 2

希望與轉機:修正威脅感知與調節自律神經系統

> 這些外在環境並非導致你倦怠與慈悲枯竭的根本原因……你的職場環境可能不會改變,但你可以改變自己對它的感知與因應方式。

　　我們工作坊的主要目標之一,是幫助參與者理解為何他們的職場如此充滿毒性,並如何透過一些認知與行為的調整,將無止境的慈悲枯竭,轉變為替自己建立有意義且具成就感的照護職涯。

　　我們的觀點認為專業人士若要實現持久的韌力與良好的職業生活品質,必須先做到以下三點:一、瞭解自律神經系統如何**在無意識層面**運作;二、理解感知的威脅(perceived threat)及人類的威脅反應機制;三、學習運用「自我調節」(self-regulation)的

技能來中斷自身的威脅反應。

最初,我們嘗試透過「自律神經系統使用手冊」來傳達這些概念,但很快發現,即使是醫師也難以忍受長達六十分鐘的自律神經系統機制講解,而不失去興趣。因此,我們必須設計一種互動性強、易於理解且能吸引參與者的體驗,讓他們能真正投入學習,進而邁向更好的專業與個人生活品質。我們將此過程稱為「喚起希望的工具」(Tools for Hope)[38],透過此法來解釋人類威脅反應系統的基本運作原理,以及如何中斷並調節此反應。

在前一章所描述工作坊的一個小組活動中,要求參與者訴說他們的職場是否充滿壓力,而我們總是毫無例外地收到「當然!不然我們就不會來了」這樣的回答。確認此點後,我們會收集數據,以找出哪些因素對參與者造成最大壓力,以及這些壓力帶來的負面影響。

下圖顯示經常從參與者那裡收集到的典型回應樣本:

圖一、專業照護者所受壓力常見的原因與影響

原因		影響
行程	→	焦慮
要求		胃腸不適
文書工作		睡眠障礙
電子病歷/科技		家庭問題
行政程序		憂鬱
規範		身體抱怨
同儕		暴食或厭食
		專注力不足

當這些回應被記錄並投影到會議室的螢幕上後,我們會指著「原因」這一欄,然後說:「這些並不是導致你壓力的真正原因。只要你繼續相信它們是,你就會持續經歷第二欄所列出的各種影響。事實上,你之所以會出現這些壓力影響,正是因為你錯誤地認為前面這些是壓力的根源。」聽到這番話,現場往往會出現一片驚愕與懷疑的表情。

過度發展的威脅偵測與威脅反應系統

為了幫助參與者理解壓力的真正來源,首先需要先解開並修正他們長期以來所抱持的一些錯誤認知。這些認知扭曲讓「受害者心態」根深蒂固,大多數參與者都相信,自己的壓力來自於職場,以及職業與個人生活中的各種遭遇。他們認為,自己因從事高壓工作,才會過著充滿壓力的生活。然而,在進行「喚起希望的工具」過程中,我們試圖引導參與者改變這個錯誤的核心信念。正是這種感知的轉變,使得工作坊能因此發揮效果,並為參與者的生活帶來改變。

為了促進此一轉變,我們會在簡報上展示一些近期的新聞事件(不包含血腥畫面,見下頁),這些事件通常被視為「令人不安」的時事,例如颶風、恐怖組織(ISIS)、槍擊事件、氣候問題、政治領袖的爭議、各類危機等。請花幾分鐘時間,思考這些影像帶給你什麼樣的感受。

當參與者看完這些影像後,我們問道:「在座的各位,有多少人是完全且百分之百安全的?」

沒有人舉手。

接著,我們切換到下一張投影片,上面顯示一張功能性核磁

共振攝影（fMRI）影像，標示出前扣帶迴皮質（ACC，anterior cingulate cortex）的位置，並對參與者說：「剛才沒有人舉手，顯示你們的前扣帶迴皮質很可能已經萎縮了……你們或許應該關切一下這個問題。」

聽到這番話，現場傳來零星的笑聲。我們隨即簡要介紹前扣帶迴皮質是大腦的「威脅偵測器」，當它處於最佳活躍狀態，且電訊號傳遞順暢時，能幫助人類依據**環境中的客觀訊號**（即透過視覺、聽覺、嗅覺、觸覺與味覺所獲得的感官資訊）來判斷威脅是否真實存在[39]。然而，前扣帶迴皮質是大腦中極為敏感的區域，當下視丘－腦下垂體－腎上腺軸（HPA-axis）因交感神經系統的啟動（即戰或逃反應）而過度活化時，導致皮質醇★及谷氨酸（glutamate）濃度升高，可能會影響前扣帶迴皮質的調節功能，進而削弱認知控制或情緒調節能力。

當前扣帶迴皮質功能受損時，人類便難以區分**來自當下環境的威脅**（透過分析感官資訊得出的結論）或**來自過去痛苦學習經**

驗的侵擾，進而在實際很低或沒有危險的情境中，產生威脅感知。

為了讓參與者體驗這種現象，我們邀請他們參與一個簡單的練習：放下心智（mind），回歸感官（sense）。

我們請求參與者在十秒鐘內，單純觀察房間內的物品與人，不帶任何過去的學習記憶。

「就單純注意你所注意到的事物，」我們說：「不要聯想到過去對電燈、飯店會議室或陌生人的經驗。」

十秒鐘後，我們問參與者：「請指出這個房間裡的危險所在。」

「吊燈可能會掉下來。」總會有某位參與者指著天花板上懸掛的吊燈。

「這是真的，」我們同意，「它確實可能會掉下來。」

接著，主持者其中一人走到吊燈下方站立，然後問道：「它現在有在掉下來嗎？我現在處於危險之中嗎？」

「沒有。但你可能會有危險。」另一位參與者補充道。

「『可能會有危險』並不等於『正在面臨危險』，」我們澄清道，「因此，目前這個情境不需要啟動威脅反應。」

這時，可能會有另一位參與者指著自己的頭說：「我的想法才是危險的。」

★ 譯注：一般情況下，外在或內在的負向情緒刺激會引發短暫的情緒波動，約十到二十分鐘（平均十五分鐘）即可平息。同時，這種情緒波動會促使血中皮質醇濃度上升，通常十五至三十分鐘達到高峰，以協助個體因應壓力，並於三十至六十分鐘內逐漸回降至正常值（Oecologia 2011;166(4):869-87.）。若負向情緒刺激持續累積，皮質醇及谷氨酸將維持在高濃度狀態，會對大腦細胞產生神經毒性，這種損害尤以前額葉、前扣帶皮質與海馬迴為甚。三者原本負責調控杏仁核功能，避免其過度激化。一旦這些調節機制受損，將形成惡性循環，使情緒波動更難平息，進一步加劇壓力對整體大腦功能的負面影響。
（Dialogues Clin Neurosci 2011; 13(1): 139–145.）

我們向參與者解釋，即使他們腦中浮現可怕、危險或暴力的念頭，只要沒有付諸行動，自己或他人就不會真正處於危險之中。

「在座的各位，有誰正在聽從腦海中的危險聲音行動？」主持者其中一人開玩笑地問道，引來一陣笑聲。參與者也紛紛同意，沒有人此刻正在做出任何威脅性或危險的行為。

我們繼續請參與者舉出房間內的「危險」，並逐一拆解這些「威脅」，讓大家意識到，這些其實只是「潛在的危險」（potential danger），而非當下真實威脅生命或肢體的危險。

此時，我們提出一個關鍵宣告：「在座的每一位，此刻都是百分之百安全的。這件事最棒的地方是，無論你相不相信，你依然是百分之百安全的。」

進一步說明後，我們接著補充：「你剛剛已經發現，過去的痛苦經驗正在入侵你當下的感知系統，導致你在**沒有真正危險的情境下，仍然感受到威脅**。」

這種在「幾乎沒有危險的情境中，卻產生威脅感知」的現象，是人類過度發展的威脅偵測與威脅反應系統（threat-response system）所導致的，而這正是所有和壓力相關症狀的核心原因。經過二十年的研究與調整，我們發現，人類在「確信自己當下是安全的」之前，不會真正開始調節自己的自律神經系統（即威脅反應系統）。

因此，我們鼓勵參與者深入思考這個「當下確實安全」的概念，讓他們為接下來的壓力調節方法做好準備。

接下來，我們會向參與者拋出一個挑戰性的問題：「以下陳述真或假：我們正生活在人類歷史上最安全的時代？」

請花點時間思考這個問題。許多人可能會覺得，這或許是真的，但同時又感覺不太確定[40]。事實上，目前確實是人類歷史上

最安全的時代。然而,儘管我們比以往任何時候都更安全,卻也比以往任何時候都更恐懼,這種現象可能遍及整個社會。

更安全,卻更恐懼,為什麼?

可以透過回顧1989年的研究來回答這個問題。當時,心理學家麥肯等發現,一個人並不需要親身經歷創傷,就可能承受創傷壓力的影響,只需要目擊創傷事件即可[41]。他們將這種現象稱為「代入性創傷」(vicarious trauma)。他們的研究為1995年「慈悲枯竭」概念的發展奠下基礎。

雖然並非所有人都經歷過符合創傷後壓力症診斷標準的「創傷事件」,但幾乎所有人都曾透過媒體目擊過數千次的暴力與創傷。由於科技、社群媒體及行動通訊技術的發展,**我們這世代所「目擊」的創傷,比任何過去世代都要多**。或許我們的祖父母輩在生活中實際遭遇的創傷比我們更多,但由於代入性(次發)創傷的影響,我們這世代反而更容易感到受創。當前的社會充斥著創傷壓力,其中大部分來自於透過媒體目擊創傷事件。要證明這一點,只需隨便問身邊的人:「你的生活壓力大嗎?」幾乎都會得到肯定的回答。

我們希望,當你讀完全書後,就會明白:**所有壓力,本質上都是創傷壓力**。其根源都來自於我們內在的「威脅反應系統」,當面對特定外部刺激時,喚起了潛意識中與過往痛苦或恐懼相關經驗的學習記憶。

為了讓工作坊的參與者理解此觀點,我們提出一個常見的情境——停車場。

我們會問大家:「有多少人曾經在停車場遭到攻擊?」

（如果有人舉手，我們會請他們跳過接下來的討論，以免引發個人創傷。）

接著，我們環顧全場，然後再問：「對於那些從未在停車場遭受攻擊的參與者，你們當中有多少人在進入停車場時，仍會提高警覺、保持警惕？」突然，許多雙手高高舉起。我們進一步詢問：「為什麼？」參與者的回答通常是：「因為停車場很危險。」

我們繼續追問：「到底是什麼讓它顯得危險？」、「根據剛剛的調查，你們當中大多數人從未在停車場遭遇過真實的危險，那麼，你們的恐懼從何而來？」

此時，許多參與者的臉上開始浮現恍然大悟的表情。

「我曾在電視上看過有人在停車場被襲擊。」一位參與者回答。

「我曾經治療過一位在停車場被毆打的病人。」另一位補充道。

最終，我們發現，大多數人其實從未親身在停車場遭遇暴力，只是曾經目擊或聽聞過相關事件。然而，這些記憶卻深植心中，導致每次進入停車場時，都會自動回憶起這些學習經驗，並相應地做出防禦性反應。換言之，我們的威脅感知，並非來自個人的親身經歷，而是來自曾經目擊或聽聞的事件。這讓我們不禁要問：「在日常生活中，我們究竟有多頻繁地在潛意識中感知到威脅？」

對於在醫療領域工作一段時間的人來說，我們早已發現：幾乎沒有真正全然感知不到威脅的時刻。對許多人來說，這種威脅感知從睜開眼睛的那一刻起，一直持續到入睡。

▶ 壓力、慈悲枯竭與過度警覺的惡性循環

讓我們思考一下，這種現象若發生在醫療情境中，會如何具

體表現出來？

例如在急診室：當醫師正幫病人骨折處進行復位時，病人大聲痛罵；當醫護人員尚未掌握病情時，病人的配偶便對他們大吼大叫，要求立即給予答案；當一位重症幼兒的父母無法就治療方案達成共識時，他們不僅爭論，還對醫護人員發火。

在這些情境下，你真的正處於迫在眉睫的危險之中嗎？你的生命受到威脅了嗎？當然沒有。但問題是，你的威脅反應系統並無法區分這些情境的實質危險程度。它只是根據你過往的學習經驗，將高分貝、憤怒的聲音與過去曾感受到的威脅連結在一起（此機制稱為「創傷生成」〔traumagenesis〕，會在第五章深入探討）。

因此，大腦迅速得出結論：「我現在有危險，我的身體需要立即做出因應！」

於是，自律神經系統立即進入高度警戒狀態，啟動「戰或逃（Fight-or-Flight）」反應，讓身體做好準備，要麼與威脅搏鬥，要麼逃離到安全的地方。

這正是導致我們壓力升高、日常功能受損，進而引發慈悲枯竭、倦怠、次發創傷壓力及其他各種身心症狀的核心問題：**在沒有真正危險的情境中感知到威脅，而我們相應的生理反應也隨之啟動**。這種對潛在威脅的高度敏感性，使得威脅反應系統長期處於過度激化的狀態，幾乎無法關閉，且持續啟動的時間越長，系統的反應性便越加強化，形成惡性循環。

你的工作壓力大嗎？當然。也許，這份工作帶來的結果與你當初的期待不符。

也許，最近幾個月你遇到了連續的棘手病例，再加上你對自己不切實際的高標準，使你變得焦慮不安。也許，人手短缺、超

時工作、訴訟風險、行政管理不善，這些職場因素確實讓你感到壓力重重。但，這些都不是你壓力的根源。

請再讀一次這段話：**這些外在環境並非導致倦怠與慈悲枯竭的根本原因**。除非你能真正理解這一點，否則你將會持續受到這些負面影響。**你的職場環境可能不會改變，但你可以改變自己對它的感知與因應方式。**

本章希望傳達兩個關鍵概念：

1. 壓力並非來自於這些**外在因素**或**心理負荷**（strain），而是你的生理系統對「感知的威脅」所做出的自然反應。
2. 你擁有調節這套生理系統的能力。透過簡單的技巧，你可以立即降低壓力程度，不僅能減輕慈悲枯竭的症狀，還能增強在照護工作中的韌力。

▶ 慈悲枯竭與自律神經系統

要理解導致慈悲枯竭的壓力來源，首先需要探討我們的生理系統，以及當感知到威脅時，大腦與身體會發生哪些變化。

當我們偵測到「危險」（無論是真實或想像的）時，人體會立即啟動兩大生理因應機制，以確保生存：一、交感神經系統：通常被稱為「戰或逃」反應，負責讓身體進入高度警戒狀態，以因應威脅；二、副交感神經系統：負責平衡與恢復功能，在威脅解除後，幫助身體回復到正常狀態。這兩者共同構成自律神經系統，然而當此套系統長期失調或過度激化時，就會導致各種與慈悲枯竭相關的身心痛苦。

交感神經系統

交感神經系統是一條雙向神經通路,連接腦幹、脊髓與所有主要器官。當啟動時,會釋放兒茶酚胺(catecholamine)類激素,如去甲腎上腺素／正腎上腺素(noradrenaline/norepinephrine)、腎上腺素(adrenaline)等,以調動器官、腺體及其他身體部位,促成一系列本能的生理反應,以確保生存。

交感神經系統啟動後,人體會立即出現以下反應:

- **生理反應**:心跳與呼吸加快、瞳孔放大、全身周邊血管收縮、聽覺排除(聽力暫時下降)、視野緊縮(周邊視力減弱)、消化系統功能受抑制、淚腺及唾液分泌受抑制、影響身體括約肌等。
- **大腦運作機制**:基底核與丘腦活動增加;前額葉活動下降,影響執行功能、精細動作控制與情緒調節;顳葉活動下降,導致語言理解(韋尼克區,Wernicke's area)及語言表達(布洛卡區,Broca's area)能力減弱;前扣帶迴皮質功能下降等。
- **其他影響**:強迫性思考與行為增加;速度、靈活度與力量下降;思考與行為僵化;疲勞感增加。

當前扣帶迴皮質偵測到威脅時,會向顳葉發送信號。顳葉在將感官數據轉化為情緒、語言與視覺理解方面發揮關鍵作用,並在杏仁核調節下,對長期記憶的形成發揮重要影響。情緒學習最初便發生於杏仁核,而過往的學習經驗會深刻影響我們未來對威脅的感知。

以下是由前扣帶迴皮質偵測威脅,並結合杏仁核記憶輸入而

導致交感神經系統啟動的例子。當你在急診室值班時，和一位咄咄逼人的年輕男子發生言語衝突後，開始對高大年輕男性產生厭惡感。當這名男子侵犯你的個人空間、瞪大雙眼並提高音量時，你的杏仁核正在記錄並記憶這次互動的每一個感官細節，從他的穿著風格、聲音語調，到他可能使用的特殊古龍水氣味。自此之後，當你的前扣帶迴皮質與杏仁核遇到任何與這先前威脅稍類似的情境時，便會進入高度警戒狀態，啟動交感神經系統，並為因應攻擊做好準備。

這種對感知威脅的過度警醒（hyperarousal），對於從事複雜人際互動工作的我們而言，可能特別有害，因為它會伴隨大腦功能的削弱，包括情緒調節與衝動控制能力下降、溝通與理解他人語言的困難，以及思考與行為的受限，進而導致心智能力與推理能力的下降。可想而知，這些反應恰恰和我們在面對棘手情境時所需要的狀態背道而馳，例如告知病人家屬死訊、處理複雜的急救程序，或和醫院管理層溝通。相信當大腦長期受到交感神經系統刺激影響時，導致認知功能下降，這可能是許多醫療疏失與錯誤的成因之一，甚至影響到醫療照護者與病人之間的互動品質，進而增加醫療糾紛與訴訟風險。

副交感神經系統

當即時的危險被解除或化解後，副交感神經系統便會接手調節身體機能。它也是一條影響全身主要器官的神經通路，其作用是逆轉交感神經的過度激化，幫助身體恢復穩定狀態。

副交感神經會：降低心跳與呼吸速率，使其恢復平穩；降低血壓、節約能量、放鬆消化道括約肌；讓身體回歸平衡狀態，以進行日常運作，如消化與生殖功能。

由於副交感神經系統主要負責恢復與調節，因此它又被稱為「進食與繁殖」或「休息與消化」系統。

理想狀態下，兩個系統應當相輔相成，無縫切換，以調節身心狀態，維持健康與安全。然而，對於長期從事照護受苦者的工作者而言，此調節過程會變得格外困難，因為每天都必須面對那些我們本能上習得視為威脅的情境，而這正是工作內容的一部分。

如前所述，前扣帶迴皮質如同我們的大腦雷達，持續且無意識地掃描周遭環境，以我們自身的視角解讀感官訊息，並賦予其個人意義，從而影響我們未來對相同訊息的感知方式。在運作良好、電活動與訊號傳遞處於理想狀態時，它能精確地評估與偵測威脅。

然而，對於那些無法真正感受到安全、長期處於交感神經系統主導狀態的人而言，**前扣帶迴皮質的功能會減弱，大腦也會更傾向依賴過往學習的經驗來進行威脅偵測**。這會導致兩種後果：首先，個體將更難運用邏輯、推理與理性來評估類似的威脅情境；其次，交感神經激化的神經通路會被進一步強化，使「戰或逃」反應更容易被觸發，進而主導整體的身心狀態。

神經科學的證據

近期對具有焦慮與憂鬱症狀的個體進行大腦掃描的研究發現，他們的前扣帶迴皮質體積不僅顯著較小，其電活動量也明顯低於無症狀者。研究同時指出，透過藥物治療和（或）心理治療，這些個體的前扣帶迴皮質功能，有機會恢復正常，甚至顯著改善。這不僅為我們過度警覺的威脅反應系統提供治療上的希望，也從科學層面證實：過度激化的自律神經系統，確實會影響我們的思考、行為與生理系統機能。

然而,我們並不希望你將交感神經系統的反應視為對抗壓力的敵人。事實上,它負責的不只是因應威脅,也和我們的快樂、興奮、創造力與喜悅息息相關。例如,初次約會時,它會讓我們感到手心冒汗,收到夢寐以求的聖誕禮物時會心跳加速,站上大學畢業典禮的舞台時會內心澎湃。然而,當我們長期處於交感神經系統主導的狀態,便會在缺乏真正危險的情境中,逐漸習得對威脅的預期,問題便會隨之而來。

▶ 約基斯-多德森法則

如先前所言,交感神經系統的主導狀態與壓力本身並非絕對負面,它對於豐富的人生至關重要,並促成許多令人興奮且難以忘懷的時刻。試想,當你第一次沿著海岸懸崖漫步時,內心那股悸動感會是什麼樣的?如果你的心跳沒有加速,呼吸沒有稍微屏住,那種刺激與震撼還會一樣深刻嗎?

早在1908年,心理學家約基斯和多德森就提出:一個人的壓力(或身心激化)程度與其表現之間存在某種曲線關係(如圖二)。此理論後來被稱為約基斯—多德森法則(Yerkes-Dodson Law)。他們發現,適度的壓力激化對卓越表現是有助益且必要的。例如,一位外科醫師若感到極度疲倦,可能無法在手術台上做出挽救生命的決策;一位急救員若在趕往現場的過程中不夠專注,可能無法快速辨識需求並對無反應的孩童施行心肺復甦術(CPR)。

問題的根源在於,當壓力超過最佳表現區,身體產生過多能量,反而會影響我們的空間感知、高階認知功能,以及執行複雜任務的能力。他們也發現,涉及記憶、專注與問題解決的任務,

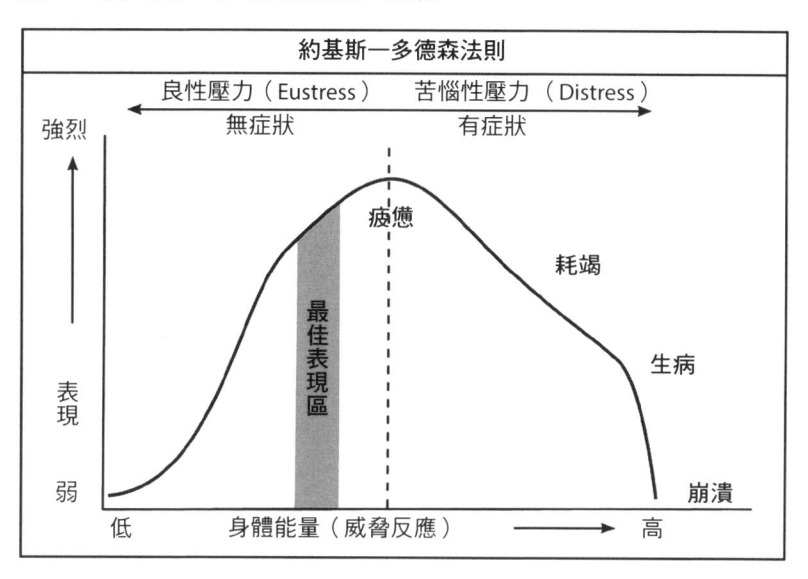

圖二、約基斯－多德森法則／曲線

約基斯—多德森法則

良性壓力（Eustress） 苦惱性壓力（Distress）
無症狀　　　　　　　有症狀

強烈 ↑
表現
弱

疲憊
最佳表現區
耗竭
生病
崩潰

低　　身體能量（威脅反應）　→　高

最佳表現會出現在曲線較低張力的位置；而需要高體能消耗（但較簡單）的任務，則在較高激化程度時表現最佳[42]。

這裡的關鍵訊息是：每項任務都有其對應的最佳激化程度，使我們得以發揮最佳表現。稍後，我們將進一步探討，如何透過自我調節來管理交感神經系統，以便根據任務需求而達到最適合狀態。然而，當我們缺乏這樣覺察與控制能力，再加上長期習得（且常被外在環境強化）的**「更加努力」反應模式**，便容易在耶克斯—多德森曲線的橫軸上愈走愈遠，最終喪失那些原本可在冷靜狀態中發揮的關鍵身心功能與技能，而這些恰恰是支持優異表現不可或缺的條件。

1936年，奧地利裔加拿大內分泌學家漢斯・賽利進一步發展「好壓力」與「壞壓力」的概念，並將「壓力」定義為[43]：「身體

對任何變化需求的非特異性反應」。到了1970年代,他進一步將壓力區分為兩種類型:一、苦惱性或負向壓力(Distress);二、良性或正向壓力(Eustress)。

他也曾出版過多本關於壓力的書籍,其中包括《無苦惱的壓力》與自傳性的《我生命中的壓力》等,在這些書中探討當人們經歷到任何形式的壓力(無論正向或負向)時,所出現自律神經系統失調的情況。以下是塞利在《無苦惱的壓力》中的一段摘錄,進一步說明他對「好壓力與壞壓力」的觀點[44]:

> 所有生物隨時都處於壓力之中,任何加速生命運行的事物,無論愉快或痛苦,都會短暫提升壓力,對身體造成一定的消耗與負荷。一記痛擊和一個熱情的吻,都可能觸發相似的壓力因應機制。擔心股市變動的金融家、拼盡全力的勞工或棒球選手、為截稿期限而奮戰的記者、和高燒對抗的病人,這些人都承受著壓力。同樣地,那位只是觀看精彩比賽的棒球迷,或是剛意識到自己輸光最後一分錢的賭徒、又或是剛贏得百萬獎金的幸運兒,同樣處於壓力狀態。
>
> 和普遍的認知相反,壓力並不只是神經緊張或身體受損的結果。更關鍵的是,壓力並非應該要被迴避的敵人,因為它和我們與生俱來的所有驅動力息息相關。只要身體的某個部分產生需求,壓力便會隨之而來。事實上,完全沒有壓力的狀態,便是死亡!

賽利醫師的研究結果,以及耶克斯與多德森博士的發現,都證實壓力的生理機制是一種**有益且不可或缺的工具**。對醫療照護者而言,適度的壓力有助於維持專注力、警覺性與行動敏捷度,

使其能更有效地履行專業職責—這正是我們的身體本來就被設計用於因應挑戰的運作模式。然而，當我們將微小、甚至根本不存在的威脅誤認為真正的危險，並長期處於過度激化（overdrive）狀態時，交感神經系統便會持續佔據主導地位，超出副交感神經系統所能調節的範圍，最終導致身心失衡與耗竭。

為了在工作中維持最佳表現，並避免陷入過度壓力，我們必須主動採取調節行動，透過以下兩個簡單步驟來管理自身狀態：一、培養對壓力反應的敏銳覺察，此種能力稱為「內在覺察」（interoception），將在第七章深入探討；二、在壓力反應尚未全面接管身心運作之前，學會及時中斷其擴張的路徑。

一旦掌握這些基本策略，我們便能刻意地調節與緩和身心狀態，從而在專業互動與日常生活中，重新取回高階腦功能的運作能力，進而在壓力與表現之間，實現更穩定、更持久的理想平衡狀態。

CHAPTER 3

慈悲枯竭：次發創傷壓力與倦怠綜合影響的後果

> 慈悲枯竭並非是在「毒性環境」中工作的必然結果，而是因為我們未能發展出足夠的「韌力抗體」，來保護自己不被「感染」。

專業照護者是現代的英雄，肩負著非凡的使命，拯救那些和自己素未謀面者的身心靈健康。他們奉獻自己的一生為他人服務，甚至可能因此犧牲個人的人際關係與身心健康。許多令人敬佩的專業人士與志工，在極高的工作要求壓力下創造奇蹟，卻鮮少得到應有的感激，而他們的薪資報酬，和某些工時與壓力遠低於他們的職業相比，往往顯得微不足道。

依常理而言，他們理應被感謝；然而，現實卻往往與此背

道而馳。一位醫師在困難的分娩過程中成功挽救一位新生兒的生命，卻遭到醫療過失指控而深陷訴訟之中。一位輔導員幫助曾有自殺念頭的青少年順利完成高中學業，卻因該生最終只能進入社區大學，而遭到家長的投訴。一位安寧療護工作者安慰與陪伴剛喪偶的老婦人，僅僅數週後，便出席了這位老婦人的葬禮。

儘管如此，這些英雄仍堅守崗位，彷彿服務他人的使命賦予他們用之不竭的慈悲與韌力。他們不僅經常超時工作，處理複雜的個案，還得面對人力短缺的挑戰，使得離開病人變得異常困難。於此同時，電子病歷系統的低效運作，讓下班後的工作（Work After Clinic, WAC）成為司空見慣的現象，甚至有了專屬的英文縮寫。

他們投入數十年時間精進專業技能、追求卓越，卻不得不與日益增加的工作負擔及日漸匱乏的資源抗衡。當壓力使他們失去耐性或犯錯時，內心往往充滿懊悔與羞愧。這些英雄於是更加努力追求「完美」，然而最終卻發現，正如所有傳說中的英雄一般，他們也有獨特的脆弱點：**正因為如此在乎，他們更容易遭受慈悲枯竭的侵襲**。

▶ 何謂慈悲枯竭？

創傷壓力治療領域的先驅菲格利教授於1995年首次將慈悲枯竭定義為：「次發創傷壓力與倦怠綜合影響的後果。」從心理動力學的角度來看，慈悲枯竭可被描述為：「因長期暴露於毒性照護工作環境，所造成的一種心理、生理、道德與靈性層面的損害。」從生物學的角度來看，慈悲枯竭則是：「當我們的威脅反應系統長期處於過度激化的狀態，以至於對身體與大腦造成損

害,使我們即便身處安全環境,仍錯誤地感知到威脅的一種神經學狀態。」

從流行病學的角度來看,慈悲枯竭最常發生在專業照護者族群中,例如醫師、護理師、神職人員、急救人員、消防員與警察,以及長期照顧罹患重病或身心障礙者的親屬和照服員。然而,最重要的是,慈悲枯竭應被理解為關懷他人的自然且難以避免的結果。**它並非軟弱的表現、性格上的缺陷、道德上的失敗,也不是某種心理疾病。**

在接續的章節中,將深入探討次發創傷與倦怠的概念,並提供具體可行的策略,以減輕慈悲枯竭的破壞性影響,讓自己重新回復到慈悲滿足(compassion satisfaction)的狀態。我們也將學習,如何將慈悲枯竭視為成長的契機,透過這段經歷,重新啟動個人的成熟發展軌跡,並追求一個有意向、以原則為基礎的生活。

慈悲枯竭的典型症狀

主觀上,慈悲枯竭是一種身體、心理、情緒、專業,甚至靈性上的耗竭(exhaustion)經驗,許多照護者對此再熟悉不過。

身體症狀:你可能感到極度疲憊、體力透支,早晨難以起床去工作,甚至無法維持原有的運動習慣。可能變得焦躁不安,出現睡眠困難,或者即使能入睡,也無法獲得真正的休息。性慾可能大幅下降,對親密關係的享受程度也顯著減少。

心理與情緒症狀:即使入睡,可能會因與工作相關的惡夢而驚醒,醒來後感到焦慮、憤世嫉俗,並對新的一天充滿悲觀情緒。也可能發現自己原本輕而易舉的決定變得困難,甚至開始做出錯誤的決定,讓你的自信心與自尊心受到動搖。為了因應這種困境,可能開始在情感上封閉自己,或者透過暴飲暴食、過量飲

酒,甚至濫用藥物來緩解無處不在的焦慮與不安。當自我形象與自控能力逐漸崩解,可能會開始對朋友和家人發怒,這不僅傷害那些原本可以支持、幫助你復原的關係,還可能讓你選擇自我隔離,試圖隱藏內心的羞愧與自毀傾向。

專業症狀:工作表現可能受到影響,因變得分心、難以集中注意力。可能發現與同事和上司的關係變得緊張,變得易怒、暴躁,甚至難以控制自己的情緒。也可能發現自己無法在下班後真正放下工作,或不斷糾結於想像中的冒犯或自認的失敗,因而萌生放棄一切的衝動,想直接走進老闆辦公室遞上辭呈。

靈性症狀:可能開始對自己曾經深信不疑的信仰、價值觀與人生目標產生懷疑,甚至逐漸失去和社群的連結。內心可能充滿痛苦與掙扎,而當朋友與家人察覺你的困境並試圖關心你時,可能會憤怒地將他們拒於千里之外。在這種憤怒、羞愧與迷失交織的狀態中,可能會讓你陷入孤立無援的深淵,無法理解自己為何會變得如此不受控、與過去判若兩人。

這類症狀可能悄然來襲,逐漸侵蝕我們的生活,直到耗盡資源,並陷入危機。當意識到某些事情已經出現嚴重問題時,可能已經感到如此沮喪與氣餒,以至於失去找到出路的希望。

// **艾端克的輔導經驗** //

年輕個案管理員凱莉的困境

我第一次見到凱莉時,她是一位二十三歲的個案管理員,在一個城市內的非營利機構工作。大學時期,她無可救藥地被助人專業所吸引。獲得心理學士學位後,決定在正式

攻讀博士學位前，先到現場工作一年，以獲得實務經驗。然而，僅僅五個月過去，凱莉已陷入絕望。

「我不確定自己還能撐多久，」她告訴我：「我的個案痛苦不堪，但我唯一能做的，就是同理地點頭，然後幫他們填寫表格。剩下的時間，全都用來寫報告。這些個案的故事有些令人不寒而慄，讓我整夜無法入眠。更心寒的是周遭的工作氣氛，沒有人相信自己能帶來改變，只是熬過一天又一天。這不是我想要的工作。」

這份工作已經對她造成了嚴重影響。自從加入這間機構工作以來，她的體重增加了九公斤多，和大學時期男友的感情也因頻繁的慘烈爭吵而走向破裂。這位曾經文靜且勤奮的年輕女性，如今幾乎每天晚上都沉迷於酗酒與派對。

「我不知道該怎麼辦，」她說：「我覺得自己徹底失敗了。」

資深醫師馬克的疲憊與掙扎

和凱莉相比，馬克已在醫界服務多年，並且是一位資深的婦產科醫師。我們在一家中西部的教學醫院碰面，當時他擔任住院醫師的指導醫師。

「我是個遇事咬緊牙關、不愛抱怨的人，」他告訴我。「我不喜歡聽人發牢騷，一直努力保持正向態度。但最近，我開始覺得這份工作遲早會要了我的命。」

馬克的工作壓力極大，除了在醫院查房，還經營私人診所，每天至少工作十二小時，幾乎沒有喘息的時間。他的日程被不斷湧入的緊急狀況與突發事件塞滿，就連難得安排到

> 休假，手機依然不停響起，不是醫院，就是病人的來電。
> 「如果不接電話，我會不斷擔心自己是否犯了某個致命錯誤，可能會傷害到病人，甚至被告上法庭。」他說道：「我必須設法減少負荷，否則我會徹底崩潰。」

▶ 慈悲枯竭的成因：被「毒性環境」所感染

慈悲枯竭並非是在「毒性環境」中工作的必然結果，而是因為我們未能發展出足夠的「韌力抗體」（antibodies of resilience），來保護自己不被「感染」。那麼，專業照護環境中究竟存在哪些風險因子，使得這種防禦機制變得如此必要？

超出人類極限的績效要求：專業照護者往往身處於一個被期待提供無可挑剔的照護，還要確保每位病人都要得到完美治療成果的環境。然而，**這根本是不可能的任務**。人類是有極限的，無論多麼敬業、多麼努力提升專業技能與經驗，仍然無法避免會有失誤的時候。即使我們的照護已臻完美，病人的健康成果仍非我們所能完全掌控，只能盡力而為。

然而，特別是當我們身處領導地位時，單靠「盡力而為」往往遠遠不夠。社會與機構經常期望我們設定一個根本無法持續達成的高標準，這種**長期未能達標的壓力**，會對我們的身心造成毒性影響，並成為引發慈悲枯竭的關鍵「感染因子」之一。

無法滿足病人需求的資源限制：除了不切實際的績效要求外，醫療與照護領域的資源短缺，也進一步加重了工作壓力。最明顯的例子是分配給每位病人的**時間不足**，可用來評估與符合病

人需求的工具也往往不夠。隨著各方壓力增加，要求壓低醫療成本，於是越來越多要求，迫使我們以更少的資源來完成更多的任務。電子病歷被強制推行，常常導致我們花更多時間在填寫表單與繁瑣的文書工作，而非提升工作效率或增強我們的運作智能。

長期暴露於創傷事件、情境與受創者當中： 身為專業照護者，經常得面對那些被震驚、恐懼、憤怒、脆弱與悲傷壓垮的個案。例如，警察每天都在和犯罪受害者互動；社工師經常接觸受虐兒童與問題家庭；醫師和護理師則持續照護著重傷與重病的患者。如後續章節所探討，長期暴露於這些強烈情緒與創傷情境，可能會讓照護者產生次發創傷，進一步導致內在威脅偵測系統的慢性失衡，嚴重危害身心健康。

人身安全的威脅： 許多照護工作本質上就極具危險。911事件後，許多前線應變人員仍在面對曾暴露於有毒化學物質所帶來的健康問題。警察與消防員則每天都在冒著生命危險執勤。照護者處於第一線，為了服務他人，經常冒著生命危險。長此以往，讓我們將世界視為一個危險且令人恐懼的地方，原本的理想主義逐漸讓位給憤世嫉俗，而希望則漸漸化為絕望。

// 案例分享 //

加護病房護理師的低潮

蒂納在當地醫院擔任加護病房護理師已十一年，當獲得一個家族經營的居家護理機構的職缺時，她毫不猶豫地接受了這個機會。儘管新工作的薪資比她原本的職位略低，但仍然義無反顧。她早已對醫院裡那種沒完沒了的緊急狀況感到

厭倦，每天奔波於一場接一場的危機，還常常在沒有提前通知的情況下被迫加班，讓她身心俱疲。而這份新工作提供彈性的排班，讓她能多陪伴丈夫和兩個兒子。

「當你隨時待命，無法規劃生活時，就等於沒有生活品質，」在一次難得的空閒時，她對好友雪莉感嘆說：「這份新工作簡直像上天的恩賜。」

在前兩年，她確實享受這份工作。她喜歡親自到病人家中拜訪，認識他們的家庭，並有充裕的時間提供個人化、高品質的護理服務，讓她感到無比滿足。

然而，美好時光轉瞬即逝。某天早上，蒂納和同事們被召集參加會議，得知公司已被大型醫療機構收購。新管理階層的第一步，就是裁員30%的護理人員，留下來的員工則被告知：「想保住工作，就必須承接額外的負荷。」

她幾乎別無選擇，只能接受。丈夫因殘疾無法工作，而她是家中主要經濟支柱。然而，很快地，這份她曾經熱愛的工作，變成了夢魘。即便她不斷加班，仍然無法完成原本該在八小時內完成的工作量。主管則毫無同理心，甚至對她流露出不屑的態度。每天早上出門上班時，她都得做好隨時被解僱的心理準備，這種持續的焦慮令她難以承受。

「我覺得自己得了胃潰瘍，」她某天晚上打電話告訴雪莉，壓低聲音，避免被家人聽見。「我的胃一直痛著，完全沒有精力做任何事。」

到了下午，她幾乎精疲力竭，感到心灰意冷，連最基本的日常功能都難以維持。

「我被困住了，」她想：「不知道我還能撐多久。」

警察的眼淚

傑佛瑞是一位三十一歲的警察，在美國中西部一座飽受貧困與毒品問題侵蝕的大城市執勤。雖然這份工作危險，但他從未被迫開槍。

然而，在短短六個月內，他和搭檔菲爾卻接連捲入了兩起致命槍擊事件。第二起事件中，菲爾身受重傷，幾乎喪命。現在，他因部分癱瘓而長期休養，正在接受物理治療。每週，他都會去菲爾家探望，盡力用樂觀的態度鼓勵搭檔早日康復。

然而，某晚，他含淚對哥哥說：「每次看到菲爾，我的心都碎了。他向來是個硬漢，他討厭依賴別人，可現在，連上廁所都需要我或他太太的幫助。我知道這不是我的錯，但我就是覺得自己害他中槍了。我滿腔怒火，卻無處發洩。」

在工作時，他勉強維持理智，但回到家裡，他卻完全無法控制情緒。他對妻子與年幼的兒子變得暴躁易怒，家人都小心翼翼地避開他，生怕再度引發他的怒火和嘲諷。某個晚上，他徹底失控，僅僅因妻子把牛排烤過頭，就怒斥並甩了她一巴掌。不久後，妻子提出離婚，兩人隨即陷入激烈的監護權爭奪戰。

傑佛瑞無助地向哥哥雅各傾訴，雅各是唯一能讓他敞開心扉的人。他悲嘆著：

「這一切，都是我的錯。」

「我以前是個脾氣不錯的人，但這份工作改變了我。」

「每天上班，都會親眼目擊無數壞人做壞事，這種景象久了，會侵蝕內心……它已經徹底毀了我。」

急診科醫師的痛哭

蘿拉在美國南部維吉尼亞州一家大學附設醫院擔任急診科醫師，至今已有十年。她憑藉著冷靜沉著的應變能力與卓越的領導力，贏得院方與同事的高度尊重，同時也讓病人感到安心與信任。然而，近期她卻發現自己越來越難以維持專業距離，即便下班後，工作壓力仍揮之不去。

某天早上，蘿拉接了一位二十七歲年輕母親雪倫，由家庭醫師將她轉診至急診室。

雪倫已經發燒三天，並出現劇烈頭痛與喉嚨疼痛。蘿拉心生憐憫，這名瘦弱、驚恐的年輕母親讓她格外揪心。憑藉豐富的經驗，蘿拉立即辨識出是敗血性休克的早期跡象，一面安撫她，一面啟動積極治療，並安排她住院觀察，希望能成功挽救她的生命。

一整天，蘿拉不斷向同事確認雪倫的病況，然而，消息卻一次比一次更糟。她的病情迅速惡化，最後被轉入加護病房，被插管並接上呼吸器。

下班前，蘿拉親自前往加護病房查看，卻在病房外的走廊看到雪倫的丈夫與三個孩子緊緊抱在一起哭泣。她靜靜走進病房，翻閱雪倫的病歷，心知肚明：自己和醫院團隊已經盡了一切努力，但仍不足以阻止這起悲劇。沒有人該為此負責，這場敗血症的惡性循環無法逆轉，主要器官開始衰竭，雪倫正在邁向死亡。

蘿拉失魂落魄地走到停車場，打開車門，坐進駕駛座。就在那一刻，雪倫家人痛哭的畫面在她腦海中不斷閃現。她再也忍不住，崩潰痛哭，整趟回家路上，眼淚止不住地滑落。

你正在經歷「慈悲枯竭」嗎？

或許，上述一系列的故事中，你看到了自己的影子。如果是這樣，我們鼓勵你嘗試「專業生活品質量表」的自評測驗。這份共三十項的篩檢測驗由貝絲・斯塔姆（Beth Stamm）博士所開發，經過大量研究證實，是一種可靠且有效的方法，能測量照護者因助人工作而產生的正面與負面影響。最新版本（第五版）可在ProQOL.org官網免費下載，網站上也附有標準化分數的計算與解讀方式。此外，本書的附錄也納入此測驗工具，方便讀者使用。

正如先前提到的，菲格利教授於1995年將慈悲枯竭定義為倦怠與次級創傷壓力綜合影響的後果★。我們將分別在接下來的章節中深入探討這兩項概念。邀請你與我們一起探索助人工作本身是如何可能且確實會傷害到照護者，因為這種理解將有助於你掌握專業韌力的關鍵。當你透過我們的指導，加上個人的主動學習，進而發展出這些韌力技能時，不僅能減輕當前工作所帶來的負面影響，也能預防未來再次發生，還能擁有更豐富、更滿足的專業與個人生活。

★ 譯注：針對慈悲枯竭盛行率的研究，多根據「專業生活品質量表」（見附錄）三項指標。一項針對護理師的系統性回顧與後設分析研究顯示，護理師慈悲滿足、職業倦怠與次發創傷壓力的平均分數分別為 33.12、26.64、25.24；而亞洲地區護理師的慈悲滿足分數最低、慈悲枯竭（後兩者）分數最高。整體護理師的慈悲枯竭嚴重度落在中等程度，且逐年攀升；而加護病房護理師的程度最嚴重。（Int J Nursing Studies 2021;120:103973）

CHAPTER 4

職業倦怠：感知要求超過感知資源的慢性狀態

> 隨著壓力的減輕，思考能力得以提升，使專業人士能進一步發展對職場的感知，減少其「毒性」，並將控制感從外在環境（外控）轉向內在賦能與韌力的培養（內控）。

職業倦怠是造成慈悲枯竭的因素之一，指的是照護者與高要求環境長期互動所引發的負面影響。倦怠可能極具耗損性（debilitating），其症狀範圍從高能量的焦慮與壓力，到低能量的憂鬱與疲憊。

自1970年代中期以來，研究人員對倦怠進行了廣泛研究，其中克莉絲汀・馬斯拉赫是倦怠研究的核心人物之一，也是「馬斯拉赫倦怠量表」（Maslach Burnout Inventory, MBI）的開發者。她

將倦怠定義為[45]:「從事與人互動相關的工作者,可能會出現的一種情緒耗竭、失去自我感(depersonalization)及個人成就感降低的症候群。」

以下為醫療照護者常見的倦怠症狀列表:

表一、常見的倦怠症狀

疲勞	絕望感	工作表現不佳
憂鬱	自動化／機械化	失誤增加
無力感	憤世嫉俗	效率低落／無效能感
請假或病假增加	退縮與孤立	不在乎品質
易怒／憤怒	失去興趣與樂趣	對他人吹毛求疵
焦慮／壓力過大	情感封閉	欺瞞行為
酒精／藥物／食物依賴	人際關係困難	逃避工作

許多關於倦怠的研究,將「職場因素」視為這些漸進式且耗損性症狀的主要成因。而我們在訪談過成千上萬個為倦怠所苦的人後,也發現他們普遍將自身症狀歸因於職場的要求與挑戰。問問任何一位照護者:「你的工作壓力大嗎?」他們的回答必定是響亮且一致的:「是!」

等一下!先別這麼快下結論。如第一、二章所討論的,我們對於倦怠的根源有著完全不同的觀點。我們都知道,照護職涯一向極具挑戰性,且對變革的適應力較低。事實上,過去十年間,職場變得更加複雜,而倦怠在醫療照護者中的發生率也顯著上升。然而,請記住第一章的見解:當一位專業人士認定其職場是

導致倦怠的根源時，**他就會變成該環境的受害者。**

在艾瑞克早期關於慈悲枯竭治療的開創性研究中，他提出一種不同的倦怠定義，讓個體有機會抵抗毒性環境的影響。根據其定義：**倦怠是一個人長期處於「感知要求超過感知資源」的慢性狀態。**

讓我們來細細拆解此概念。我們都認識一些飽受倦怠折磨的同事，他們認為自己的工作壓力極大，並將外在的工作要求視為導致痛苦的根源。他們可能會說：「如果不用上夜班就好了。」、「我的病人病得太重，我根本無法照護得來。」、「這個電子病歷系統爛透了，簡直要把我逼瘋！」

真正讓這些富有智慧與感知力的照護者感到身心俱疲的，並非職場或工作要求本身，而是**他們對這些環境與要求的感知。**他們如何看待自己的工作？「是一連串壓倒性的、無法克服的要求」；他們如何看待提供給他們的資源？「少得可憐、來得太遲」。這些經歷倦怠的護理師、醫師、治療師以及其他專業人士，往往認為他們所承受的要求極高，而能獲得的資源卻微不足道。聽起來很熟悉嗎？這不正是我們在休息室裡最常聽到的抱怨話題嗎？

當我們更加細緻且刻意地檢視倦怠症狀的成因時，便能發現，真正導致倦怠的並非高壓的工作要求、資源的減少、強勢的同事或是與管理層的衝突。真正的問題根源在於：**當我們在職業生涯中面對這些挑戰時，所產生認知、生理與行為層面上的反應。**

在未來的職業生涯中，我們大多數時候無法對職場政策進行太多改變，無法自行決定工作時間表，無法選擇和誰互動，或調整工作對我們的要求。然而，當我們將注意力從那些無法掌控的事物上移開，轉而專注於真正可控的範圍，也就是：**我們自身與**

我們的回應方式,便能降低外在環境對我們的影響,進而緩解倦怠症狀。

▶ 改變你的感知,就能改變你的人生

你或許已經猜到了,在艾瑞克上述的定義中,關鍵詞是「感知」(perception)。雖然無法有效地改變職場中那些低效且令人挫敗的因素,但我們可以學會更有效地管理自身的認知模式、生理反應與行為習慣,從而降低工作與職場環境對我們可能造成的毒性影響。這種感知成熟(perceptual maturation)的過程,將有助於減少工作及職場的毒性。

有位智者曾說過:「如果發現你自己身陷坑中,就別繼續往下挖了。」這句看似簡單的格言,正點出「韌力計畫」的核心精神,也是我們協助專業人士**從問題導向轉為解決導向的關鍵**。許多正經歷倦怠的專業人士,往往因職場困境而士氣低落,最終陷入對問題的狹隘執著(myopic focus)。他們可能滔滔不絕地抱怨,將責任完全歸咎於工作與職場,既憤世嫉俗,又對自身的處境深感憤怒與無力。

不幸的是,對於這些專業人士而言,他們渴望改善生活品質時,往往只剩下三種選擇:一、離職求去;二、苦撐到退休;三、寄望於救援幻想,期待管理階層終有一天能看見問題並加以改善。這是一種既悲觀又充滿無助感的狀態,而實際上能成功解決問題的機會微乎其微。許多照護者幾乎耗盡所有的精力與能量,只為勉強撐過每日的工作,卻難以在日常職責中尋得喜悅、平靜、使命感、愛與意義。

當我們協助經歷倦怠的專業人士去理解,真正讓他們痛苦的

並非外在環境,而是**他們對環境的感知**,在那一刻,希望便開始浮現。當引導他們認識到,他們並非被強制徵召的囚徒,而是擁有選擇如何回應自己工作的權利時,改變就會悄然發生。

當他們意識到:自己並非身處真正的危險之中,而只是「感知到」威脅時,便能開始調節自律神經系統,逐步中斷本能性的威脅反應。一旦這些調節技能得以培養並日漸熟練,專業人士將發現壓力逐漸減輕。隨著壓力降低,大腦新皮質功能(負責思考與理性判斷)將重新發揮作用,使他們得以發展出更成熟的職場感知,減少環境的「毒性」影響,**並將控制感從外在環境(外控)轉向內在賦能與韌力的培養(內控)**。透過持續練習這些技能,並融入專業韌力的原則,照護者終將為自己騰出空間,重新點燃對工作的使命感、熱情與喜悅。

我們要如何從試圖控制職場環境,轉向有效管理自己對職場的回應?答案可從兩個層面來看:

- 學習「自我調節」(在第七章會有更深入的說明):一旦重新掌握新皮質的控制權,就能刻意調整自身的感知,這個過程正是「感知成熟」(在第九章進一步探討)的核心。
- 當我們的感知逐漸轉變時,那些原本讓我們感到困擾的職場因素,將變得不再那麼具有威脅性。我們不再習慣地過度反應,而是更有意識地選擇如何回應,進而在混亂的環境中,仍能保持專業使命與內在平衡。

核心概念在於:我們將控制感從外在環境(職場)轉移到內在(對職場的回應方式)。這種感知轉變的一個關鍵在於:我們如何重新看待職場中的各種責任。我們往往習慣把這些責任視為

強加於我們的要求,但事實上,沒有任何事是被強迫的,我們始終擁有選擇是否執行某項任務的自由。並不存在「絕對的要求」,也沒有人能真正強迫我們去做任何事。

此刻,許多人可能正搖著頭,心想:「這太荒謬了,當然有加諸於我的要求!如果我不遵從這些要求,可能會受到批評,甚至被解僱。」

讓我們更加批判性地審視這種反應,並透過兩位醫療照護者的故事來深入探討。

// **案例分享** //

倦怠的鮑比

喬是醫院繁忙急診室的醫療主任。下午四點,喬接到威廉的電話,他原訂在當晚十點值大夜班,但因生病而無法上班。喬查看排班表與輪班可用表,發現鮑比可能有空,於是拿起電話撥了過去。

「喂?」

「嘿,鮑比,我是喬。聽著,威廉生病了,今晚沒辦法來上大夜班。我想問問你是否能幫忙替班?」

鮑比的身體瞬間繃緊,他最不想做的,就是再多上一個大夜班。心想:「喬一定還在記恨上週交班時,我讓他處理過一位棘手的病人。這肯定是報復,他正在利用權力強壓我,而我根本別無選擇,只能接受。」

「呃⋯⋯好吧,我去。」鮑比語氣不善地回應。

「太好了,謝啦。」

鮑比掛上電話，繼續修整庭院，只是動作比平常更為粗暴。他心煩意亂，整個晚餐時間都沉浸在對這場額外值班的不滿中，無法和妻兒共享愉快時光。家人們早已學會，在他這種煩躁的情緒下，最好小心行事。

鮑比草草吞下晚餐，隨後上樓試圖小睡，為大夜班做準備。但內心的憤怒與受害感，加上交感神經系統的過度激化，他根本無法放鬆。他翻來覆去，腦中不斷反芻著「喬的不公平要求」。

最終，鮑比受不了，乾脆起床看電視，卻因煩躁而無法專心看任何自己喜歡的節目，不停地轉台，試圖分散注意力，卻無濟於事。過了一個小時，他終於放棄，沖了個澡，然後出發去醫院。

到了醫院，護理師們立刻察覺到鮑比的暴躁情緒，這種負能量滲透進他和病人及同事的互動中。護理師們竭盡全力確保他所有的醫囑都被妥善執行，避免任何疏失，但這並未讓鮑比的煩躁稍減。下班後，他頭也不回地匆匆離開，連一句「再見」都沒對護理同仁說。回到家，迫不及待地爬上床，卻發現自己仍然無法放鬆入睡。

強韌的蘿希

喬是醫院繁忙急診室的醫療主任。下午四點，接到威廉的電話，他原訂在當晚十點值大夜班，但因生病而無法上班。喬查看排班表與輪班可用表，發現蘿希可能有空，於是拿起電話撥了過去。

「喂？」

「嘿，蘿希，我是喬。聽著，威廉生病了，今晚沒辦法來上大夜班。我想問問你是否能幫忙替班？」

蘿希冷靜地聆聽喬的請求後，才回應道：「嘿，喬！讓我先看看能不能找到保母，等一下回電給你。」

事實上，蘿希早就知道有保母能幫忙，因為和丈夫本來就計畫今晚的約會。她這樣回應，是給自己時間來評估喬的請求，並考慮幾個因素：這個班確實需要有人頂替，而她答應的話，未來若有需要，喬可能會更願意幫她一把；此外，這額外的收入還能幫她補貼那輛她一直想買的新登山腳踏車。

幾分鐘後，蘿希回撥電話給喬。

「嘿，喬，我聯絡到保母，一切都安排好了。我可以去替班。」

「太好了，謝謝。」

掛上電話，她愉快地繼續完成庭院整理工作，並欣賞著自己精心修剪的花圃，對成果感到滿意。她隨後進屋向丈夫說明情況，丈夫立刻表示可以改期約會，並幫她取消當晚的保母預約。晚餐時間，一家人輕鬆地聊著他們未來想去挑戰的登山車路線。飯後，蘿希上樓稍作休息，很快便安心入睡，為即將到來的夜班養精蓄銳。

當鬧鐘響起時，蘿希神清氣爽地起床，沖了個澡後開車前往醫院。路上，她還想到，夜班的好處之一就是可以避開交通壅塞。在醫院裡，蘿希一如往常地友善且專注，和護理團隊緊密合作，整個班次進行得順利且沒有重大問題。清晨時，大家互相道別，蘿希開車回家，一回到家就直接上床休息。躺下時，她心滿意足地計畫著何時去把那輛新登山車帶回家，然後沉沉睡去。

在上述兩種情境中，身為醫療主任的喬皆因人手短缺而致電尋求支援，最終大夜班都順利填補。然而，這兩次互動的結果截然不同。鮑比將喬的來電視為一種「要求」（demand），並**本能地選擇順從**。他在當班前和當班中都經歷了強烈的壓力與痛苦，這進一步加劇了他的職業倦怠症狀。

蘿希則將喬的來電視為一種「請求」（request），並且意識到**自己擁有選擇的空間**。這個請求沒有讓她感到壓力，決定本身也沒有對她造成任何困擾，反而為她帶來多重好處，例如和喬建立更好的關係、賺取額外收入來買她心儀的登山車等。

可以看出，鮑比的這次經歷可能加劇他的職業倦怠。而蘿希雖然在工作後可能會有點疲勞，但她並未經歷因「要求」而產生的憤怒、怨懟或敵意（即「戰或逃」的壓力反應）。再進一步思考，和鮑比一起工作的團隊經歷又是如何？和蘿希共事的團隊又如何？另外，這兩位醫師在這些情境下提供的醫療照護風格與水準，又有何不同？

分析兩個對比案例之後，就能凸顯出：當控制點（locus of control）從外在轉向內在所顯現的好處。也顯示出調整感知方式所帶來的優勢，只要記住「**我們總是擁有選擇的權利**」，就能降低職場環境對我們的毒性影響，並降低它對我們造成的負面作用。

我們真的隨時都有選擇嗎？如果選擇不順從，會發生什麼事？會受到批評嗎？這確實有可能，因為我們無法控制別人的評價。但我們可以選擇：我們是否願意承受這些批評，而不去做自己不想做的事？會因此被解雇嗎？也可能不會。即使真的會，那麼我們是否願意待在這樣一個僵化而苛刻的職場中？

當我們能進行自我調節，並且牢記「沒有任何事情是強加於我們的」，就能創造出**依個人意願而選擇的空間**，而不是單純被

動地反應。

預防與解決職業倦怠的關鍵

要預防或解決職業倦怠，自我調節始終是第一步。這需要搭配感知的成熟轉變，以減輕醫療環境帶來的毒性影響。稍後將逐步指導你這些方法，但目前，想先強調本章的兩個核心觀念：

1. 只要仍然認為職業倦怠的根源來自於職場環境，就會持續受其影響，但我們並非環境的受害者。
2. 艾瑞克稍早對職業倦怠的定義「一種個人長期處於感知要求超過感知資源的慢性狀態」帶來了一個充滿希望的訊息。當我們理解「導致倦怠的不是職場本身，而是我們對職場的感知」此事實時，就能開始調整自身的感知，將控制權轉向那些我們真正能掌控的部分：我們的生理狀態，以及回應職場的思考方式。當我們能讓身體保持放鬆，就能有效調節交感神經系統的反應，從而恢復最佳的認知功能，以因應日常工作與人際互動的挑戰。

CHAPTER 5

次發創傷壓力：目擊或聆聽悲慘情事的潛在性傷害

> 治療次發創傷壓力最有效的方法是預防，即避免創傷經歷在記憶中被編碼成創傷。

菲格利教授指出，「次發創傷」（secondary trauma）是導致慈悲枯竭的第二項關鍵因素。正是此額外的影響，使得醫療照護者特別容易受到慈悲枯竭的侵襲。雖然其他從事高壓工作的專業人士確實會經歷倦怠，並且能從自我調節與感知調整中獲益，但對於這些照護受傷、生病或受苦個體的專業助人者而言，所面臨的威脅，不同於一般與倦怠相關的環境壓力。

因此，照護工作者必須認識、理解並尋找方法來預防與修復

圖三、創傷生成的步驟分解

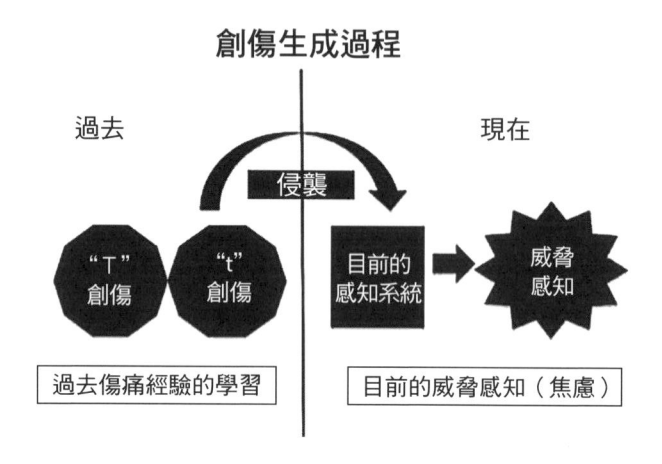

創傷生成過程

過去 | 現在

侵襲

"T"創傷　"t"創傷　→　目前的感知系統　→　威脅感知

過去傷痛經驗的學習 ｜ 目前的威脅感知（焦慮）

次發創傷的影響，以確保專業韌力與良好的生活品質。首先，需要理解「創傷生成」的概念：「所有創傷後壓力的根源，都是來自過去傷痛經驗的學習（painful past learning）。」

▶ 創傷生成

「創傷生成」的核心概念是：任何透過傷痛得到的學習經驗，都會讓個體在未來面對類似情境時，將其視為當下的威脅（如圖三）。

這個概念可以簡化如下：

傷痛的生命經驗（即主觀上感知為威脅的經歷）＋學習
＝未來類似情境下所產生的威脅感知

「創傷生成」或稱「過去傷痛經驗的學習」，不僅限於親身經

歷的創傷事件,也可能受到目擊他人受創的影響(這在醫療領域尤為常見,因為每天都在與受苦的人相處),甚至僅僅是處於一個曾經發生過創傷的環境中,都可能造成影響。

以下三種類型的創傷生成可能單獨發生,也可能同時存在,並共同導致嚴重的創傷後症狀,進而加劇慈悲枯竭與職業倦怠:

- **原發創傷壓力**(Primary Traumatic Stress):指個人直接經歷的創傷事件,通常涉及生命安全威脅,且個體在當下幾乎無法掌控局勢。例如:單次性重大創傷事件,如遭受身體攻擊、被持槍威脅、恐怖攻擊等;長期積累的小型創傷事件,如面對惡劣的病人或家屬、無法成功救治病人、親自通報死亡消息等。
- **次發創傷壓力**(Secondary Traumatic Stress):指親眼目擊他人的創傷,此類創傷不直接威脅自身安全,來源包括:現場目擊(親臨創傷現場)、媒體暴露或聆聽創傷經驗的敘述。
- **環境創傷**(Environmental Trauma):此類創傷發生在靠近深受焦慮與自律神經失調之苦者時,即使未直接目擊創傷事件,當他們處於交感神經主導狀態下,也可能會讓你感受到創傷★。

當你和一位極度焦慮的人共處時,你的感受如何?相較之下,當你和一位溫和、語調輕柔的人在一起時,感受又是如何?

★ 譯注:例如在職場長期接觸高度焦慮或自律神經系統失調的病人或同事;在高壓環境中,長期處於情緒高度緊張的團隊氛圍內;和病人家屬的互動,當家屬處於極端焦慮狀態時,助人者也可能受到影響。

人類是群居動物，當群體中的某個成員察覺到威脅時，就會觸發周圍人的威脅反應（除非這些人刻意放鬆自己身體的肌肉）。

回想一下你上次度假時身處繁忙機場的情景，熙熙攘攘的人潮、焦慮不安的旅客、一位婦女對工作人員抱怨她的行李丟失，而一個家庭則驚慌失措地奔跑著，深怕錯過航班。即使你的機票已確認、行李已托運、登機口已確定，身處這樣一個充滿焦慮與混亂的環境中，仍然會影響你的身心狀態。許多人在長途旅行後感到精疲力竭，主要是因為神經系統長時間處於高能量狀態所帶來的負擔，而非單純的體力消耗。

為進一步闡述創傷生成的概念，吉姆在此分享一段個人過去傷痛經驗的學習：

長久以來，沒有什麼事比躺在沙灘上更令人放鬆。我的身體會完全沉浸在這場感官饗宴中：背部感受著沙灘的溫暖、鼻尖嗅著鹹鹹的海風、耳邊傳來溫柔的浪濤聲、閉上眼睛仍能感受到橙色陽光灑落。這片沙灘讓我感受到全然的安全與放鬆。

然而，這一切在2000年代初期的海嘯發生後就改變了。雖然這並非歷史上第一次發生海嘯，但過去我從未見過沙灘被滔天巨浪吞噬的畫面。新聞畫面中，那些原本悠閒度假的旅客，瞬間被巨浪席捲進入沿海小鎮，然後又被無情的海水捲回大海。我也讀到關於那些家庭的故事，他們原本只是放鬆地享受陽光，卻在瞬間被吞沒在浪潮之中。

這段災難性的經驗學習，徹底改變了我對沙灘的感受。儘管沙灘仍然溫暖、海風依舊鹹香、海浪聲依然柔和，但腦海中那些度假者被巨浪吞噬的畫面仍揮之不去。即使身處原本熟悉的放鬆環境，我的身體仍會產生緊張感，無法再像以前那樣完

全放鬆。我真希望當初沒看那些影片,也沒有讀那些故事⋯⋯

吉姆的經歷清楚地說明創傷生成經驗的學習順序:當我們遭遇了令人不安或威脅性的刺激,無論是親身經歷、目擊他人經歷,或是處於創傷發生的環境中,這些體驗都會持續影響我們看待世界與他人的方式。

對於長期處於高壓環境(如醫療照護)的人來說,每天都會遭遇數千次這類「感知的威脅」(雖然實際上未必存在真正的危險)。長時間處於交感神經系統主導狀態,造成對感知威脅的過度警覺,進而形成自我強化的惡性循環。唯有透過持續的自我覺察與調適,努力學習放鬆與調節自律神經系統,才能打破此一循環,重拾內在的平衡與安穩。

▶ 大T創傷與小t創傷

對於助人者與照護者而言,潛在創傷經驗及其長遠影響,往往取決於個人的韌力與創傷生成歷史,而這些經驗的範圍與程度,如同我們每天面對的案例一般多樣且微妙。

弗朗辛・夏皮羅是「眼動減敏與歷程更新療法★」(EMDR,

★ 譯注:此療法主要是透過特定的眼動或雙側刺激(如視覺、觸覺或聽覺),幫助病人重新處理創傷記憶,使其不再對日常生活產生強烈的負面影響。分為八個階段:一、病史評估與治療計畫(了解創傷經驗);二、準備階段(建立安全感與自我調節技巧);三、評估(確定治療焦點,如負向信念與情緒);四、減敏感化(使用雙側刺激引導病人自然回憶創傷:單次約二十至三十秒,整個會談刺激時間可達十五至四十五分鐘);五、重塑正向信念(幫助病人建立新的健康認知);六、身體掃描(確認是否還有殘留的負向情緒);七、結束(確保病人在治療結束時的穩定狀態);八、再評估(確認治療效果並調整)。

Eye Movement Desensitization Reprocessing）的創始者，此法的療效已經過實證支持。她將這些創傷「觸發因素」分為兩大類：

大T創傷（Big-T Trauma）

此類創傷符合《精神疾病診斷與統計手冊第五版》（*DSM-5*）中創傷後壓力症（post-traumatic stress disorder）診斷標準A，包括：身體或性侵害；自然災害（如地震、海嘯、颶風）；生命安全受到威脅；恐怖攻擊等。

研究顯示，約90%的美國人曾在一生中經歷過此類創傷，但其中只有約9%發展為完整的創傷後壓力症。儘管並非每個人都會發展出至少六項症狀而符合診斷標準的症狀，但許多人仍會深受其苦。

小t創傷（Little-t Trauma）

這些傷痛所學習的經驗通常是慢性、經長期累積後而造成大量的感知威脅與創傷後症狀。常見的小t創傷包括：和病人或家屬發生非危及生命的衝突；遭管理單位上司的不斷批評；同儕頻繁的言語騷擾等。

雖然這些經歷不至於構成可診斷的精神疾病，但它們的影響仍不容忽視。研究顯示，這些小t創傷可能導致焦慮、憂鬱、無效的因應策略，甚至出現自殺意念。其累積效應，可能與大T創傷對個體造成的影響相當，甚至更加深遠。

可預期這些分類中存在一些灰色地帶。例如，離婚或婚外情通常被歸類為小t創傷，畢竟這類事件並未涉及身體傷害、暴力或死亡。然而，這些一次性的事件仍可能帶來與大T創傷相當的心理影響，導致顯著的創傷後壓力症狀。

第 5 章　次發創傷壓力：目擊或聆聽悲慘情事的潛在性傷害

　　從小t創傷的角度來看，其影響可能更加嚴重：單次的小創傷或許微不足道，甚至無關緊要，但當它們頻繁發生時，會累積成為更大的心理負擔。此類累積的效應會使前扣帶迴皮質變得高度敏感，容易觸發交感神經系統的威脅警報，從而提高對環境中潛在威脅的警覺性。因此，在急診室或救護車這類高度壓力的環境中，頻繁接觸小t創傷會容易出現自律神經失調，再加上次發創傷壓力的影響，使得慈悲枯竭幾乎成為無法避免的結果。

　　儘管許多醫療照護者在職業生涯中曾遭遇大T創傷，例如被病人言語或身體攻擊、工作中發生意外事故，或因接觸致命疾病而感染，從而發展出創傷壓力症狀。然而，幾乎所有的照護專業人員都經歷過無數次的小t創傷。更潛在、甚至更具侵襲性的現象在於，**個體不需要親身經歷創傷**，也可能因此受創。僅僅目擊他人的身體痛苦或聆聽創傷故事，都可能導致創傷後壓力症狀。

▶ 目擊創傷，也可能受創

　　如前所述，次發創傷壓力是透過目擊他人受創之後，所引發的一種過去傷痛經驗的學習（painful past learning）。這種「目擊」可能發生於：現場目擊、媒體報導、聆聽創傷敘事或直接參與創傷倖存者的介入處置。在此以「車禍案例」來詳細說明，當面對以下情境，可能因而造成次發創傷壓力，並導致完整的創傷後壓力症狀：

- 親眼目擊車禍的發生
- 在社群媒體或新聞報導中觀看事故的詳細影像
- 參與車禍倖存者的照護

● 聆聽車禍倖存者的敘事

親身經歷創傷（原發創傷壓力）者往往處於高度警覺與焦慮狀態，事件之後會將世界視為更危險的地方，這樣的焦慮還可能進一步傳遞給他人。911恐攻事件發生時，全球民眾被新聞直播震懾住，並目擊世貿雙塔崩塌，隨後被全天候的新聞不斷地轟炸下，人們一再地目擊創傷。試想：當你意識到那些從高樓墜落的並非碎片，而是選擇跳樓逃生的人時，你的身體當下有何感受？此後一段時間，許多人對高樓環境感到焦慮，或者在看見飛機掠過城市天際線時，會不自主地產生恐懼。

近期的槍擊事件，例如2017年的拉斯維加斯槍擊案與2018年的佛州帕克蘭高中槍擊案，同樣讓整個國家陷入集體的震驚與恐懼。現代媒體推波助瀾，讓人們可以透過網路搜尋到當時的手機錄影、現場錄音、甚至極具衝擊性的受害者影像。這些內容都可能對觀看者造成次發創傷。

本書第二章曾提及，心理學家麥肯等首次提出「代入性創傷」概念，他們的研究聚焦於性侵倖存者與提供心理治療的治療師，並比較雙方的的創傷症狀。結果顯示，無論是直接經歷創傷的倖存者或僅僅作為聆聽者的治療師，竟呈現完全相同的症狀。此項發現後來在不同族群與照護專業中被多次驗證，並成為今日「慈悲枯竭」概念的重要基石。

接下來，讓我們透過一個即時體驗來探索次發創傷的影響。請花十秒鐘注視右方的圖片：

你觀察到自己的身體出現了哪些變化？腦中浮現了哪些想法？情緒是否受到影響？是否彷彿能聽見孩子的啜泣聲？如果僅僅是一張照片都能引發如此強烈的生理與心理反應，那麼當你親

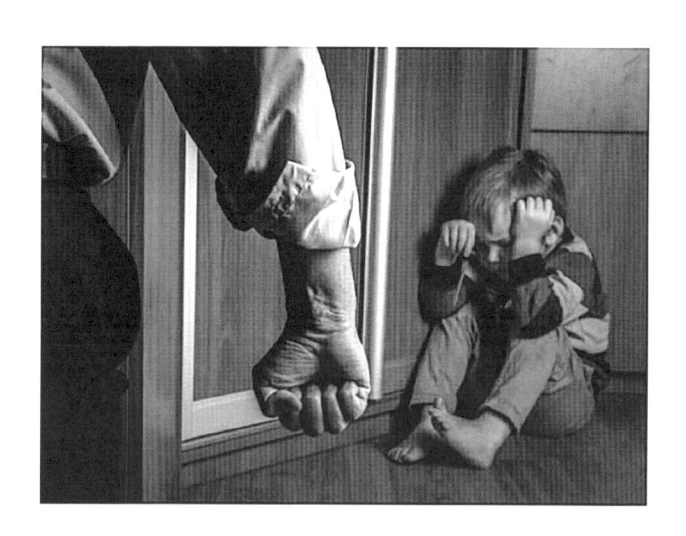

第 5 章　次發創傷壓力：目擊或聆聽悲慘情事的潛在性傷害

133

身照護一位孩子,他在憤怒父親的家中過夜,今晨卻被媽媽帶來接受傷害評估,你的身心感受又會是如何？

為何我們會對他人的創傷產生看似「不理性的」反應？根據主流理論,當我們懷抱同理心和受創者互動時,會不自覺地認同（identify）他們,並在內心模擬自己正在經歷同樣的創傷。換言之,我們在心理層面上「共同經歷」（co-live）了對方的創傷經驗。

---　// 吉姆的經驗分享 //　---

創傷如何影響醫療照護者

在急診室,我和同事們逐漸習慣了一種扭曲的現實版本,這種經歷逐漸改變了我們對看似「正常」事件的認知。我們一次又一次地目擊,原本平凡的日常如何在瞬間變得可

怕。某個午後，在我們舉辦的一個工作坊中，我和一位同事交談時，以下這件事深深觸動了我。

秋蒂是一位經驗豐富的急診科醫師，她描述了多年來自己對危險的感知是如何被改變。她的話深深觸動了我，至今我仍會在訓練課程中引用她的經驗，來說明次發創傷會如何影響醫療照護者：

大多數人騎腳踏車時不會出事，但我工作中見到的，幾乎都是摔斷骨頭或腦部受傷的騎士。大多數懷孕都能順利足月，但我接診的孕婦卻往往因流產而來。大多數人進行居家修繕時不會受傷，但來到急診室的，往往是被圓鋸鋸掉手指，或從梯子上摔斷肋骨的人。年復一年，當你每天照護這些病人時，你開始會覺得這世界處處充滿危險。」

▶ 環境創傷

第三類的創傷生成機制不同於次發創傷壓力，關鍵在於並非親眼目擊創傷，而是長期待在與曾經歷創傷、且仍受交感神經系統主導者共處的環境中。和創傷後壓力症相比，環境創傷的影響較為緩慢且漸進，但最終仍可能導致相同的身心耗竭與功能障礙。

我們都曾在動物紀錄片中見過這樣的場景：當掠食者悄悄接近，一群正在吃草的動物會立刻進入戒備狀態。這種本能的危險感知與迅速因應的能力，對物種的生存至關重要。一旦有一隻動物感知到危險，它所顯露出的焦慮就會成為群體啟動戰或逃反應

的警訊。

人類也擁有類似的機制,甚至在胎兒時期就開始發展。嬰兒天生具備感知主要照護者情緒狀態的能力。當照護者能放鬆並專注於孩子的需求時,親子間會建立安全依附(secure attachment),這樣的孩子通常能發展出良好的安全感與韌力。如果照護者長期處於焦慮或憤怒狀態(即交感神經主導狀態),孩子可能會變得高度警覺、焦慮不安,並時刻留意成人是否會剝奪關愛、忽視生存需求,甚至施加傷害。這樣的依附模式可能演變為一種破壞性的適應策略,稱為「過度調適」(exquisite attunement),被認為可能導致嚴重、難治型人格疾患的關鍵因素之一。

當然,沒有任何父母或照護者能時刻保持完美的情緒狀態,因此每個人多少都會對「潛在危險」產生一定程度的敏感性。但如果後續又持續暴露於各種創傷壓力(無論是環境創傷或其他形式),這種對威脅的警覺性可能會升級為創傷反應。

許多照護者長期在高度混亂與壓力極大的環境下工作,而這種「環境壓力」常被認為是造成症狀並導致職業倦怠的根源。然而,更深層的影響在於,當他們在這些混亂情境中,和病人、家屬或同事互動時,對方的焦慮與交感神經主導狀態會不斷滲透並影響自身的體驗,這正是環境創傷的核心機制。

── // **吉姆的經驗分享** // ──

最近剛度假回來,我臨時決定去急診室一趟,清理郵件並和同事們打個招呼。由於當天我沒有排班,走往急診室的路途中,我仍然感覺放鬆而平靜。然而,幾乎在踏入門口的瞬間,一股強烈的感官衝擊迎面而來。急診室的視覺、聲

音,甚至氣味,彷彿一股巨浪向我襲來。在日常工作時,我幾乎不會特別留意這種混亂,但這一次,它顯得異常強烈。

就在那一刻,我清楚地意識到:長時間處於這種環境,任何人都可能被逐漸創傷化。作為一位領導者,我明白自己有責任正視「環境創傷」這個問題,不僅是為了團隊,還有我們的病人。醫療專業人員在工作中扮演著關鍵角色,能透過自身的專業技能與標準作業流程來維持一定程度的掌控感。然而,對於病人而言,他們往往同時承受三種創傷壓力:一、生病或受傷本身帶來的壓力;二、目擊其他病人的恐懼與焦慮;三、身處混亂環境卻無力改變的無助感。

這對我而言,是一次「恍然大悟」的時刻。過去僅止於概念上理解的事情,突然在更深層、更具體的層面觸動了我。從那時起,我對任何需要在急診室環境中度過時間的人,無論是病人或醫療人員,都懷抱著深深的同理心。當你和一位焦慮者在一起時,你的身體會產生什麼變化?當你和一位平靜者互動時,又會有和不同的感受?我發現,如果我不注意自己的狀態,我的焦慮會進一步加劇環境中的壓力,甚至可能讓這個環境變得更具創傷性。但另一方面,當我能刻意地調節自律神經系統、降低自身的壓力反應時,我便能對環境產生正向影響,進而降低對自己和周圍人士的負面影響。

順帶一提,我曾經採取一項簡單的措施來減少團隊成員的環境壓力,即關掉追蹤板上閃爍的紅色「警告」標誌。它通常用來顯示病人等待時間已超過我們的內部標準,但在急診室這種高度忙碌且病人數量波動劇烈的環境下,閃爍的紅燈並無助於提高效率。

> 現在,標誌仍然維持紅色,但不再以「威脅性」的方式閃爍,來暗示員工失敗的感知。這類小小的調整,有助於營造較低壓的環境,也凸顯了一個重要觀點:當醫療組織高層管理者對「慈悲枯竭」有足夠的認識,就能採取有效的措施來緩解這種現象。

創傷後壓力

不同類型的創傷壓力,最終都可能發展成創傷後壓力症,其症狀可能嚴重影響個人的生活功能。

在《精神疾病診斷與統計手冊》(DSM)的舊版中,創傷後壓力症被歸類為焦慮疾患。然而,在新版(DSM-5,第五版)中,被重新歸類為「創傷及壓力源相關疾患」。

要被診斷為創傷後壓力症,必須符合以下標準:

- 經歷符合條件的創傷事件(下述的標準A),這些創傷事件包括前述的「大T創傷」,可能是直接經歷,也可能是次發或環境暴露。
- 至少出現以下四組症狀中的一項(下述的標準B、C、D、E),並持續至少一個月,且症狀會對個人的日常功能造成顯著影響。

並非所有接觸這些風險因素的人都會患上「符合診斷標準」的創傷後壓力症,但即使未符合該診斷標準,仍可能經歷顯著且令人痛苦的創傷後壓力症狀。雖然有些為受創者提供服務的人可

以避免自身受創，但很少有長期從事此類工作的專業人士能完全不受影響。創傷後壓力的影響（尤其是次發創傷）具有潛伏性、漸進性，甚至難以察覺。

我們治療過的許多因慈悲枯竭而尋求幫助的專業人士，直到被指出他們的症狀符合創傷後壓力症的診斷標準時，才意識到自己其實已經表現出創傷後壓力的症狀，儘管這些症狀呈現得更為緩慢且不那麼劇烈。

一個關鍵原因是，醫師、護理師、治療師、牧靈關懷員等專業人士，從未將自己的工作視為「慢性、低強度創傷事件」。為了幫助你更清楚創傷後壓力症的症狀，以及這些症狀在照護工作中可能如何表現，我們將逐一解析第五版的五項診斷標準，並探討其內涵與影響。

▶ 創傷後壓力症診斷的五大標準

標準A：創傷事件的暴露

暴露於真正的或具有威脅性的死亡、重傷或性暴力，以下列一種（或更多的）形式：

- 直接經歷這（些）創傷事件。
- 親身目擊這（些）事件發生在別人身上。
- 知道這（些）事件發生在一位親密的親戚或朋友身上；如果是真正的或具威脅性的死亡，這（些）事件必須是暴力或意外的。
- 一再經歷或大量暴露在令人反感（aversive）的創傷事件細節中（例如：第一線搶救人員收集身體殘塊；警察一再暴

露於虐童細節下)。

許多醫療與心理健康專業人士正是透過此方式而達到標準A的程度。

標準B：侵入性症狀或重演（re-experiencing）事件

出現一項（或更多）與創傷事件有關的侵入性症狀（始於創傷事件後）：

- 不斷發生、不由自主、侵入性地被創傷事件的痛苦回憶苦惱著。
- 不斷出現惱人的夢，夢的內容和（或）情緒與創傷事件相關。
- 出現解離反應（例如：回憶重現〔flashback〕），個案感到或表現出好像創傷事件重演（這些反應可以各種不同程度出現，最極端的症狀是完全失去對現場周圍環境的覺察）。
- 當接觸到內在或外在象徵、或與創傷事件相似的暗示時，會產生強烈或延長的心理苦惱。
- 對於內在或外在象徵、或與創傷事件相似的暗示時，會產生明顯的生理反應。

夢魘與回憶重現是創傷後壓力症病人最典型的症狀，但專業照護者也可能因「次發創傷壓力」而出現這類侵入性症狀。我們有多少人在下班後，仍不由自主地反覆思考白天照護過的某位病人？我們會**合理化為深度關懷的意涵**，有部分確實如此，但對許多人而言，這些念頭並非出於自願，而是不受控制、強迫性的反芻。

> **// 艾瑞克的經驗分享 //**
>
> 我曾協助過許多執法人員，他們普遍認為「家庭糾紛」是最具壓力的案件類型之一。
>
> 這類案件往往難以處理，因為家庭成員之間的結盟會在瞬間發生不可預測的變化。試圖分開衝突雙方的警察，可能會突然成為暴力或虐待的目標。但這類情況相對較少，通常一位經驗豐富的警察能透過冷靜的態度和嫻熟的溝通技巧來面對家屬，以化解緊張情緒並解決衝突。
>
> 但對於那些曾遭遇創傷後壓力的執法人員來說，這樣順遂的處理過程會變得困難，甚至近乎不可能。尤其當他們曾經遭遇過威脅生命的家庭暴力事件，過去的創傷經歷及其伴隨的強烈情緒可能會突然湧入意識中，使他們感知自己正處於迫在眉睫的危險當中。
>
> 當再次接獲類似案件的無線電通知時，他們的身心狀態會如何呢？他們可能會感到極度焦慮與恐懼，伴隨肌肉繃緊、心跳加快、呼吸急促，這些都是威脅反應系統被激化的典型訊號。此時，理性與判斷力可能會瞬間崩潰，若恐懼反應過於強烈，導致過度警覺，對任何細微的威脅信號都可能做出過度反應，甚至難以區分真實的危險與因過去痛苦經驗而產生扭曲的危險感知。
>
> 在協助執法人員的過程中，我會向他們介紹如何運用後續章節的「循意向行事」與「自我調節」等技能，幫助他們克服本能性的過度警覺。隨著他們開始練習這些技能，他們漸漸能有效管理自身的壓力。最終，過度警覺逐漸被「放鬆的警覺」（relaxed vigilance）所取代。在這種狀態下，他

> 們會更強大、更敏捷,並且足夠冷靜,能充分發揮自身的知
> 識、經驗與技能。透過解決創傷後壓力問題,這些警察將變
> 得更安全,也能更有效地履行職責。

專業照護者的侵入性症狀可能以其他形式出現,例如護理師在下班後仍忍不住打電話回醫院,關心特定病人的情況;照護病重母親的女性,即使安寧療護員每月兩次來協助,她仍然不敢讓自己休息;兒童虐待調查員因為頻繁目擊悲劇,因而長期對所有男性都充滿憤怒和敵意。

在表二當中,我們總結了一些侵入性或重現性症狀可能如何影響專業照護者。這些反應中,是否有讓你覺得熟悉的呢?如果有,可能代表正處於慈悲枯竭的前兆。

表二:侵入性症狀會如何影響專業照護者

1. 頻繁出現工作相關的夢或夢魘
2. 對特定病人或個案過度關心
3. 讓病人或工作的問題侵占個人時間
4. 將自己視為「救主」,認為只有自己能妥善照護他人
5. 產生一種特權心態,導致無視規則或忽略慣例
6. 在情緒與思考上持續認為自己身為照護者的角色不夠好
7. 將所有人劃分為潛在「受害者」或「加害者」
8. 認為世界變得更加危險

標準C：逃避性症狀

持續逃避創傷事件相關的刺激（始於創傷事件後），顯示出下列至少一項的逃避行為：

- 避開或努力逃避與創傷事件相關的痛苦記憶、思緒或感覺。
- 避開或努力逃避引發與創傷事件相關的記憶、思緒或感覺的外在提醒物（人物、地點、對話、活動、物件、場合）。

我們每個人有時都會避免某些人或場合。例如，不接推銷電話，或拖延和某些人見面的時間，這些都是正常的行為。同樣地，避免真正危險的情境（如攀爬懸崖、闖入獅籠）也是理所當然的。

但創傷後壓力的逃避症狀與這些行為截然不同：創傷倖存者不僅會避免危險情境，他們甚至會逃避任何可能讓他們**聯想起過去傷痛經驗的所有情境**。當逃避成為主要的因應機制時，個人的生活將變得狹隘而孤立，讓他們缺乏得到滿足感與掌控感的機會。在最嚴重的情況下，甚至可能發展出懼曠症★，使他們幾乎無法離開家門。

當專業照護者經歷慈悲枯竭時，恐懼與逃避反應主要是由職場環境、同事關係、上司、病人或個案所促發。潛意識中，他們可能透過縮短和病人的相處時間，或和同事疏離而難以建立有意義的互動，來因應內心日益加劇的痛苦與恐懼。他們可能會選擇逃避職責，或在工作時進入自動駕駛模式，機械化地度過一天。

★ 譯注：儘管稱為「懼曠症」（agoraphobia），但病人通常害怕的並非開放空間，而是無法迅速脫離或獲得幫助的情境，例如擁擠的商場、公共交通工具、隧道、電梯，甚至是密閉空間，如電梯、電影院等。

有些人則試圖「硬撐」著度過創傷壓力所帶來的痛苦與恐懼，需要傾盡所有的力量與意志，才能熬過一天。下班時，則感到精疲力竭、心灰意冷，幾乎沒有多餘的精力投入那些曾經感到充實的事物與人際關係。可能開始抱怨慢性疲勞，或無故請病假，因為光是想到工作就已讓人無法承受。因此，創傷壓力所導致的逃避症狀，往往與憂鬱症的表現極為相似。

在表三當中，我們總結一些逃避性症狀可能如何影響專業照護者。這些症狀中，是否有讓你覺得熟悉的呢？

表三、逃避症狀如何影響專業照護者

1. 在聆聽個案描述其創傷經歷時，選擇性忽略或無法投入
2. 失去對曾經喜愛活動的興趣，或放棄自我照護的習慣
3. 長期感到疲憊或絕望
4. 開始害怕或抗拒日常工作任務，尤其是不願和特定病人或個案接觸
5. 對身為照護者的專業能力或成效失去信心
6. 遠離朋友和家人，將大量時間投入逃避性的活動，如沉迷於電視或網路遊戲
7. 依賴酒精、藥物、性、食物、購物或其他自我撫慰的方式來抑制恐懼、焦慮或憂鬱情緒
8. 因摯愛表達的關切與擔憂，使得爭執變得更加頻繁

標準 D：認知和情緒的負向改變

與創傷事件相關的認知上和情緒上的負向改變，始於或惡化於創傷事件之後，顯示出下列兩項（或以上）的特徵（此項標準

於2013年《精神疾病診斷與統計手冊》第五版中首次引入，是界定創傷壓力與創傷後壓力症相關的一組新症狀）：

- 無法記得創傷事件的一個重要細節。
- 對自己、他人或世界抱持持續且過度誇大的負向信念或預期。
- 對於創傷事件的起因和結果，有持續扭曲的認知，導致責怪自己或他人。
- 持續的負向情緒狀態，例如恐懼、驚恐、憤怒、罪惡感或羞愧。
- 對於參與重要活動的興趣或參與度明顯降低。
- 感覺到和他人疏離、疏遠。
- 持續地無法感受到正向情緒（例如：無法感受到幸福、滿足或鍾愛的感覺）。

近年來，我們對創傷後壓力如何影響思考、記憶與感知的理解更趨深入，並發現這些變化與大腦結構及威脅反應的功能失調息息相關。如果這些系統讓我們充斥著負向思考與情緒，便容易對自己和他人做出嚴苛批判，或將世界視為充滿迫切威脅的危險之地，也就不足為奇了。正如一位經歷嚴重創傷的十二歲個案曾在一次會談中對艾瑞克所說：「我的世界是有牙齒的。」

對於專業照護者而言，創傷後壓力常常表現為自我價值感的減損或膨脹。前者較為常見，但有些人則會在自大與絕望之間劇烈擺盪。然而，這兩種極端狀態都無助於和身邊的人建立有意義且具療癒性的關係。對於必須持續和他人互動的專業照護者而言，此種無法和人建立連結的困境尤其令人精疲力竭。如果我們

開始將同事或個案視為威脅,情況會更加惡化。就像被困住的動物,徒勞地掙扎,試圖擺脫困境,直到最終變得麻木,或陷入無力感與悲觀情緒。

這些壓力反應並非照護工作的必然結果,而是大腦在壓力下的運作失衡,以及過度激化的威脅反應系統所導致的非自願反應。在表四中,我們總結這些認知或情緒的負向改變如何影響專業照護者的幾種方式。這些情形是否有讓你感到熟悉?

表四:負向認知與情緒改變症狀如何影響專業照護者

1. 和同事、病人產生疏離感或隔閡感
2. 對照護專業感到悲觀或無望
3. 無法從照護工作的成就中獲得愉悅或滿足,並過度關注感知的照護失敗
4. 對自己有扭曲的看法,覺得自己不夠好,或是過於優越
5. 將不良成果歸咎於病人和同事
6. 難以聚精會神來履行照護職責
7. 放棄曾經支持你的關係或興趣

標準 E:警醒性與反應性的顯著改變

和創傷事件相關的警醒性(arousal)與反應性(reactivity)的顯著改變,始於或惡化於創傷事件後,顯示出下列兩項(或以上)的特徵:

- 易怒行為與無預兆發怒(在很少或沒有誘發因素下),典型出現對人或物品的口語或肢體攻擊性行為

- 不顧後果或自殘行為
- 過度警覺
- 過度驚嚇反應
- 注意力問題
- 睡眠困擾

所有生物都有與生俱來的能力來偵測並因應危險情境。這些生物學系統負責身體的戰鬥、逃跑與僵凍（freeze）反應，是交感神經系統啟動的表現。

對人類而言，這些反應表現為肌肉收縮、心跳與呼吸頻率升高、血液化學與新陳代謝變化、四肢的血液循環減少，以及負責邏輯與推理的大腦高階中樞的功能停滯。這些都是創傷後壓力的生理表現。

對野生動物而言，警醒性與反應性通常僅在有真正危險時才會被觸發。然而，人類很少遇到危險的掠食者或面臨真正且迫在眉睫的生存威脅。對於照護者來說，所面臨的危險更多是存在性的（existential），且通常是間接的。當病人的康復進展無法達到預期，或當工作負荷增加到我們無法因應的程度時，便可能會感到威脅。由於這些壓力源頻繁出現，我們的身體很容易進入慢性且過度激化狀態。

當這種情況發生時，可能會失去對自我反應的調節能力。外科醫師可能會因為無法及時拿到手術工具而對護理師助手大喊大叫；警察可能會對無武裝的嫌疑人使用致命武力。對其他人來說，過度警醒的跡象可能表現得更加微妙，可能會開始對同事和親人表現出輕蔑與敵意，或感覺自己和周遭的人越來越疏離。不論其表現形式如何，在職場中的過度警醒與反應，都是我們正在

經歷慈悲枯竭的明顯徵兆。

在表五中,我們總結了警醒性與反應性症狀影響專業照護者的一些方式。你是否曾經面對過其中的某些情況?

表五:警醒性與反應性症狀如何影響專業照護者

1. 焦慮
2. 易怒
3. 自我摧毀性的慰藉方法
4. 睡眠問題
5. 集中注意力的困難
6. 食慾 / 體重變化
7. 身體症狀(頭痛、消化不良等)
8. 和他人疏離或隔閡的感覺

隨著《診斷與統計手冊第五版》對創傷後壓力症診斷的演變,將「目擊創傷」納入成為潛在原因之一,我們發現許多專業照護者確實符合創傷後壓力症的所有診斷標準。然而,還有更多的專業照護者長期承受創傷壓力的摧毀性影響,卻未明確符合創傷後壓力症的診斷標準。

這當然不是值得慶賀的事情,即使是小t創傷或次發創傷壓力也足以顛覆我們的生活,結束我們的人際關係,甚至使得職業生涯偏離常軌。如果不加以控制,創傷後壓力會驅使我們以公開或潛藏的方式走向自我毀滅。

▶ 溫水煮青蛙：原發創傷壓力與次發創傷壓力的區別

以下的比喻生動展示出原發創傷壓力與次發創傷壓力之間一個關鍵區別，這種區別常被醫療照護者忽略。

試想：
如果你試圖將一隻青蛙放入熱水鍋中，會發生什麼事？
——它會奮力跳出來！
但如果你將青蛙放入溫水鍋中，緩緩加熱，會發生什麼？
——你最終會得到一鍋青蛙湯！

次發創傷壓力的發展過程，基本上和第二隻青蛙的命運相同。每天，我們可能沒有意識到，和那些正在經歷痛苦者互動時，自己正默默承受負面影響。這些影響日積月累，最終達到個人的韌力臨界點（臨界點因人而異）。就像水壩水位逐漸升高，若無額外的洩洪管道，且雨水又持續不斷地流入，水位終將溢出。

在創傷後壓力與慈悲枯竭的情況下，一旦臨界點被突破，就會表現出上述創傷後壓力症的各種症狀，甚至完全符合診斷標準。對於原發創傷壓力的受害者而言，可能是一場單一事件（如槍擊、性侵、車禍）就會觸發創傷後壓力症相關的症狀。然而，對長期目擊他人創傷的照護者來說，症狀往往是漸進發展的，可能需要幾個月或數年才會顯現。

理想的情況下，**治療次發創傷壓力最有效的方法是預防，即避免創傷經歷在記憶中被編碼成創傷**。要做到這一點，關鍵在於維持身體的放鬆狀態。根據交互抑制法則（reciprocal inhibition，詳見第七章），當身體處於放鬆狀態，壓力反應無法被啟動。透

過第七章中所介紹的簡單自我調節技能，你將能抵禦來自和受苦個案互動所帶來的任何次發創傷壓力。

療癒慈悲枯竭

慈悲枯竭的預防與治療始於同一項關鍵技能：自我調節。當我們能透過系統化的放鬆技巧，減弱交感神經系統對感知到的環境威脅（倦怠）與人際威脅（次發創傷壓力）的反應時，就不太可能受到環境的影響。

治療慈悲枯竭的第二項技能，在於透過成熟化的感知能力，以深入理解壓力的真正原因，從而解決倦怠問題。此外，透過和他人討論我們的經歷或分享自身敘事，也能緩解次發創傷壓力。最具韌力的醫療照護者，往往能在高壓的工作環境中保持身體放鬆，並建立穩固的支持網絡，以因應那些創傷編碼難以避免的時刻。

對於較嚴重的慈悲枯竭案例，治療方式可能超出本書的範疇，因此會鼓勵讀者參閱附錄，以尋找更適當的介入方式。對於那些症狀嚴重到無法從本書第二部的韌力策略中獲得緩解的人，仍然有許多有效治療資源可供選擇。本書將提供見解、指導與步驟，協助你尋找合適的治療方案。

其中一條途徑是加速復原計畫，這是一種經過科學驗證有效的治療方法，專門用於療癒慈悲枯竭的症狀[46]。它採用五階段的結構化模式，可以透過個別會談，或以為期兩天的密集形式完成。需要強調的是，這並非心理治療，而是一個高度結構化的過程，透過多種治療與指導活動，協助專業照護者來緩解次發創傷壓力與倦怠。關於此治療方案以及如何接觸更多的訊息，請參閱

附錄。

　　長期以來，照護者的處境可謂挑戰重重，這是一片充滿痛苦、困難、壓力與不適的荊棘之地。因此，幾乎所有從事此類工作的人，都在某種程度上經歷著相關症狀，這並不令人意外。但好消息是，解決方案確實存在，而你甚至就在閱讀這本書的同時，就能立即開始練習這些技能。

　　專業韌力，確實就掌握在你的手中。讓我們繼續前行，接續章節將會引導你學習恢復元氣、重獲活力並重燃使命感的關鍵技能。

PART
2

實踐有效的解決方案

知而不行,猶如未悟;願而不動,終成空想。
——歌德,德國文學家與哲學家

CHAPTER 6

前瞻式專業韌力與五大核心技能

> 刺激與反應之間存在一個空間★。在那個空間裡，我們擁有選擇如何回應的力量。而在我們的回應中，便蘊藏著成長與自由。 ——維克多・弗蘭克

到目前為止，我們主要致力於建立「慈悲枯竭」的理論架構。之前已經說明其成因與影響，並探討它與創傷後壓力及職業倦怠的密切相關，也分析「慈悲枯竭」對各類專業照護者的影響。此外，也強調無論是專業照護者或一般照護者，這些反應都極為普遍。

如果你或你的親人正在經歷「慈悲枯竭」，希望你已經了解到，你並不孤單。

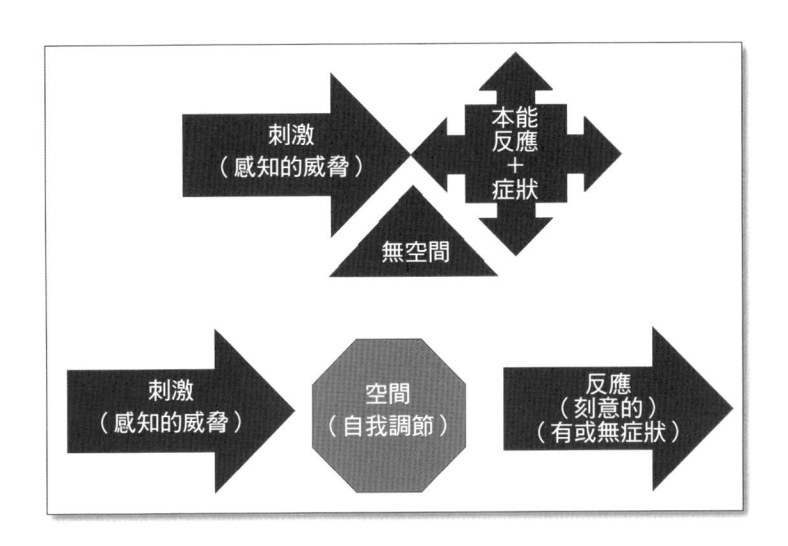

```
┌─────────────────────────────────────────┐
│   刺激         →    本能反應            │
│ （感知的威脅）        ＋症狀             │
│                                          │
│              無空間                      │
│                                          │
│   刺激         →    空間      →    反應 │
│ （感知的威脅）     （自我調節）  （刻意的）│
│                                （有或無症狀）│
└─────────────────────────────────────────┘
```

區分「慈悲枯竭」、「次發創傷壓力」與「職業倦怠」是有價值的，因為這些概念上的區別能幫助我們理解，為何本書接下來要介紹的策略能有效預防「慈悲枯竭」，並減輕其破壞性影響。從此刻起，會將重點放在解決方案上。

要成為懷抱慈悲的照護者，經歷一定程度的痛楚幾乎是無可避免的。在照護他人時，能與其產生共鳴，甚至在某種程度上「分擔他們的痛苦」（share their pain），是自然且恰當的。然而，同理心與深沉的受苦之間存在著顯著的差異，而後者往往是導致無數照護者離開助人專業的關鍵因素。

★ 譯注：弗蘭克所說的「空間」，在神經科學上可解釋為杏仁核（毫秒級反應）與前額葉皮質（數秒級反應）之間的調控。當遇到壓力時，杏仁核會迅速觸發本能反應，而前額葉則能延遲衝動，讓我們理性選擇回應方式。我們可透過自我覺察、呼吸調節、認知重構、正念訓練等來擴展這個空間，強化前額葉對杏仁核的調節，從而掌控行為模式。此「空間」的大小，會決定我們的選擇自由與成長可能。

身為一位急診室醫師兼管理者,我*的職業生涯始終與這種困境奮戰。我時常懷疑,自己是否能撐過這份工作的壓力,直到順利退休的那一天。這種疑慮在某種程度上與急診室獨特的執業環境所帶來的挑戰有關。近年來,急診醫療的執業環境變得更加困難且複雜。早期,我所接診的病人類型較為多元,部分僅患輕微疾病或傷勢,例如喉嚨痛或骨折,而另一些則罹患心臟病發等真正危及生命的疾病。然而,如今許多年輕且健康些的病人更傾向於前往門診接受治療。因此,我們所接診的病人,無論是年齡、經濟狀況,還是健康狀況,都比十年前更加年長、貧困且病情更加嚴重。

與此同時,日益繁瑣的法規要求,以及醫療和資訊技術的「進步」,使我們的工作負擔遠超過去。這種高壓環境,或許讓人擔憂「慈悲枯竭」是無可避免的執業後遺症。然而,這樣的結論並不正確。真正的問題在於,照護者從未接受過必要的「韌力技能」訓練,以幫助我們**在發揮最佳專業能力的同時,也能維持自身的健康與福祉**。問題不單純在於職場,更在於我們因應環境的方式需要改變。

得益於從艾瑞克那裡學習並持續運用的「韌力技能」,我不再覺得自己只是職場的「倖存者」。每當踏入急診室,我都能保持冷靜與內在平衡,並且在整個工作過程中維持這種穩定狀態。這使我成為一位更高效能的臨床醫師,也更能專注並積極地和病人及團隊互動。

急診室的確是一個高壓、甚至有時充滿毒性的環境,但隨著在醫療專業上的成長,如今的我不再因工作而承受嚴重的心理與

---

* 編注:此處的「我」是指傑佛瑞・吉姆・狄亞茲醫師。

情緒損害。而且,當我不再將職場的壓力帶回家時,個人生活也隨之改善。事實證明,「韌力訓練」不僅是一種對抗「慈悲枯竭」的方法,更是一種全新的生活方式,使我在工作與生活的每個面向,都能獲得更多的滿足與喜悅。

前瞻式專業韌力所需求的技能

我們已經深入剖析慈悲枯竭與工作壓力的問題,現在,是時候來談談解決方案了。本書的第二部將涵蓋五項核心韌力技能,並指導你如何將這些技能融入日常生活。

接下來的五個章節將依序介紹這些技能。為了幫助你更有效地學習與內化,特別設計一些實作練習,你可能需要準備筆和紙來記錄自己的思考與體會。

技能一:自我調節(第七章)

我們已經探討過戰或逃等反應的生理基礎,也說明當這種威脅反應系統長期過度啟動時,會使得我們產生創傷後壓力。第七章將介紹交互抑制原則,並探討如何透過此原則來降低並預防創傷後壓力。此外,也將示範如何透過自我調節來放鬆身體,從而克服我們對威脅的自動化反應。

這些自我調節技能既簡單又有效,但需要持續練習才能熟練掌握。然而,這樣的努力絕對值得,因為這些技能不僅能帶來持久且深遠的改變,甚至可能徹底改變你的生活。

技能二:循意向行事(第八章)

當我們能有效調節過度激化的壓力反應時,便能重新找回弗

蘭克所描述的那個「空間」，也就是在面對挑戰與選擇如何回應之間的關鍵時刻。這個空間賦予我們力量，使我們能依循內在價值與信念做出有意向的選擇，而非僅僅被情境所驅使。

第八章將引導你撰寫個人的使命宣言與榮譽準則，幫助你釐清核心價值與行動方向。此外，我們還準備一系列練習和工作表，協助你將這些原則落實到工作與生活之中。

技能三：感知成熟（第九章）

許多人對於根深蒂固、以利潤為導向的醫療體系感到挫敗，認為這個系統忽視了我們的需求，並設下過於苛刻的績效要求。然而，將職業倦怠視為一種感知問題，這意味著，改變的主要關鍵不在於外在環境，而在於我們本身。本章將討論如何重啟因創傷後壓力與自動化反應而受阻的心理自然成熟歷程，並學習如何檢視與改變我們對自己和他人的感知。

重點內容如下：學習職場的「選擇」與「要求」的不同；區分可控與不可控的因素；檢視如何專注於過程，而非單純追求成果；察覺並擺脫不必要的特權心態；探討在高要求環境中如何維持誠信正直，讓我們能以最佳狀態投入每一件事。

我們也將學習如何將控制力從外在環境轉向內在，專注於所能改變的部分，即我們的感知與回應方式。第九章將分為兩大部分：一、職場解毒（Workplace Detoxification）：探討如何透過簡單的感知轉換，顯著減少職場帶來的毒性影響；二、自我優化（Personal Optimization）：介紹更進階的感知調整技術，幫助專業人士在高壓環境中優化認知與身心表現，同時避免對自身造成傷害或消耗。

技能四:連結與支持(第十章)

當壓力與創傷變得難以承受時,許多人會選擇封閉自己,陷入孤立和絕望。第十章將探討建立「韌力安全網」(resilience safety net)的重要性,學習如何運用與生俱來的社交互動系統,並理解和同事、朋友及親人分享經驗所帶來的修復效應。此外,還將介紹如何拆除人際隔閡的方法,以及提升自我揭露能力的技巧。

技能五:自我照護與活力重振(第十一章)

當你掌握前四項韌力技能後,可能會發現自己重新找回當初投身醫療與照護工作時的熱情和能量。第十一章將討論如何進一步鞏固這些成長與收穫,並制定一個能長期執行的計畫,以滿足你的生理、心理、情緒、靈性與專業需求。最後將提供指引,協助你設計個人專屬的「專業韌力計畫」(professional resilience plan)。

總結與應用(第十二章)

第十二章將回顧所有的前瞻式專業韌力技能,並提供機會讓你將這些技能整合成一項「個人專屬的前瞻式專業韌力計畫」,也將引導你如何實際應用每項技能和練習,並透過「自助餐般」的選擇方式,讓你自由挑選適合自己的起點,逐步將這些技能融入日常生活和工作中。

未來展望(第十三章)

在第十三章中,將再度強調慈悲枯竭與韌力的概念,並思考如何將這些理念應用於未來的醫療體系,以建構更具同理心且更

高效能的健康照護系統。同時，也將再次回顧本書〈前言〉所提出的問題：「誰應該負責確保你的專業滿足感？」

慈悲枯竭是一種可以被理解、預防，甚至避免的現象，但若沒有適當的介入，它可能會嚴重影響許多醫療與照護專業人員的生活和職業生涯。我們的目標是要將這些關鍵資訊帶給所有無私奉獻於助人工作的專業人士與照護者，幫助他們在助人的同時，也能維持自身的健康和幸福。

讓我們從此刻開始吧！

CHAPTER 7

自我調節：
內在覺察與即刻放鬆

> 你無法阻擋波浪來襲，但可以學會優雅地乘浪而行。
> ——喬・卡巴金[47]

專業韌力的核心技能需要持續關注與規律練習，不僅是每天，甚至是每個當下都要加以實踐。近年的研究顯示，自我調節（self-regulation）已成為所有醫療專業人員關鍵且最重要的韌力技能。

當我們理解交感神經系統長期主導所帶來的負面影響，以及無法在工作中覺察所有潛在威脅時，就能體認到發展管理自身生理狀態的能力有多麼必要。

如果能在因應工作中的需求、情境與人際互動時，透過即刻肌肉放鬆來維持神經系統的穩定，**即使仍將這些視為威脅，也能減少相應的痛苦和困擾**。自我調節是一項需要終身規則且有紀律練習的技能。它的核心技巧其實非常簡單，就是「停止繃緊身體的肌肉」！看似簡單，卻又極難持之以恆，真正的挑戰在於，我們往往忽略自己的生理狀態，尤其是在忙碌、壓力大或身陷多重需求時，更難保持覺察。然而，唯有學會這樣做，才能有效減緩壓力對身心的影響。

　　經驗顯示，多數專業人士往往要等到深受「無法自我調節」之苦後，才會開始認真學習這項關鍵技能。換言之，往往是在歷經慈悲枯竭與倦怠的煎熬後，才願意探索全新的因應方式。所幸，凡是願意學習並付諸實踐的人，往往能迅速體驗到深具轉化力的改變，不僅能以嶄新的方式理解並投入工作，更能在任何環境、面對各種挑戰時，保持舒適、穩定、專注與靈敏。

▶ 何謂自我調節？

　　自我調節的最精確的定義是：當我們察覺到身體的威脅反應被啟動時，能夠即刻放鬆肌肉，防止交感神經系統長時間佔據主導地位。這種即刻的肌肉放鬆不僅能迅速緩解壓力，也能讓身體恢復舒適狀態。雖然這概念看似簡單，但真正的挑戰卻在於，如何在日常生活與工作情境中，持續維持這種基本的覺察與放鬆的習慣。

　　它的運作方式是：短暫的肌肉放鬆，每次僅需一到兩秒，但每天必須執行數百次。透過持續的監測與即刻放鬆，有助於防止交感神經系統長時間主導，避免壓力反應及其連鎖效應主宰我們

的身心狀態。其核心目標是維持自律神經系統的動態平衡——以副交感神經為主導、交感神經適度啟動。唯有如此,我們才能在舒適和充沛活力之間取得平衡,在警覺和放鬆之間游刃有餘,在同理和高效之間和諧共存;即使專注於當下,依然能清晰地規劃未來的工作與生活。

隨著持續練習,我們能調節神經系統與能量狀態,使其符合當下的需求,從而讓認知與動作表現達到最佳狀態。一位擅長自我調節的照護者,會發現工作變得不再那麼疲憊和沉重。此外,若能在一天中刻意**調節與節約能量的消耗**,就能確保在下班後仍保有足夠的精力,來陪伴家人與享受生活。

自我調節包含兩個核心要素,使我們在面對壓力與困境時,仍能保持鎮定、洞察力與覺察力,這兩個要素為:一、內在覺察(Interoception);二、即刻放鬆(Acute Relaxation)。

▶ 內在覺察

「內在覺察」是對身體的有意識覺察,也可稱為「身體覺察」(bodyfulness),一種能在生理層面清晰地感受到「自我」的存在。這種能力讓我們能有意識地覺察到許多原本潛藏在無意識中的生理威脅反應,而這些反應可能已經伴隨我們大半生,卻從未曾被覺察。

當我們未能覺察自身的不適,其實是對環境中潛在威脅的感知反應時,便容易誤以為外在環境是痛苦的根源。內在覺察是一條通往內在掌控感的途徑,使我們不至於淪為變幻無常環境的受害者。

關於正念與正念減壓的說明

在前瞻式專業韌力工作坊中，參與者經常會問：「這不就是正念（Mindfulness）嗎？」

答案：某種程度上是，但又不完全相同。

過去幾十年間，正念與正念減壓已逐漸成為心理治療與績效教練領域中的核心概念之一。1990年代初，瑪莎・林納涵將正念納入辯證行為療法（DBT, Dialectical Behavioral Therapy）的核心技巧。喬・卡巴金則於1990年代末，在哈佛大學進行一系列開創性的研究，探討正念練習對心理健康的益處。自此，正念的應用迅速擴展至臨床心理學與大眾心理學領域。然而，這也帶來了一個問題，許多現今流行的臨床和自助形式的正念與正念減壓，其中許多方法其實並非最理想的自我調節方式。

本書所描述的自我調節原則與優質的正念練習之間，確實有許多相似之處。但在實務上，許多正念與正念減壓的應用方式，未必能真正發揮最佳的自我調節效果。

正念的起源與本質

正念冥想的歷史可追溯至將近三千年前，起源於佛教早期，當時被視為一種非正式的方法，能將「禪七」（為開悟而進行的深度冥想）的益處延伸至日常生活。

《今日心理學》中將正念定義為：「一種對當下保持積極、開放的覺察狀態。在正念狀態中，會細察**自己的想法與感受**，無論好壞，皆不加以評斷。與其讓生命匆匆流逝，正念的核心在於活在當下，並對當下的經驗保持覺醒，而非沉溺於過去或焦慮未來[48]。」

佛教網站《獅吼》的說法：「自佛陀時代以來，正念修習始終建立在四種根基之上：**身體、感受、心念本身，以及外界現象**

／外在世界。透過這四大根基的修習,得以更清楚地看見事物的本來面貌,而非僅憑概念加以認知,意即在訓練自己以更清晰且平衡的心態來看待現實[49]。」

比較上述兩者,可以看出:佛教的正念觀**首先關注並調節身體**,然後從這種平靜的狀態轉向對思緒與外界的覺察;而西方的正念觀則側重於對思緒、身體與周遭環境的**被動覺察**。佛教的正念強調的流程,是在發展對心念與外界的被動觀察之前,要先積極穩定身體。因此,自我調節的核心理念更趨近於佛教正念的模式,而有別於許多西方的正念練習,因後者沒有先監測與調節身體的激化狀態。

許多西方的正念練習從頭到尾都只停留在「心智」層面,運作方式如同數位式系統(digital)。而我們認為,要讓正念發揮最大效益,必須先從身體著手,介入並中斷那套類比式(analog)的「威脅反應系統」,再轉向心智層面的數位式內容。

正如我們在研討會上幽默地指出:真正適切的正念(mindfulness),其實應該稱為「身體覺察」(bodyfulness)!

▶ 即刻放鬆

這正是自我調節與多數心理治療中的壓力管理或績效提升策略的關鍵區別。

當提到「放鬆」,許多人會想到休息、冥想、伸展運動,或是靠在椅背上,雙手枕在腦後,幻想下一次的度假。絕大多數專業人士學到的放鬆技巧,都是需要暫時中斷日常活動(無論是工作或個人生活),才能進行和掌握。

以下技術已被證實能有效降低焦慮與壓力:引導式視覺想像、

橫膈膜呼吸、漸進式肌肉放鬆、自律訓練（Autogenics）、冥想，以及許多認知方法。然而，這些技術都需要暫時停止日常活動，花費幾秒鐘到幾分鐘來執行，才能產生放鬆反應。如果時間允許，這些更深層的放鬆方法仍值得持續練習，因為有助於增強自我調節能力。

然而，這與自我調節（self-regulation）並不相同！練習自我調節的關鍵在於：**「即刻放鬆」必須在全神貫注於日常挑戰與活動的同時進行**。我們不需要「暫停一切」來進行自我調節，而是必須在日常生活中，以一到兩秒的短暫間隔，持續覺察並反覆介入身體的威脅反應，進行動態調節。這是一種辯證式（dialectical）的實踐方式，我們無需「退出遊戲」才能練習自我調節，而是在遊戲進行中，就持續中斷身體的威脅反應系統。

// **艾瑞克的經驗分享** //

自我調節的案例說明

例如，在我寫這句話的同時，會想到你（讀者）以及你可能對這些教材和方法的批評。在我想像你對我們的工作提出批評時，身體會將其視為一種威脅，進而啟動生理反應，導致肌肉不自覺地緊張。然而，在繼續打字的過程中，我會暫時轉移注意力，覺察自己身體中哪些肌肉緊張，然後迅速放鬆它們，再將注意力集中回來，完成這段文字。

這就是自我調節的整個過程。在一秒鐘內，我中斷了威脅反應的激化，並將身體恢復到舒適狀態。我的大腦皮層會變得更加靈活，使得我在打字時更得心應手，更精確地運用

> 語言。最終，這種即刻放鬆使我能有意識地堅守我的原則，而不是草率、無序，或者偏離初衷。
>
> 儘管此過程看似簡單：**只需一秒鐘找出身體中緊張的肌肉，接著再用一秒鐘放鬆它們**。但真正的挑戰在於如何將此過程轉化為一種有紀律的練習，並每天重複數百次。

▶ 交互抑制

自我調節之所以能如此即時且有效地發揮作用，正是基於交互抑制（Reciprocal Inhibition）原理。此概念由南非精神科醫師喬瑟夫・沃爾普於1958年所提出。他在治療二戰後患有創傷後壓力症的士兵時，發現即刻放鬆與抑制焦慮之間的關聯性。基於對貓所進行的巴甫洛夫古典制約（Pavlovian classical conditioning）研究，提出一項重要觀點：如果個體在與某一刺激互動時處於放鬆狀態，則與該刺激相關的焦慮和恐懼可以被有效減輕[50]。

他在《交互抑制心理治療》書中定義了此理論：「一個重新學習的過程，當刺激出現時，會反覆進行一個不引發焦慮的反應，直到它消除舊的、不良的反應[51]。」

簡單的交互抑制公式如下：

（產生焦慮的）制約刺激＋放鬆＝消除的制約反應

根據交互抑制理論，**壓力、恐懼、焦慮與放鬆的身體互不相容**。再強調一次：在一個肌肉放鬆的身體中，你無法在生理上同

時經歷焦慮或恐懼。自我調節效果需要持續的習慣性放鬆反應，單次嘗試並無法達到永久的解脫，因為即使在放鬆後，個人過去的歷史與環境因素仍然存在。仍擁有相同傷痛的過去學習歷史／創傷生成，仍然會進入相同的職場，面對無數的壓力源，身體也會持續根據本能對感知的威脅作出反應。自我調節是一個持續的覺察（即身體覺察）過程，隨後透過放鬆釋放能量，然後再回到覺察，再釋放，這樣的循環一整天反覆進行。

幸運的是，自我調節的技能隨時能應用，並且通常只需幾秒鐘或幾分鐘即可完成。隨著訓練自己將注意力從外在焦點轉向內在，並釋放那股緊張的能量，大腦新皮層就能保持完全運作，並處於良好控制狀態。能在任何情況下運用我們的訓練和技能，以刻意、優雅與精緻的方式執行任務，這對自己、病人及整個醫療系統都有益處。正如艾瑞克在工作坊中常說的：「自我調節使我們能真誠地表達所想、堅定自己的立場，而不帶傷人之意。」

▶ 自我調節的五個練習

當我＊二十年前開始講授這些技能時，非常專注於自我調節的「技巧」層面。我認為，如果某人沒有正確地執行每一項技巧細節，那麼他們就是做錯了。隨時間推移，我開始意識到，自我調節其實是一種有機（organic）的過程，它的簡單之處在於注意到我們身體上任何部位的緊張肌肉，然後將其放鬆，同時仍能投入生活中的各項活動。

我們曾協助過許多長期處於肌肉緊繃狀態的人，他們為了因

＊ 編注：此處的「我」是指艾瑞克．根特里博士。

應這種慢性緊繃所帶來的痛苦,往往逐漸失去對身體感受的敏銳度,意即失去內在覺察的能力。對於這類個案,必須設法協助他們發現並釋放那些幾乎沒有察覺到的肌肉緊張,這往往需要更具技巧性與技術根基的方法來介入。即使是最麻木的個案,經過認真練習,也能在幾週內掌握內在覺察與即刻放鬆,並成功進行自我調節。

因此,下面列出的流程會按照類似的方式編排,從最容易應用的技巧開始,逐步延伸到需要更多集中專注與練習的技巧。

練習一:藉由「身體掃描」來放鬆肌肉

此過程就是簡單地察覺到我們身體中的所有肌肉並放鬆它們,達到這種狀態的身體也稱為「濕麵條」。讓我們一起嘗試:花五秒鐘同時放鬆從頭到腳的所有肌肉。

一、二、三、四、五。

現在你有多大壓力?感覺如何?你會說處於一個舒適、放鬆的身體狀態嗎?如果答案是肯定的,那麼恭喜你!你現在擁有了一項強大的技能,可以幫助你在日常生活中避免壓力。

當我們在工作坊中分享這個過程時,參與者常常露出不可置信的表情,甚至感到驚訝。但這是一個基於生理與研究的真理:**你不可能在放鬆肌肉的身體中感受到壓力**。只要你開始每天練習這種即刻、一到兩秒鐘的放鬆反應幾百次(是的,就是這麼多!),焦慮將大幅降低,其他症狀也會有所緩解。此外,透過習慣性地進行這種簡短的身體掃描並隨後放鬆全身幾秒鐘,不僅能提高你的韌力,還能有效防止進一步的慈悲枯竭症狀。

我們發現,大多數人在每天練習這項簡單技能兩百次時,壓力症狀會逐漸消失,感覺更為舒適。也有很多人會說:「我做不

到！」對此我們會輕鬆地回應道：「為你的侷限辯護，就可能會成為你的枷鎖[52]。」之後會把這個過程分解給個案和工作坊參與者。

若將每次一到兩秒鐘乘以每天兩百次，總共也不過是**一天中的五到七分鐘**。試想，無壓力的生活是否值得你每天花五到七分鐘？這需要由你自己來決定。如你所見，真正的挑戰，在於能否將這些自我調節的技巧適時融入日常節奏之中，並持續練習中斷威脅反應的步驟，使其成為習慣，內化為如同本能般的反應。

// 應用實例 //

蘿拉已經在醫院工作了十一年，並發現自己在每天下班回家途中幾乎總是情不自禁地流淚。過去三個月，失去了幾位病人，這讓她感到沉重，並且發現自己對無止境的病人潮產生無力感。絕望、無望，以及徹底逃離醫療工作的幻想開始滲透到她的日常思緒中。她將工作中的困擾隱瞞著不讓父母和朋友知道，因為不想嚇著他們，並且為自己「不夠堅強、無法忍耐」而感到羞愧。

當她的憂鬱症狀惡化至開始考慮結束自己生命的地步時，她才意識到必須做出改變。參加我們的前瞻式專業韌力工作坊後，她學會如何識別威脅反應，並透過自我調節來中斷這些反應。她表示，簡單的身體掃描技巧，結合迅速放鬆全身肌肉以釋放威脅反應所積壓的緊張，對減輕工作相關症狀、減少對工作的恐懼、顯著提升生活品質，產生了深遠的影響。

她開始在急診科的值班中使用這項技巧。當和病人在檢查室交談時，她會保持和病人的眼神接觸並聆聽，但在對

話過程中,她會將注意力集中到內心,並刻意放鬆任何緊張的肌肉。後來,在護理站,周圍充滿混亂與抱怨的同事,她也會在時間允許的情況下,短暫脫離當下環境,從頭到腳放鬆,默默數到五或十。有時坐在辦公桌前紀錄電子病歷時,她也會進行自我調節。偶爾會忘記進行自我調節長達數小時,並覺察到焦慮或易怒情緒顯著上升時,她也會以寬容的態度對待自己,理解這項練習是一個持續的過程,需要不斷的維護。

將身體掃描與即刻放鬆技巧持續融入日常生活的六個月後,她的睡眠品質顯著改善,情緒也趨於穩定。她重新找回身為治療者的使命感與內在力量,對未來也充滿新的希望。儘管仍會面對失去病人與無可避免的失落帶來的困擾,但當這些情況發生時,她不再被無法忍受的挫敗感所困擾。她感覺自己變得更加輕盈,同時也更堅強,能從容因應每天工作負荷中的不確定性和挑戰。

練習二:肌肉與骨骼覺察法

這個方法比身體掃描稍具技術性,但本質上仍相類似。肌肉和骨骼系統有何區別?請先觸摸前臂的肌肉,再觸摸肘部的骨頭,去感受兩者的差異:骨頭是堅硬且剛性的,而肌肉則是柔軟、有彈性。骨骼系統是身體的支架,支撐著你保持直立。肌肉則是協助運動與完成各種動作,藉由短暫收縮就足以完成任務,不需要長期維持緊張狀態。

持續性的肌肉緊繃,往往反映出過度警覺的狀態,是身體

對壓力和痛苦經驗的一種本能反應。我們鼓勵你練習一種新的方式：要刻意地調節肌肉的張力，而非被動地反應。當你需要運用力量時，就讓肌肉發揮作用；當情境已無需用力，則刻意引導自己放鬆。

如果你現在還沒有坐下來，那就請坐下，專注於你的骨骼系統：感受你的脖子、脊椎、脊柱、骨盆。它們支撐著一切，而且至今沒有讓你失望。試著讓坐骨與脊柱對齊，並信任這個天然支架能承受你身體的重量。

接下來，完全釋放並放鬆身體的所有肌肉，持續五秒鐘，記住要信任你身體的骨骼支架。

一、二、三、四、五。

透過五秒鐘的覺察轉移與有意識的支持，將注意力從肌肉張力引導至骨骼系統，有助於釋放多餘的肌肉緊張，並加深整個身體的放鬆。這是一種簡便實用的自我調節技巧，無論是在辦公桌前、會議中或用餐時，都能隨時進行。

―― // 應用實例 // ――――――――

自從蒂娜所任職的家族經營居家醫療公司被大型機構收購，經裁員後工作負荷的增加，讓她和同事們長期處於恐懼狀態。儘管不再像三年前剛開始工作時那樣熱愛工作，但她並不想回到醫院體系。某天，她和最好的朋友雪莉討論自己的困境時，談到自我調節的話題。雪莉最近參加一場職場壓力管理的研討會，學到一些能減輕壓力的簡單自我調節技巧，並特別喜歡其中的一種方法：從肌肉到骨骼的覺察。

「這聽起來有點傻。」雪莉笑著說，他們坐著在蒂娜的

廚房，兩個兒子在隔壁房間喧鬧地玩著電動遊戲，而丈夫在一旁安靜看書。「但當你坐著並開始感到有壓力時，試著將注意力從緊繃的肌肉轉移到骨骼系統上，感受它是如何支撐你的。坐在椅子上時，刻意放鬆所有肌肉，信任你的骨架能穩穩地支撐著你。現在試試看！」

蒂娜笑了笑，覺得這個方法聽起來很奇怪，但還是試了一下，並注意到，即使只是短短幾秒鐘的注意力轉移，她竟感受到前所未有的肌肉放鬆，達到一種多年未曾經歷過的深層舒緩。

第二天開始，當蒂娜坐在辦公桌前或開車去病人家中時，她會定期練習肌肉到骨骼的自我調節技巧，釋放積累的緊張，並注意到在八小時的工作結束時，她仍擁有比以往更多的精力。她感覺清醒、自信，最重要的是，重新找回對工作的正向感受，並對自己能幫助他人懷抱更多肯定和滿足。

練習三：周邊視野放鬆法

此項技巧較具技術性，靈感來自戴夫・葛洛斯曼中校所著《戰鬥》一書的研究。該書探討人在戰鬥壓力下的生理與心理變化，以及如何避免陷入削弱狀態[53]。士兵在瞄準武器時，需要保持身體極度放鬆，特別是遠距離射擊。任何肌肉緊張引發的微小動作，都可能使射擊結果偏離目標數碼。

特種部隊成員會接受一系列的戰鬥活動訓練，必須具備從日常任務（如運輸、例行檢查等）迅速轉換到戰備狀態的能力。在這樣的情境中，維持調節後的狀態至關重要，不僅有助於確保瞄

準的精準度，更能提升因應當前威脅的速度和效能。

許多執法部門、特種作戰人員和其他經歷過實際射擊情境者，都曾提及面對威脅時會出現「隧道視覺」（tunnel vision）的現象。此種視覺過度集中的狀態，是明顯的失調跡象。透過刻意地將視野範圍擴展到周邊視野（peripheral vision），能有效中斷交感神經系統過度激化的情況★。

這些年來，我＊曾向許多執法部門人員指導過這些自我調節技巧。經常對他們說：「如果威脅持續了二十到三十秒，並需要強大的力量來因應，那麼你的交感神經系統確實必須保持激化。我不需要教你如何因應那最初的三十秒，那時是你所有訓練發揮作用的時候。但在那之後呢？如果威脅已經消失，你需要的是能讓你恢復穩定的技巧。你應該調動更高層次的大腦功能，而不是仍停留在那種戰鬥狀態中。從本能來看，你的身體希望保持在過度警覺的狀態，但持續待在這個狀態下，對你的身心健康將造成嚴重影響。你需要將過度警覺轉變為**放鬆的警覺**。」

在過度警覺狀態下，數百萬年的進化讓我們的視覺也無意識地收縮，就像我們的肌肉一樣。當感知到更多威脅時，我們的視

★ 譯注：擴展視野，通常就能放鬆神經系統。當我們專注凝視（hard gaze, tunnel vision）單一物件時，大腦會進入警覺狀態，偏向交感神經活化（備戰模式）；當我們放鬆並擴大視野，使視線涵蓋更多周圍環境時，則促進副交感神經，讓身體進入放鬆狀態。此類放鬆方法，包括柔和凝視法（Soft Gaze，輕鬆、自然放寬焦距，去感受視野所見），常用於冥想、靜坐或瑜伽；周邊視野擴展法（Peripheral Vision Expansion，先注視前方，再刻意逐步拓展至上下左右的周邊視野），常用於創傷療癒與心理治療。至於全域視野法（Panoramic vision，整合中央與周邊的視野，形成完整且全方位的感知模式）是否能帶來放鬆效果，取決於個人的實踐、情境與整體訓練的目的，常運用在武術家、舞者和演員等需要整體覺察與空間感的訓練。

＊ 編注：此處的「我」是指艾瑞克・根特里博士。

野就會變得更狹窄，或稱為隧道視覺。許多曾參與過槍戰的執法部門人員和退伍軍人，形容此現象為「進入隧道」。透過精確地聚焦視線並刻意將其擴展至周邊視野，能為許多實踐者帶來放鬆反應。

以下是練習周邊視野技巧的步驟：首先，將注意力集中在眼平線上的一個點，或略高於眼平線的地方。我們將數到五秒，在這段時間內，希望讓你的視線「放鬆」，使這個點變得模糊不清。

一、二、三、四、五。

現在，保持眼睛固定向前，希望你將雙臂向身體兩側伸展至180度。再次保持眼睛不動，開始將伸展的雙臂逐漸移向內側，達到170度……160度……150度，直到你能在周邊視野中看見雙手。現在，保持這個周邊視野的焦點十秒鐘。

一、二、三、四、五、六、七、八、九、十。

注意在你將視覺焦點轉向周邊時，身體發生了什麼變化。你的心跳減慢了嗎？透過擴展視野，你實際上降低了激化程度，並迫使自律神經系統從交感神經系統轉向並由副交感神經系統主導。

這是少數幾個需要「少做」而不是「多做」的自我調節技巧之一。如果實踐者專注於自己的身體，並刻意體會他們從周邊視野中獲得的放鬆反應，那麼這項技巧會更加有效。然而，並不需要完全掌握對自己身體的感知，才能開始練習周邊視野放鬆法。

我們發現，這項技巧對於需要大量和他人互動的醫療與服務角色來說，尤其有效。你可以繼續注視某個人，並在對方不知情的情況下，短暫停止對他們的直接注意，轉而集中注意周邊視野幾秒鐘。然後，你可以立刻回到和對方的互動中，但你已經處於放鬆且調節過的狀態。

// **應用實例** //

警察傑佛瑞自從幾個月前，他的夥伴菲爾在一次槍擊事件中受傷後，便深受打擊，生活也因此支離破碎。他正在進行第九個月的離婚與監護權爭奪戰，每天都被黑暗的想法和自殺傾向糾纏。

某個週末，他酗酒過後昏迷在客廳，直到哥哥發現並警告他，如果情況再惡化，就會將他送去戒治所時，才意識到自己的精神狀態已經無法繼續擔任警察。他開始接受專門為執法人員提供的心理治療，並獲准從街頭巡邏轉調至內勤工作。

幾週後，他參加一場專為警員舉辦的研討會，學習有關感知威脅、自律神經系統，以及一些自我調節技巧來因應工作中的壓力。在眾多技巧中，他覺得周邊視野放鬆法似乎最容易上手，因為他在射擊訓練中已經接觸過類似的過程。即使他現在只是坐在辦公桌前，每天仍需要和各種人互動。他開始注意到，即使在安全無虞的情況下參加所有會議時，他的身體肌肉也會不自覺地緊繃。他意識到，這是身為警官過去學習經歷的延續，即便面對不構成實際威脅的人，也會感知到危險。

他開始主動將新學到的自我調節技巧應用於這些互動中。當和他人交談時，不再過度專注於對方，而是刻意將注意力擴展到周邊視野。當他這麼做時，身體的肌肉會立即放鬆，原本奔馳的思緒也隨之減緩。他發現自己對來者的抱怨、擔憂與要求等的生理反應減弱了，並且能以專業且同理的方式來從容地回應他們。

> 五個月後,經心理學家的批准,他重新回到巡邏工作,也和新的夥伴搭檔巡邏。如今,他不僅能覺察到工作壓力的真正來源,並且掌握自我調節的技巧,使自己在職業與個人生活中做出更有效的回應。此外,他和前妻也針對子女撫養費與共同監護達成一項友好的協議,工作生活也大幅改善。執勤時,感覺不再時刻感到威脅,反而更能投入其中,對自己的執法專業充滿活力與樂觀。

練習四:骨盆底放鬆法

骨盆肌肉在緩解激化狀態過程中扮演關鍵角色,當處於交感神經系統主導狀態時,它們會不自主地收縮。透過刻意放鬆這些肌肉,會啟動一個顯著且本能的放鬆反應。

開始時,請坐下(如果尚未就座),並將雙手伸直放在身前,然後將雙手放在自己和座位之間,手掌朝上,稍稍移動身體,感受一下臀部下方坐骨結節(ischial tuberosity)。接下來,使用拇指來定位骨盆前側的髂前上脊(anterior superior iliac spine),確保能清晰感受到這些骨骼結構。你剛才已經在身體上標記了四個關鍵點,建立了「觸覺記憶」:兩個坐骨點在下方,兩個髖骨點在兩側。當你回想這些點時,應該能清楚地感受到這四個點在你身體中的位置。

想像將這四個點連接起來,形成一個「正方形」,由兩條垂直線和兩條水平線構成。這個正方形對應於你的身體,約呈45度角的平面,而這個平面所穿過的區域,正好涵蓋了你的骨盆底肌群。

圖四、骨盆底核心放鬆法的拆解動作

1. 聚焦於四個點：兩側髂前上脊與坐骨結節
2. 想像這四個點往外推移，並讓其中的肌肉放鬆

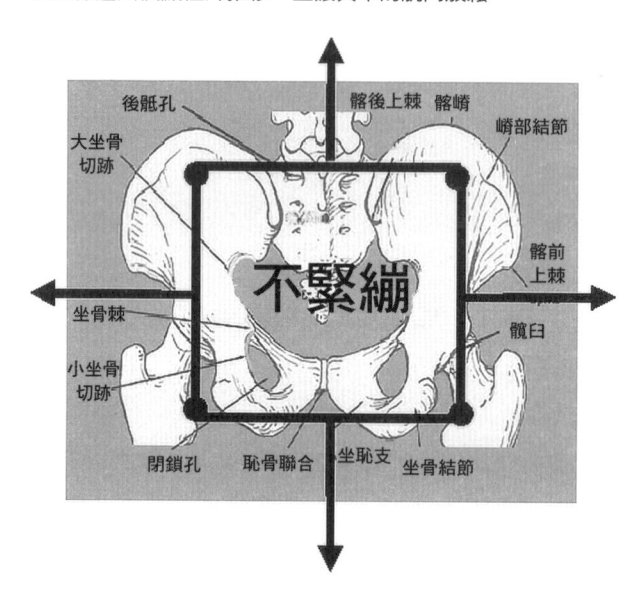

現在，花十秒鐘想像這個正方形向四個方向擴展，使其中央完全沒有任何緊張或收縮的感覺，讓整個區域完全放鬆。

然後數到十：

一、二、三、四、五、六、七、八、九、十。

接下來，再用十秒鐘專注於正方形中央的肌肉，讓它們徹底敞開，完全釋放張力。

再數十秒：

一、二、三、四、五、六、七、八、九、十。

此時，你的副交感神經系統已經開始主導。當骨盆底肌肉放鬆時，生理上無法處於壓力狀態。此外，當放鬆骨盆底肌群（特別是

恥尾肌與腰大肌），將觸發一連串的放鬆反應，使頸部、背部、腿部及足部的肌肉也隨之釋放壓力，進而帶來全身性的深度放鬆。

// **應用實例** //

急診科醫師蘿希熱愛自己的工作，總是以自主且正向的態度面對每一次值班。雖然無法決定自己是否會在某天被召回醫院（有時她寧願去騎車，或是參加孩子的體育賽事，而不是待在家裡等待被叫進醫院），但她選擇了這份職業，並為自己能在知名醫院擔任醫師而感到自豪。

然而，在某些壓力特別大的日子裡，面對極為棘手的病人案例時，她原本穩固的掌控感偶爾也會動搖。為了找到釋放壓力的方法，於是向急診室同事蕾拉醫師請教，並對自我調節技巧的實踐讚不絕口。蘿希對「骨盆底放鬆法」特別感興趣，可能是因為她對提升騎車時的柔韌度與穩定度特別關心。

在某個午餐時刻，蕾拉向蘿希解釋這項方法的原理。午餐後，蘿希趁病人間的空檔，在辦公室內的瑜伽墊上盤腿而坐，開始練習骨盆底放鬆法。她先找到自己的坐骨與髂骨，想像它們構成了一個正方形，然後集中注意力讓這個正方形向外擴展，同時刻意放鬆其中的所有肌肉，並數到十。

正如同蕾拉所描述的，蘿希很快感受到自己的背部、頸部和腿部肌肉也隨之放鬆，她繼續數秒，讓自己的放鬆狀態進一步深化。當短暫休息結束後，蘿希站起來，前往診間，帶著煥然一新的身體和精神，迎接下一位病人。

練習五：橫膈膜呼吸法與自律性呼吸調節

有節奏、刻意且經過調節的橫膈膜呼吸法，一直以來都是降低負向警醒（negative arousal）的重要方法。這項技巧被廣泛應用於各種領域，例如：軍事訓練（戰場呼吸法）、瑜伽修習（調息法）、分娩指導（拉瑪茲呼吸法）、心理治療（全息呼吸法）、運動訓練與其他需要針對自律神經調節的活動。

有多少次，你曾對一位被激怒者說「請深呼吸」？這句話之所以有效，正是因為自我調節能透過放緊張的肌肉群來達成。當感受到威脅時，胸部和腹部的肌肉會不自覺地收縮，導致呼吸變快、變淺，導致呼吸速度加快，換氣效率降低。當我們刻意關注自己的呼吸時，並練習「內在覺察」，就能釋放這些緊張的肌肉，使呼吸變得更深、更完整。

任何能培養「內在覺察」（更敏銳地察覺威脅反應何時被啟動），並透過放鬆來中斷這種反應的方法，都能帶來正向的效果。以下是幾種常見且有效的呼吸練習：

撅唇式呼吸法（Pursed-lip Breathing）

這種簡單且高效的方法，著重於「吸氣時間比吐氣時間短一半」。透過延長吐氣時間，撅唇式呼吸能幫助釋放滯留在肺部的空氣，減少呼吸頻率，並促進更有效的氣體交換。這種技巧長期以來為高山攀登者所採用，因有助於在高海拔、氧氣較稀薄的環境中提高呼吸效能。步驟如下：

1. 放鬆肩膀，以正常節奏透過鼻子吸氣約兩秒鐘。
2. 嘴巴做出「吹口哨」的形狀，緩慢地吐氣約四秒鐘（是吸氣時間的兩倍）。
3. 重複數次，直到感受到放鬆反應。

橫膈膜呼吸法

橫膈膜呼吸，又稱腹式呼吸或深腹呼吸，是一種訓練身體讓橫膈膜主導呼吸過程的技巧。這種呼吸法，目標是透過鼻子吸氣，並專注於腹部如何隨著氣息進入而擴張。步驟如下（可坐著或躺著進行）：

1. 保持肩膀放鬆，一隻手放在胸口，另一隻手放在腹部。
2. 深吸氣約兩秒鐘，讓腹部膨脹（而不是讓胸口抬起）。
3. 緩慢地透過嘴巴吐氣，感受空氣從肺部排出，腹部自然內縮。

變化版本：雙手交叉放在腦後，然後向後靠在椅背上，將手肘向後拉開（舒適範圍內），能促使腹部肌肉發揮主導作用來吸氣，加強橫膈膜活動。

瑜伽呼吸法

在瑜伽練習中，有意識且受控制的呼吸是核心元素之一。以下是其中一種調息法，為交替鼻孔呼吸（亦稱為脈輪淨化調息），步驟如下：

1. 從右側開始，用右手拇指按住右鼻孔，封閉氣流，然後透過左鼻孔吸氣。
2. 吸氣後暫停，接著用無名指封住左鼻孔，同時放開右鼻孔，透過右鼻孔呼氣。
3. 透過右鼻孔吸氣，暫停，然後用拇指封住右鼻孔，放開左鼻孔，透過左鼻孔呼氣。
4. 重複這個循環數分鐘，感受內在的平衡與穩定。

變化版本：又稱為「獅子呼吸法」，是另一種釋放壓力、排除負能量的瑜伽呼吸法，有助於促進深度放鬆。步驟如下：

1. 透過鼻子深吸氣。
2. 吐氣時，將頭稍微後仰，閉上眼睛，伸出舌頭，透過嘴巴發出強而有力的呼氣聲（類似獅子吼的感覺）。
3. 重複數次，並觀察身體的變化，感受體內緊張感的釋放，同時誘導更深層的放鬆狀態。

4-7-8 呼吸法

是一種簡單但效果顯著的調息技巧，特別適合用來幫助入睡。步驟如下：
1. 首先透過嘴巴吐氣，將肺部的氣體排出。
2. 閉上嘴巴，透過鼻子吸氣四秒鐘。
3. 屏住呼吸七秒鐘。
4. 透過嘴巴緩慢吐氣八秒鐘。
5. 重複至少三次，讓身體放鬆下來。

由於你有八拍子的時間來吐氣，這迫使你放慢呼吸，進而減緩心率，幫助你放鬆。

計量式呼吸法（Measured Breathing）

此技巧有許多不同的變化，而我們最常讓病人或個案使用的一種方式稱為「四方形呼吸」（four-square breathing）或「戰鬥呼吸」（combat breathing）。這種方法常用於軍事訓練，以幫助他們在戰鬥中降低亢奮狀態，並提升身體與認知功能。步驟如下：
1. 慢慢地吸氣，數到四（四秒），感受空氣進入你的肺部。
2. 屏住呼吸四秒（避免在期間吸氣或呼氣）。
3. 通過嘴巴慢慢呼氣四秒。
4. 等待另外四秒再吸氣。

5. 重複此循環數次，直到身體達到舒適的放鬆狀態。

透過練習，以上任何一種呼吸方法（或發展出適合自己的方式），都能成為有效的自我調節工具，幫助我們刻意中斷本能的威脅反應。

// **應用實例** //

急診科醫師鮑比早在數年前便對自己的工作失去熱情。他開始厭惡排班，甚至故意避開醫療主任喬的電話，以免被要求加班支援。即使不在醫院，他仍感到痛苦，這股負向情緒讓他和家人及朋友漸行漸遠。他透過大量的垃圾食物來紓解壓力，直到一次例行健康檢查顯示，他已達到糖尿病前期。家庭醫師告訴他，如果不改變飲食並開始規律運動，他將不得不面對糖尿病帶來的長期健康風險。這讓他決定加入健身房，並開始參加有氧運動與瑜伽課程。

他最喜歡的是瑜伽課，因為相對輕鬆，而且還能學習呼吸放鬆技巧來舒緩壓力。「橫膈膜呼吸，或稱『腹式呼吸』，其實是一種很棒的自我調節技巧。」某天課堂結束時，瑜伽老師這樣解釋道，「你可以在工作中應用這種呼吸法，幫助自己放鬆並重新集中注意力。」鮑比覺得這個方法聽起來不錯，於是決定在隔天的值班中練習「腹式呼吸」。

隔天的值班過程意外地平靜，讓他有機會在不被打擾的情況下練習橫膈膜呼吸。他坐在辦公桌前處理文書工作，時不時轉離鍵盤，專注於讓自己的腹部充滿空氣，並將雙手交叉放在腦後，擴展胸腔來加深呼吸。這樣的伸展讓他感到舒適，並且發現自己不像以往那麼容易感到腦霧或疲憊。他決

> 定在接下來的兩週內每天持續練習這種呼吸技巧,並期待它能和健康飲食及規律運動相輔相成,讓他的心情逐漸好轉,重新找回對工作和家庭的熱情與喜悅。

▶ 測試自己的三個練習

現在,是時候將你所學的內容付諸實踐!在人際互動的情境下練習這些技巧,能讓你更有效地應用於實際職場環境。首先,請找一位願意和你一起練習的對象,然後向對方簡單說明何謂「交感神經系統主導狀態」的概念,以及如何透過自我調節來協助自己脫離這樣的狀態。你可以邀請對方閱讀本章的前半部分,讓他們也有機會學習這些技巧,並將其應用於日常生活中。

透過以下兩項簡單的**非語言互動練習**,你將能達成三個目標:一、即時啟動你的副交感神經反應,體驗身體的變化;二、深化對副交感神經反應機制的理解;三、在安全的環境下,實際運用自我調節技巧。

練習一:六十秒凝視

請你的練習夥伴和你進行一段持續六十秒的眼神接觸,並設定計時器。在開始之前,請雙方共同承諾:全程保持專注,不讓思緒分散,也不刻意「逃往令人愉悅的想像空間」,即便過程中可能感到不自在。

準備好了嗎?開始!

完成後,請觀察自己的身體狀態:你的肌肉是否變得緊張?

你的心跳是否加快？這些反應很可能會發生，接下來我們會進一步探討其原因。

練習二：發送與接收

這項練習和前一個類似，但有一個關鍵不同點：在維持眼神接觸的同時，**請懷抱著「幫助對方」的意圖**；你將扮演「發送者」，而你的夥伴則是「接收者」。

在開始之前，請簡單向對方說明「接收」的概念，讓他明白你的用意。

接著，請設定計時器三十秒，在這段時間內，透過眼神與非語言表達方式，傳遞你的關心和支持。

準備好了嗎？開始！

當三十秒結束後，請交換角色，讓自己成為「接收者」，允許自己被關心和照護。

你的計時器是否已經設定為三十秒？開始吧！

完成此練習後，請留意身體的感受。哪個角色讓你更難保持肌肉放鬆？如果有，你認為原因是什麼？

討論練習結果：在這短短兩分鐘的非語言練習中，你可能會發現自己的身體在某些時刻變得緊張，甚至整個過程都感到不適。但請思考一下。在這兩個練習中，你真的處於危險之中嗎？現在你已經知道答案了：當然不是。那麼，為何我們的身體會產生威脅感呢？

在過去的工作坊中，參與者常常這樣回應：「這感覺很尷尬。」或「我不確定自己做得對不對。」這些都是合理的猜測，但卻不是主要原因。

人類之所以在沒有實際危險的情境下仍然會感受到威脅，只

有一個根本原因：**傷痛的過去學習經驗，入侵了我們當下的感知系統**。換句話說，「眼神接觸」這個行為，喚起了你過往某個不愉快的經驗，而你的大腦因此啟動了「這是威脅」的反應。或許，這讓你想起某個時刻，你曾和重要的人對視，而對方卻對你撒謊；也許，你曾經以為自己做得很好，卻在某次被直視時，遭受批評或嘲弄。事實上，只需要經歷幾次類似的負面經驗，就足以讓我們在每次和人建立親密互動或嘗試新事物時，自動產生威脅感。

如果這樣一項人為設計的練習都能引發你的交感神經反應，那麼當我們真正面對危險或創傷時，這種生理反應會有多麼強烈？想像一下，當你需要向家屬遞交死亡通知時，身體會經歷什麼樣的壓力？當你要向病人宣布他們的電腦斷層攝影掃描結果顯示為癌症時，你的交感神經系統會如何反應？這些情境本質上就是壓力極大的，但我們可以事先為自己做好準備，以減少這些壓力對你的影響。

進階練習：自我調節技巧與非語言互動

現在，請再次進行上述兩個非語言練習，但這次請同時加入先前介紹的五種自我調節技巧之一，並持續使用該技巧，直到計時器結束。你可以選擇身體掃描或周邊視野法。無論選擇哪一種，請挑戰自己在練習過程中不斷使用此方式，並試著將其融入你的日常生活。

透過這樣的訓練，你已經開始培養一項關鍵能力：將專業照護的歷程轉化為韌力與最佳化的契機。你不再只是全神貫注於外在環境，而是能在與環境保持互動的同時，監測並調節自己的狀態。

這不是關於「正確」或「錯誤」的做法,而是察覺自己緊繃的肌肉,並主動選擇放鬆,**這就是成功的自我調節**。隨著練習經驗的累積,這將逐漸成為一種自然的習慣。你會發現自己開始「和身體做朋友」:**不再逃避身體的感受,而是能穩定地覺察並溫和地回應自己本能的生理反應**。

上述方法所需的時間極短,卻能帶來深遠的轉變,有效對抗慈悲枯竭、創傷後壓力,以及各種形式的焦慮及其破壞性影響。當你能理解,自己為何在並無實際危險的情境下仍然感知到威脅,並能辨識交感神經系統何時開始主導反應時,自我調節將成為你真正的解放之道,讓你不再只是硬撐著去度過每個工作日。

很快地,你將能有意識地控制自己的狀態,以穩定、善意與清晰的意向去因應每一個新的個案,同時持續強化自己照護專業的韌力。掌握自我調節是一段終身學習的過程,但絕對值得你投入心力。這項能力不僅能幫助你維持高階認知功能,並且讓你能自在地活在自己的身體裡。

--- // **薩利機長的故事** // ---

最後,我們想分享一則發人深省的訪談故事。

2009年,航空機長薩利・蘇倫伯格在接受凱蒂・庫瑞克訪問時,談及他如何成功讓全美航空的一架客機,在全引擎失效的狀況下,成功迫降於哈德遜河上,挽救了機上所有乘客的生命。

在訪談中,庫瑞克問了一個簡單的問題:「你是怎麼做到的?」薩利的回答是:「在成功讓飛機迫降於水面而不墜毀的過程中,我必須同步完成多項複雜的操作。為確保整個

> 過程順利進行，**我強迫自己保持冷靜**，因為我深知，焦慮或煩亂只會削弱自己的動作協調能力與認知功能，因此，我選擇保持冷靜，才能調動自己多年訓練所累積的經驗和技術，確保任務圓滿完成。」
>
> 這個例子清楚展現，在我們的專業領域中，養成並掌握自我調節能力，往往是生死攸關的關鍵，不僅影響自身的表現，也會深刻影響我們所服務的對象。

約翰醫師的後續故事

在本書的前言中，曾經介紹過一位內科醫師約翰。他長期陷於慈悲枯竭狀態，飽受折磨數月，直到聖誕節過後不久，才終於鼓起勇氣，向未婚妻貝絲傾訴自己的困境。他坦承，自己和身邊親友關係日益疏離，面對同事時更常感到煩躁與易怒，難以控制情緒。

「我就是不信任別人能處理好事情。」約翰低聲說，「這種責任像烏雲一樣，無時無刻籠罩著我。我覺得自己被困住了，唯一的解脫方式，就是辭掉這份工作。」

貝絲輕輕握住約翰的手，坐在他身旁，溫柔地對他說：「難怪你會這麼痛苦，沒有人應該獨自扛下這麼沉重的負擔。」

她鼓勵約翰尋求減輕痛苦的方法。

到了新的一年，約翰開始主動研究「職業倦怠、次發創傷壓力以及慈悲枯竭」等議題。隨著閱讀的深入，他驚訝地發現，書中描述的許多症狀，身體疲憊、情緒低落、易怒、和親友疏遠、

下班後仍無法停止思考病人的狀況等，幾乎完全符合他目前的狀態。

一月中旬，他所在的醫院舉辦了一場專門探討慈悲枯竭的研討會，這正是他一直在研究的議題，因此他毫不猶豫地報名參加。在研討會上，他終於了解到自己慈悲枯竭症狀的真正成因，是來自交感神經系統的過度激化，以及當身體錯誤地將工作壓力當作威脅時，所引發的一系列生理變化。講師們分享了幾種有效的方法來對抗交感神經過度主導的狀態，其中最關鍵的技能就是自我調節。

在工作中實測

學會四種可以中斷威脅反應的方法後，約翰帶著一種久違的希望感來迎接隔天的工作。他相信，自己終於擁有了面對這份工作挑戰的能力。

新技能的挑戰很快就來了，一位女性病人的細胞學檢查報告出爐，結果顯示她罹患了一種侵襲性極強的癌症。在準備和病人及其丈夫會面之前，約翰察覺到自己的身體開始緊張，思緒也變得混亂。但這次，他明白這只是交感神經激化的結果，因此不再像過去那樣被焦慮與壓力掌控。

於是，他先坐在工作站前，進行了一次身體掃描，注意到自己的頸部與背部肌肉特別僵硬。接著，他刻意放鬆整個身體，尤其專注於舒展背部緊張的肌肉。當他將注意力放在這些部位幾秒鐘後，肌肉漸漸鬆弛了下來。他冷靜地預演自己將如何傳達這個可能會讓病人崩潰的消息，並在這幾分鐘內不斷進行自我調節，直到他感覺到自己已經準備好面對這項挑戰。

約翰走進病房，在病人床邊坐下，並請病人的丈夫也坐下

來。他冷靜地向兩人說明了檢查結果，並立刻察覺到他們臉上浮現的震驚與痛苦。這種情緒的衝擊讓約翰再次緊張起來，當病人的丈夫詢問治療方案時，他甚至開始結巴，回答得有些不太流暢。意識到自己的緊張後，約翰迅速進行了一次簡短的身體掃描，同時維持和對方的眼神接觸，並刻意放鬆全身，進行了幾次深呼吸。當他再次開口時，語氣已經穩定許多，並且帶著自信與冷靜，和病人及其丈夫一起討論最適合他們的治療方案。

在接下來的一週，約翰持續練習自我調節技巧，尤其是將注意力從肌肉轉移到骨骼系統的方法。在狹小而安靜的辦公室裡，他專注於這項技巧。每當他因為電子病歷系統感到煩躁，或因突如其來的大量病人而感到壓力沉重時，他就會花十秒鐘，把注意力放在自己的脊椎與坐骨，相信它們能支撐住自己的身體，並刻意從頭到腳放鬆全身的肌肉。

親密關係的挑戰與轉折

那年的情人節晚上，約翰和貝絲外出共進晚餐。席間，約翰的手機突然響起，當天他才剛處理了一個特別棘手的加護病房案例，忍不住想知道那位病人的狀況，於是接起了電話。通話一直持續到貝絲結完帳，甚至延續到整個回家的車程。

直到車子停妥，貝絲猛地甩上車門。約翰才意識到不對勁，立刻結束通話，走進廚房，卻發現貝絲怒氣沖沖地站在那裡，準備和他對質。

「你每個節日都這樣！**每次都這樣！**五年了！」貝絲怒吼，雙手抱胸，努力忍住眼淚。

「可是……情人節真的算是節日嗎？它只不過是商家賣糖果的行銷手段吧……」約翰剛開口，貝絲立刻氣炸。

「對我來說，是！」她大吼。

約翰立刻感覺到自己的心跳加快，本能地反擊，腦海裡迅速組織起反駁詞句，想要指責貝絲「太敏感、太自私，甚至想阻止他拯救病人」。

但他停住了。他知道，這些話說出口只會傷害未婚妻，而且這些指控根本不是事實。當貝絲繼續憤怒地數落他過去每次在節日讓她失望的例子時，約翰一邊看著她，一邊將視線柔和地擴展到周圍環境，留意廚房裡的細節：左邊是廚櫃，右邊是爐台。這種刻意擴展到周邊視野的技巧，讓他瞬間冷靜了下來。

大約二十秒後，當貝絲終於說完時，約翰伸出雙手，掌心向上，用這個手勢示意自己準備好以不同的方式回應。

「寶貝，對不起。」他誠懇地說，語氣溫和而真誠。

「這一天對你來說很重要，而我沒有尊重這一點。這幾年來，你包容了太多，我卻沒有讓你感覺到特別。我承諾，從現在開始，我會努力改變。」

在過去，約翰絕不可能在爭吵中保持這麼冷靜，但這次，自我調節技巧幫助了他。不僅能舒緩自己的壓力與防禦心態，更能真正同理並理解貝絲的感受，以更溫柔、更成熟的方式去回應她的情緒。

幾天後，約翰在前往醫院參加一場非常重要的會議時。途中，高速公路上的車流突然停滯，五條車道全部卡住。

「發生了什麼事？」約翰驚呼道，掃視其他車輛，試圖找到一條行駛較快的車道以變換車道，卻發現所有車輛都動彈不得，毫無解封的跡象。

他查看了手錶，又查看了手機上的時間。如果不趕快恢復交通，他就會遲到，錯過這場職業生涯中最重要的會議之一。兩分

鐘過去了、五分鐘過去了。在車輛緩慢行駛了八分鐘後,約翰壓抑住了想要對著路喊罵的衝動,心中充滿了不滿:「到底怎麼回事?!」

他發了簡訊給貝絲,貝絲隨即回覆,她聽說有位重要的政治人物來到鎮上。

「或許是為了他們,這條路才被封了吧?」貝絲寫道,這讓約翰更加沮喪。

「難道他們不知道人們還得上班嗎?!」約翰憤怒地喊道,心跳加速,焦慮情緒急劇上升。

然而,約翰並沒有讓情緒進一步惡化,他立刻進入自我調節模式,開始進行有節奏的呼吸,他吸氣四秒鐘、憋氣四秒鐘、從嘴巴吐氣四秒鐘、憋著氣四秒鐘。

循環數次,直到心情平靜,頭腦清晰,心跳恢復到舒適的節奏,整整過了五分鐘。

「如果我晚到一點,那就算了吧!」他心裡這樣想,正好五條車道重新開放,交通開始恢復順暢。

約翰在會議開始後十分鐘抵達了,但他很快發現有兩位與會者也因為這次臨時的高速公路封閉而耽擱了。那的確是一位來訪的政治人物所致,大家對約翰的短時間遲到表示非常理解。

美好的改善成果

在開始尋求從慈悲枯竭中復原的六個月後,自我調節已逐漸融入約翰的日常生活。其中唯一他還尚未真正掌握的技巧,是骨盆底部放鬆。他覺得這需要最多的專注,並且需要較長時間才能見效。

約翰通常會選擇在休息日,或是幾天未進行其他自我調節練

習時(他有時會忘記,並接受這是人類錯誤的不可避免結果,儘管仍努力克服)才練習使用此技巧。每當他感到極度緊張,且有獨處時間時,無論是在家或辦公室,他會坐在椅子上,或平躺在地板上,想像自己骨盆底部的「正方形」區域及其間的肌肉,並進行收縮和放鬆,從而達到最深層的全身放鬆。

從慈悲枯竭走向韌力發展的這段旅程,對約翰而言並不容易。然而,在開始進行自我調節的這六個月來,他由衷感受到生活正悄然發生正向的變化。每天上班時,他都充滿活力,和病人、家屬以及同事的相處,更感到自己既有能力且從容;和貝絲及父母的相處,也比過去幾年來更加融洽親密。長久以來,約翰第一次對未來抱持著美好的期待。

CHAPTER 8

循意向行事：莫忘初衷，活出價值與使命

> 傑出的人都有一個共同點：對使命有著堅定不移的信念。
> ——齊格・齊格勒[54]

許多人之所以選擇成為照護者，是因為內心深處懷抱著一種直覺且強烈的渴望——想要幫助他人，希望為人服務，幫助他們從疾病與傷痛中康復，並見證生命中的正向轉變。然而，這份賦予我們力量、讓我們能撐過早期嚴苛訓練的初衷，卻在因應日常工作壓力的過程中逐漸消磨。我們會發現自己的行為變得越發反應性與衝動，而非經過深思熟慮、從容而行。久而久之，或許仍隱約記得自己的初衷，但更多時候，唯有在違背內心價值觀的瞬

間，才驚覺它的存在。

在學習並實踐自我調節之後，會發現忠於目標並堅守核心原則，對於建立與維持專業生活品質至關重要。若想真正體驗終身的專業韌力，就必須學會如何「循意向行事」，並在日常互動中，逐步重新建立這份意向性（intentionality），使其成為行動的內在指引。

這個過程的關鍵在於：**明確界定我們的核心使命與榮譽準則**，成為塑造思考和行為的框架。透過書寫與口述的方式，清楚確立這些原則與核心信念，將它們視為行動的參照點，能幫助我們在持續練習自我調節的過程中，得以調整與重新對準方向。現在，請拿起你的書寫工具，因為在接下來的頁面中，將引導你撰寫屬於自己的「意向性文件」。

▶ 為何我們需要「循意向行事」？

在艾瑞克的著作《前瞻式創傷療法：療癒道德創傷》中，副標題「療癒道德創傷」點出他為讀者設定的一個關鍵目標：協助他們療癒自身過往的創傷，或協助他們走向康復。他所指的「道德創傷」，是創傷後壓力最為隱晦且危險的一環，讓人不知不覺地背離自身的核心價值觀，甚至損及專業與個人生活中的誠信正直。這種無意識且本能性的道德違背，或許正是創傷後壓力最為險惡的折磨之一。

當創傷發生時，我們對世界的基本假設會被徹底顛覆。原本深信不疑的觀念，例如「只要努力工作，就會得到回報」、「我的環境是安全的」、「人性本善」等等，都可能瞬間瓦解。創傷改變了我們的認知，世界不再如我們所理解的那般，而是轉變成一個

充滿危險的地方。不再相信自己的需求能被滿足,不再覺得自己堅強且有能力,不再信任他人,也不再感到安全。

創傷的經歷或目擊,會讓我們的心智陷入「正向與希望的破滅」,開始在幾乎沒有危險的地方感知到威脅,**導致恐懼與防禦成為我們對世界的預設反應**。當身體因感知威脅而進入交感神經系統主導的狀態時,會產生一系列生理與神經學上的變化,這些變化原本是為了幫助生存,卻往往阻礙我們在日常專業工作中的表現。我們會發現自己的精細動作控制能力下降,而負責判斷、推理、衝動控制、抑制、目標導向行為、學習與記憶等大腦區域的功能,也會隨之減弱。

創傷後壓力不僅讓我們更頻繁地感知威脅,還會引發一種強烈的生理反應,使我們無法保持理性,且難以採取有意識的方式行動。這種因自我失調與過度反應所導致的誠信正直失守,往往以兩種方式呈現:攻擊或逃避。

在早期治療陷入慈悲枯竭的專業人士時,許多人認為解決他們所經歷工作痛苦的唯一途徑是改變職場。他們認為,只有獲得更多的薪水、更好的上司、更多的資源、更少的病人,或者改變工作時間,才有可能恢復舒適的生活品質。隨著逐漸發現自己無力將職場塑造成符合自己期望的模樣時,會變得越來越疲憊、絕望與灰心,給自己貼標籤為「倦怠」,並開始以最少的身心能量來應付工作。

在治療過程中,我們會引導他們意識到,自己所經歷的症狀,其實是試圖控制自己無法掌控的環境所造成的必然結果。事實上,大多數專業人士都需要經歷這段艱難的成長考驗,承受其中的痛苦與代價,才會開始願意學習一種全新的、更符合心理需求(ergonomic)的方式,來適應這個充滿毒性的專業照護環境。

我們的目標,是讓他們把焦點從試圖「修補有問題的環境」,

轉向「覺察自身錯誤的因應策略」，因為這種本能性的因應方式，往往讓他們偏離自己的使命，甚至違背自身的核心原則。也會教導他們，當試圖控制那些超出自身能力範圍的事物時，反而會忽略那些真正珍貴且能掌控的事物。當他們開始意識到，自己對工作的負面態度、對職場環境的抱怨、對同事的輕蔑，以及對病人的批判等，實際上是在違背自身的誠信正直，並將自己置於「受害者」的角色時，才有機會找到一條通往成就感、韌力與專業生活品質的道路。

// **案例分享** //

瑞秋的故事：攻擊

瑞秋翻了個身，睜開眼睛，看向床頭櫃上的時鐘後忍不住低聲咒罵：「我又遲到了！為什麼我總是忘記設定鬧鐘？」

她匆忙起床準備，並傳訊息給醫院當班的護理師：「車子出了點狀況，我會儘快趕到。」邊輸入訊息，邊跳上駕駛座，迅速倒車駛出車道，隨即匯入早晨擁擠的高速公路車流。

路過平時光顧的星巴克時，她決定停下來買咖啡。醫院當然也有咖啡，但那玩意兒根本無法讓她撐到午餐時間。發現得來速排隊長得嚇人後，決定停下車並匆匆進了店裡，並站在一位媽媽和她兩個孩子後面。孩子們不斷轉圈、嬉笑，還用手指敲著玻璃展示櫃，瑞秋皺著眉頭盯著他們。

輪到那位媽媽點餐時，她一邊開口，一邊不時停下來詢問孩子們想喝什麼。小男孩根本不理她，伸手觸摸展示架上的汽水和茶飲，結果不小心撞翻了一整疊三明治。

「天啊,拜託……」瑞秋低聲抱怨,看到那位媽媽被突如其來的聲響嚇了一跳,立刻蹲下來,手忙腳亂地收拾地上的食物。

「抱歉,真的很抱歉……」媽媽不停地道歉,而站在收銀機後的咖啡師則一臉為難地望著螢幕上尚未完成的點單。

瑞秋的脈搏加快,呼吸變得急促,她繞過媽媽和滿地的三明治,直接站到櫃檯前。

「不好意思,我能先點餐嗎?我們有些人是有工作的。」

咖啡師猶豫地看向那位仍在整理狼藉現場的媽媽,試探性地問道:「女士,請問還需要其他的……」

「你認真嗎?那你們能不能開另一台收銀機?」瑞秋打斷對方的問話,怒火已經達到臨界點。「現在是週二早上九點!為什麼只有一台收銀機開著?」

店員們愣愣地看著她,瑞秋估計這些人大概都不到二十歲。

「算了,這破店我不買了。」她怒氣沖沖地轉身往外走,經過那位媽媽時還忍不住冷嘲熱諷:「妳真的應該多注意一下自己的孩子。」

她踏出店門時,感覺周圍的顧客投來各種責備的眼神。

回到車上,她的雙手微微顫抖,眼眶隱隱泛起淚光。她剛剛真的只是為了一杯咖啡,就對一位媽媽和她的孩子大吼大叫嗎?一股深沉的羞愧感襲上心頭,她開始厭惡自己,無法原諒方才對一位無辜的人表現得如此粗魯且無禮。

道格的故事:逃避

道格和他的搭檔安德魯並肩走回救護車,這已經是他們

今天處理的第三個急救案件了。

「剛才做得不錯，」安德魯隨口說道。

道格立刻繃緊了神經。從這位十年資深急救員身上學到了一件事，每當聽到稱讚，接下來往往就會伴隨某種批評。而這類批評常讓他整晚輾轉難眠，反覆琢磨自己到底哪裡做錯了，甚至開始懷疑自己是否有資格在別人的緊急時刻，擔任這麼關鍵的角色。

「我只是想提一下，你或許可以多練習使用擔架。今天早上感覺有點吃力。我很樂意協助你練習。」

道格聽了猛然一縮，因為這剛好戳中他內心的尷尬。他本來希望安德魯沒注意到，結果顯然自己太過天真。確實，他還在努力掌握如何流暢地將一副載著病人的沉重擔架推上救護車，事實上，最近幾次他抬病人時確實顛得有點厲害。

「呃……嗯……」道格支吾著，臉頰發燙，覺得前輩這句話完全是在暗示他的無能。他根本不願去想這件事，更不想談論它，內心只希望這個話題趕快過去。

下班後，安德魯問道格：「要不要一起去喝杯啤酒，還有其他急救員也會一起去。」道格立刻拒絕了。他現在最不想做的事情，就是花更多時間和一個明顯看出自己缺點、甚至特地指出來的人待在一起。

「你確定嗎？我們可以順便練習一下擔架……」安德魯試探地說道。

道格裝作沒聽見他的建議，擺擺手道：「星期二見。」

他向安德魯和其他人揮手道別，頭也不回地走向自己的車。他渴望獨處與暫時的逃離，只想找個地方，不必去想那

> 些自己今天搞砸的事情，尤其是安德魯和其他人可能看在眼裡的失誤。他想著：擔架操作之後再練，現在先讓安德魯負責大部分的搬運，確保病人安全無虞就好。
>
> 半小時後，道格回到公寓，點了中式外賣，喝著啤酒，玩了一整晚的電玩。直到夜深，他幾乎已經忘記了白天所發生的一切。

▶ 確立我們的意向

循意向行事的生活其實很單純，但並不容易。單純之處，在於只需要滿足兩個基本條件。**首先，我們必須讓身體保持放鬆**。之所以會違背自己的誠信正直，往往是因為身體長期處於高度的神經興奮狀態，持續感知到威脅，導致我們失去管理這股能量所仰賴的大腦新皮質功能。其結果是，喪失有意識行動的能力，轉而屈從於生存本能，在「戰或逃」反應機制的驅使下，不是選擇逃避，就是表現出攻擊性。因此，學會中斷這種威脅反應，是發展並維持循意向行事能力的關鍵。

其次，必須將自己的意向轉化為明確的語言，需要能清楚地告訴自己，在高壓情境下，希望如何行動。大多數人從青少年時期起，就已經擁有一套指引人生方向的價值觀與道德準則，但卻很少有人明確地將其透過書面方式表達出來。問題在於，若這些重要的理念始終模糊不清，無法透過語言即時喚起它們，我們往往要等到行為已經發生，陷入逃避或攻擊模式後，才會意識到已經違背了使命或原則。

▶ 練習一：你的使命宣言

此練習的目的，是幫助你定出自己的人生使命。你為何來到這個世界？你擁有哪些才能與技能，希望藉此幫助他人成為最好的自己？

請先回答以下問題的第一與第二部分，然後根據你的答案撰寫個人的使命宣言。

第一部分（釐清你的使命與價值觀）

1. 你為何而生？在這個世界上的使命是什麼？（例如：幫助他人成長、療癒創傷）

   _____

   _____

2. 你有哪些尚未實現的夢想？（例如：出版影響深遠的書、推廣某種理念）

   _____

   _____

3. 對你而言，什麼是**真正重要**的？（例如：關懷、影響力、創造力、愛）

   _____

   _____

4. 你最強的優勢是什麼？（例如：深度或系統化思考能力、同理心、領導）

   _____

   _____

請從這些問題的答案中，挑選出三到五個對你而言最具意義

且最真實的回應,並花一分鐘思考它們對你的啟示,以及你目前的生活與這些價值觀之間的契合程度如何?

第二部分(具體化你的使命)

現在,請根據你的答案填寫以下句子,以提供「個人使命宣言」的關鍵要素。

我的使命是⋯⋯

1. 生活方面(例如:我希望我的生活充滿○○,並能影響□□,讓世界更△△)

　
　

2. 工作方面(例如:我希望透過○○來貢獻社會,幫助□□,使他們能夠△△)

　
　

3. 持續進行(例如:無論遇到什麼挑戰,我都會持續○○,因為我相信□□)

　
　

4. 去愛(例如:我希望以○○的方式去愛這個世界,包括□□,讓愛成為一種善的循環)

　
　

5. 去成為(例如:我希望成為一個○○的人,以此啟發他人並創造□□)

6. 去努力追求（例如：我願意全力追求○○，因為這能讓我感到最有意義與價值）

_____

_____

7. 去探索（例如：我將不斷探索○○，因為我相信這是人生的真正目的）

_____

_____

8. 去推廣（例如：我希望推廣○○，讓更多人能夠□□，共同創造更美好的世界）

_____

_____

9. 去相信（例如：我堅信○○，即使在艱難時刻，我仍會持續□□）

_____

_____

請參考上述內容，嘗試寫下一到兩段文字，成為一個簡潔、鼓舞自己的使命宣言。不僅貼近你當前的理念，也是你願意時常回顧，並提醒自己人生方向的話。

我的使命宣言

（例如：我奉行的使命是以專業知識和慈悲，支持助人工作者在面對挑戰時仍能保持韌力。希望透過探索、教育與關懷，讓更多人理解慈悲枯竭的本質，並學會自我修復與成

長。深信當每位助人工作者都能被善待和支持時，他們將能真正為世界帶來更好的療癒與照護）

_____
_____
_____
_____
_____

▶ 練習二：你的榮譽準則（Code of Honor）

本練習旨在幫助你建立一個循意向行事、以原則為基礎的生活。描述你在追求使命的過程中應遵循的原則（或核心價值觀）。請先從以下價值觀中選出十到十二個最能代表你的信念，或可再補充你認為重要的原則。

我的原則

領袖型	積極主動	自信果斷	具挑戰性	忠誠投入	富同理心
保守穩健	勇敢無畏	富創造力	細緻嚴謹	合乎道德	目光遠大
誠實	喜悅樂觀	充滿愛心	直言不諱	和平穩重	高效生產
科學理性	堅強有力	有效能	促進成長	無畏勇敢	充滿希望
公正公平	中庸適度	親職精神	樂善好施	堅韌	安定自信
寬容大度	講求效率	忠誠可靠	節儉持家	幽默風趣	開明自由
積極樂觀	熱情投入	強大有力	負責任	自信堅定	溫暖友善

如果你已經選好了，請試著將這些價值觀轉化為正向肯定的陳述，並讓他們成為你的榮譽準則。例如，若選擇「誠實」，可寫成：「我始終對自己和他人誠實，勇敢面對真相，並以真誠待人。」若選擇「堅韌」，可寫成：「我在困境中能保持堅韌與良好的適應能力，從挫折中學習、成長與復原，並勇往直前。」

請寫下你的十到十二條「榮譽準則」，這將成為你人生信念的指引。

我的榮譽準則

_____
_____
_____
_____
_____
_____
_____
_____

▶ 書寫與表達意向的力量

將你的使命宣言與榮譽準則寫下來，其中蘊藏著強大的力量。這不僅能幫助你釐清並鞏固自身的原則，還能讓它們隨著時間演變和成長。許多人在真正確立這些信念之前，會經歷數次的修訂，這正是理想的過程。每一次的修訂都能讓你對自己有更深

入的理解,並更精準地勾勒出你想成為的照護者與理想中的自己。

雖然將使命宣言與榮譽準則書寫下來至關重要,我們有時會不自覺地遺忘它們,或在實踐時變得鬆懈。因此,為了確實將「循意向行事」融入自我療癒與專業韌力之中,下一步就是和一位值得信賴的人分享這些內容。

當使命宣言與榮譽準則被另一個人見證,它們就擁有了生命,並更深地烙印在內心,使你更能遵循它們的指引。如果你尚未這麼做,請告訴一位親密的朋友,讓他／她知道你正在進行這個過程,並請求他／她幫助你見證與反思所寫下的內容。和對方分享後,並請他／她詢問以下問題:「你有在遵守這些原則嗎?」、「你每天的行動與這些原則的契合度如何?」、「在哪些方面你可以做得更好?你將如何實現這些改變?」回答這些問題時,請誠實坦率,並對自己的初步成果保持耐心與理解。

透過自我調節與循意向行事來療癒慈悲枯竭,是一個持續學習和成長的過程。這會要求我們超越本能與無意識的身體反應,從而維持大腦新皮質的功能,並在工作與生活中保持自制力。當習慣性地結合自我調節與循意向行事,你將不再違背自己的誠信正直。你將生活在一個放鬆且舒適的身體裡,擁有最佳的動作控制和認知能力。你將喜歡並尊重自己,更頻繁地體驗喜悅與意義。最重要的是,你將從一個充滿目標與仁愛的狀態出發,和環境互動,並對身邊的每一個人產生正向影響。

▶ 辨識我們的觸發因素

你是否發現自己因為攻擊或逃避行為而經常違背自己的誠信正直?這是偶發的情況,還是幾乎成為習慣?當一個人因處於交感

神經系統主導而不斷違背自己的誠信正直時，他們注定會感到不適（如瑞秋和道格的案例所示）。此外，這種不適會更近一步加劇交感神經系統的主導，而更難維持誠信正直，陷入惡性循環。

當你長期且習慣性地違背自己的誠信正直，會對心靈造成什麼影響？這將導致自我厭惡與自我蔑視，並在內心形成一種對立關係：不再信任自己能做出正確的選擇，並因此變得氣餒。**未解決的創傷後壓力，使我們幾乎無法依循並契合內在的原則生活。**

為了開始循意向行事與互動，首先必須掌握一些自我調節的技巧，使身體回歸穩定與平衡狀態。接著，我們需要將意向轉化為語言，並辨識最常觸發我們本能反應的因素，才能從衝動反應轉向更有目標且受控的行動。

我*在自己的生活中辨識出的一個特定的觸發因素，跟我和伴侶之間的互動有關。在所有對話中，我的意向是保持支持與愛意。為了做到這一點，我努力傾聽而非喋喋不休，理解而非諷刺挖苦，用我的言語和行動來傳達我對她的傾慕與愛。這就是我應堅守的原則。

然而，當她使用「你應該」或「你必須」這類語句時，我會立刻感到被觸發，原本應堅守的原則會因此鬆動，這是因為我過去對這些語句有過痛苦的學習經歷與聯想。我已經辨識出四種在感知到威脅時，常會對伴侶做出的反應：不耐煩、刻薄、怨恨與退縮。例如，當她告訴我需要為海灘之旅準備防曬霜時，我有沒有真正處於危險中？當然沒有。但我的身體與大腦卻像是面對威脅般作出反應，這確實需要調整。正因我能辨識出這些觸發因素，並在遇到時運用自我調節技巧，使我能在未來的互動中，以

---

* 編注：此處的「我」是指艾瑞克・根特里博士。

善意、耐心、理性和自制來回應。

請列出你經常遇到的一些觸發因素，這些因素會導致交感神經系統主導的狀態，例如某個地點、某個人、某種互動、某個情境、或特定氣味等。接著，請描述你對這些觸發因素的常見反應。首先，從明顯的行為開始（例如對同事提高聲量，在開車時對人豎中指或大聲按喇叭）；然後轉向隱性的內在思考（如對他人進行評斷或批評，尤其是那些與你所珍視的道德標準，或你努力成為的那種人格不一致的內在違規行為）。辨識這些具體的感知威脅，以及你習慣性出現的反應，是讓你在未來類似情境時，能以更多的準備、覺察與循意向行事的第一步。

正如你目前所知，你無法時時掌控外在環境，但你可以選擇如何反應。

- **我的常見觸發因素**（例如：你總是、你不夠關注；伴侶的臭臉、無視於你的表情）

  _____

  _____

- **我常見的反應**（例如：被激怒而反擊、退縮而不回應）

  _____

  _____

▶用「循意向行事」來療癒

我們之前曾提及沃爾普博士的「交互抑制」概念：當身體肌

肉放鬆時，個體無法同時感受到焦慮或恐懼。現在，讓我們在循意向行事的框架下，進一步探討此概念，並說明為何描繪出你的觸發因素，以及你渴望體現的具體行為與價值觀，是如此重要且有益。

當你將對感知威脅的暴露與放鬆的肌肉狀態結合時，不僅能在當下就消除壓力反應，還能對未來類似焦慮刺激建立更穩定的回應模式。當在目前的感知威脅情境中放鬆時，同時也在減少並療癒過往的創傷生成經歷，降低那些傷痛對當前生活的影響。透過此過程，你正逐步自由地朝向你理想的自我前進，並超越過去傷痛所形塑的舊有反應模式。

當我們學會辨識觸發因素，並以預先規劃好的使命與原則來回應時，就掌握了重建誠信正直的關鍵方法。這不僅能有效引導自我調節的歷程，更能聚焦於最需要改變的核心領域。對於那些以實踐使命為志業、並始終與自身原則保持一致的專業人士而言，他們不再被毒性醫療環境所侵蝕；相反地，他們將職場視為一座「心智健身房」，不僅能精進專業能力，也能因此滋養親密關係的品質。那些持續鍛鍊這項能力的人，將會深刻體驗到生活品質的顯著提升，並建立起更堅實的自我價值感與自我效能感。

▶ 從反應性轉為意向性的生活方式

這個章節目的在協助你透過實踐基於原則的生活，來建立並增強你的韌力。在之前章節中，你已經了解到當我們用本能的蠻力與過度警覺來對抗感知威脅時，會發生以下情況：

- 引發慢性痛苦。

- 削弱動作和認知功能。
- 促使我們採取攻擊或逃避的行為,從而違背內在的使命與誠信正直。

相對地,選擇有意向地生活,要求我們透過放鬆身體肌肉來對抗感知的威脅,從而中斷本能的威脅反應。當我們這樣做時,將帶來以下益處:

- 立即恢復身心的舒適:無論外在情境如何,都不再處於困擾中。
- 重啟最佳的動作和認知能力:變得更強健、靈敏且清晰。
- 循意向行事,而非屈服於反應性行為,以符合個人使命與原則的方式思考和行動。

當寫下並和他人分享自己的意向性文件(即使命宣言與榮譽準則)後,並將自我調節技巧融入日常生活中,你便已準備好踏上這段循意向行事、且富有回報的旅程。

接下來,你會看到一份簡化版的工作表模板,目的是協助你將「循意向行事」視為一項韌力技能,並持續精進此項能力,以提升整體生活品質(完整版本可參見附錄)。此圖表(圖五)包含五個表格,逐步引導你完成將反應性轉化成為意向性行為的過程。我們將逐一解釋每個表格的意涵,並邀請你在進行相應的練習過程中,隨時參照這些內容,作為實踐與反思的重要依據。

表格1:榮譽準則

這個表格要求你選擇一個或數個描述你希望能遵循或保持原

圖五、從反應性轉為意向性的工作表

5. 過去的學習（敘事）
1. _____
2. _____
3. _____
4. _____
5. _____

3. 反應性（失控）行
1. _____
2. _____
3. _____
4. _____
5. _____

從反應性轉為意向性

觸發因素 感知威脅

意向性＋原則 → 願景

1. 榮譽準則（價值觀）
1. _____
2. _____
3. _____
4. _____
5. _____

4. 五個常見的觸發因素
1. _____
2. _____
3. _____
4. _____
5. _____

放鬆的肌肉

2. 循意向行事（意向性行為）
1. _____
2. _____
3. _____
4. _____
5. _____

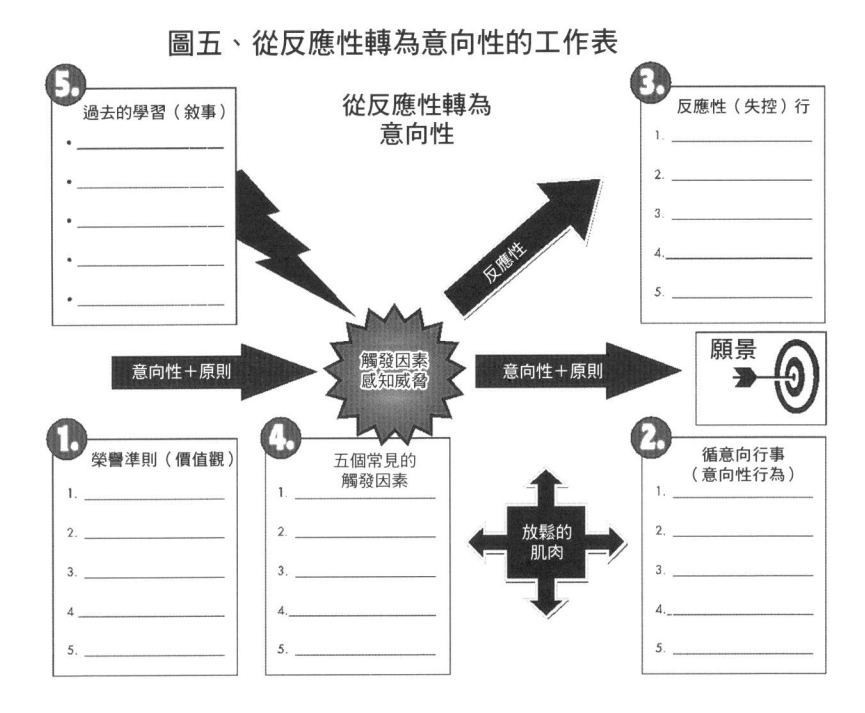

則的詞語（例如，富有同情心、優雅、友善等）。這些詞語將成為你在生活中各個領域的意向，或者針對特定的情境，比如你和伴侶的關係、工作場合或開車時。表格1目的是協助你為這些特定情境設定清晰的意向。請在下面填入一些你自己選擇的詞語，我們已經提供了一些範例。

表格1：榮譽準則

1. 富同理心
2. 真誠聆聽
3. 負責任
4.

表格2：循意向行事（或意向性行為）

這個表格是要協助你確定為了實踐表格1當中的原則，你會進行哪些行動。可以想像有個人跟著你度過一天，手裡拿著錄影機。如果影片中顯示你過著有意向的生活並忠實於自己的原則，你會看到哪些行為？

以下是一些例子。如果你在表格1選擇了「支持」，以此來描述你在和伴侶關係中的期望行為，在表格2中，你可能會寫下這樣的內容：「我對丈夫表現親切且有同理心。」

也許你選擇了「負責任」作為在工作中的原則，在表格2中，相應的行為可能是：「我在下班前會完成所有的病歷記錄與文書工作。」

循意向行事應從具體的行為開始，正如之前所討論的那樣。表格2將協助你設定那些希望長期實踐的目標，並讓你在實踐過程中即時看見具體成果。請在下方填寫你打算採取的行動，這些行動會對應你先前所確立的原則，作為落實意向的具體步驟。

表格2：循意向行事

1. 我對服務的對象，會採取真誠且積極的態度進行聆聽
2.
3.
4.

表格3：反應性行為

這個表格將記錄你違背或破壞意向的具體方式。這些過失幾乎總是以疏忽（例如，逃避或逃跑）或過激行為（例如，攻擊或

戰鬥）的形式表現出來。例如，未能完成自己承諾的任務，或對親人說出傷人的話。

許多醫療照護者描述在工作中的反應性行為，包括：八卦、被動攻擊、抱怨、批評、逃避工作、提前離開、走捷徑、對病人態度冷漠或傲慢，甚至刻意避開某些同事等。反應性行為通常是習慣性、模式化且本能的因應方式，用來因應感知威脅。對許多人而言，這些反射性反應早在童年時期便已形成，並已經變成了固定的神經通路，需要專注的意向與紀律才能發展成有意向的行為：**放鬆的意向與調節的紀律！**

此外，你也可以選擇先完成表格3，再進行表格2，這樣可以幫助你處理當前違背原則的行為。許多醫療照護者已經使用這種方法，來解決和改變那些無法透過意志力或傳統方法來改變的行為。

表格3：反應性的行為

1. 使用諷刺的話語
2.
3.
4.

表格4：觸發因素

這個表格通常是許多人在本方法中最具概念挑戰性的部分，尤其是在初期練習階段。然而，能發現並清楚闡述此表格的資料，可說是從反應性生活轉變為意向性生活的最重要一步。

「觸發因素」這詞彙，對應的是大多數人所謂的「壓力源」。指的是我們會遇到的一種情境，能夠引發身體的壓力反應，並促

使隨後出現的反應性行為。這些因素可能非常明顯，如來自伴侶的敵意或批評語言；也可能極為細微，如某種特定香水的氣味。它始終是某種感官刺激，無論是所見、所聞、所感、所嚐或所聽的事物。

從本書前幾章的內容中，你或許還記得：每當經歷情緒或身體上的痛苦時，我們的記憶會編碼所有的感官經驗，並將這些感官記憶與當時的不適感連結起來[55]。未來，只要遇到任何與這些感官經驗相似的刺激，也會將當下的情境視為威脅。這和創傷倖存者所經歷的「回憶重現」（flashback）本質上是相同的。

事實上，壓力源可以被認為是小型的回憶重現。例如，一位曾參加過戰爭的退伍軍人，在國慶時聽到煙火聲，往往會感到焦慮與不適。造成這種困擾的並不是煙火本身，而是煙火觸發了和戰鬥相關的痛苦感官記憶，這些記憶闖入當前的感知框架，使退伍軍人在明明幾乎沒有真實威脅的情況下，卻還是感知到威脅，進而引發所知的生理反應，稱之為威脅反應。

儘管並非每個人的創傷歷史都如戰爭或其他令人恐懼的經歷那樣，足以引發創傷後壓力症狀，但每個人都有成千上萬帶著傷痛的過往學習經歷。這些經歷即使在當前並無真正危險時，也足以使我們感知到威脅。

在表格4中，我們的目標是辨識出那些在環境中會引發感知威脅的感官接觸點。為因應這些情境中所感知的威脅而採取的反應性且本能性行為，通常會使我們偏離誠信正直的原則。一旦威脅反應被激化，若我們仍持續暴露於感知威脅的刺激中，體內的威脅反應能量便會不斷累積。隨著這股能量的增加，大腦思考區域（即新皮層）的功能會逐漸減弱，直至達到一個臨界點，迫使我們對感知威脅進行防衛。換言之，感知的威脅已經變成真實的

危險,如同其他動物一樣,進化的神經系統會迫使我們採取「戰或逃」的反應。

當你遇到以下哪些觸發因素時,會讓你感到不舒服,並且可能表現出攻擊或逃避行為?試著為每一種感官找到兩、三個具體的觸發因素。為了協助你開始,以下提供了每一種感官的觸發因素範例。

表格4:觸發因素

氣味	聲音	觸覺	視覺	味覺
油漆煙霧	粗魯、大聲喧嘩	頭痛	盜竊	變質的牛奶
體味	救護車警笛	油膩的皮膚	截斷的肢體	發霉的咖啡

當你辨識出生活中的觸發因素後,請自問:「當你遇到它們時,自己真的處於危險之中嗎?」對於前述的所有例子而言,短暫接觸這些觸發因素,並不會帶來實際的身體傷害。舉例來說,雖然長時間暴露在有毒的油漆氣味中,確實會帶來健康風險;大聲喧嘩可能會升級為肢體衝突,甚至涉及武器;小偷若被逮捕或反抗時,確實可能出現意外行為;頭痛可能預示著某些血管性或其他重大疾病,會對生命構成真正的威脅;喝下大量變酸的牛奶,確實可能引發身體不適。然而,緊緊**初次接觸**上述任何觸發因素,本身並不會造成立即的傷害。

關鍵在於,在面對這些觸發因素時,若能選擇放鬆身體的肌肉,奇妙且近乎奇蹟般的變化就會開始發生。

- 首先,只需一秒鐘,你就能讓身體恢復到舒適狀態。這值得再次強調:**一秒鐘的放鬆肌肉＝無壓力、身體感到舒適**。無論外在環境如何,這始終隨時可行。
- 其次,當你繼續保持肌肉放鬆時,大腦皮層功能會迅速重啟,智力、創造力、語言能力、精細運動控制、衝動控制、幽默感與創造力等都會快速恢復。在幾秒鐘到幾分鐘的放鬆後,你所有已發展出的技能和能力都會恢復到最佳狀態。
- 第三,當肌肉放鬆時,你將不再被迫採取攻擊或逃避的本能反應來因應這些感官刺激。
- 最後,在大腦全面優化的狀態下,你能輕鬆喚回自己的使命與榮譽準則,並以誠信正直的方式,優雅地度過難關。

面對感知威脅時保持身體放鬆,還有一個額外的好處,這也是改變創傷後壓力症病人的治療方式。此種方法(稱為前瞻式創傷治療,並在艾瑞克的同名書籍中詳細探討)已被廣泛應用於創傷倖存者,能為他們帶來即時的症狀緩解與功能提升,而無需重新處理或回顧痛苦的創傷記憶[56]。此方法促成一個名為「在場暴露」(in vivo exposure)的過程,用以減輕他們過去創傷經歷對當下生活的影響。透過引導創傷倖存者在面對過去傷痛相關的觸發因素時,保持身體放鬆,艾瑞克協助他們降低創傷症狀的侵入性強度。倖存者也能重新獲得身體的舒適感,並回復認知與動作技巧的最佳功能狀態。

艾瑞克所運用的這種方法,讓我們真正理解了它在建立與維持專業韌力方面的卓越成效。現在,正是時候透過這個視角,來審視「從反應性到意向性」工作表中的最後一個表格。

表格5：過去學習（敘事）

這個表格所建議的練習過程，既是選擇性的，也是具有層次的。對於那些主要希望緩解職業倦怠或工作相關壓力症狀，且不覺得需要解決生活中其他領域問題的人來說，不必進行表格5的練習。只需專注於完成表格1至表格4的練習，即可達成這些目標。然而，對於那些更具自我反思能力，並且意識到自己可能因過去的創傷而選擇投身醫療或助人領域的人來說，將表格5納入練習，會帶來更深層次的滿足感和療癒。

此步驟的重點，在於揭示那些過去的痛苦經歷，它們可能在當下與某些無害的感官經驗相結合時，會觸發威脅反應。為何這麼做很重要？因為當你更清楚地意識到，哪些過去的事件正在影響你當下對威脅的感知時，會產生兩種效果：一、你會明白自己為何會經歷這些壓力反應；二、當你在面對這些感知威脅時，練習身體放鬆與自我調節技巧，實際上就是在即時減敏、並療癒過去的傷痛經歷。

人類之所以會在沒有危險的情況下感知到威脅，是因為過去曾經歷與當前情境相關的傷痛學習歷史。那些記憶會在無意間闖入當下，並影響我們對眼前情境的感知，從而引發威脅反應。每當觸發因素出現，這種威脅反應會以相同的強度持續激化。除非這些觸發因素能被覺察、並以放鬆的身體來因應，才能打破這種循環。當你以放鬆的身體去因應觸發情境時，你就啟動了一個名為「減敏化」（desensitization）的過程。

當引發焦慮的刺激被一次次以放鬆的身體狀態來面對時，它們的威脅性會逐漸減弱，最終消退。此原理如之前章節所提：「交互抑制」是任何創傷壓力症有效療法的核心機制。如果你有意願，現在可以花些時間，回顧並描述那些你認為對自己的威脅反

應和行為造成影響的傷痛過去學習（painful past learning）經歷。為了協助你啟動這項探索，以下我們提供了一個範例。

表格5：過去學習（敘事）

1. 國高中時期被霸凌的經驗
2.
3.
4.

透過練習這五步驟的過程★，不僅有助於紓解當前的工作壓力，還能療癒過去創傷所留下來的道德傷口。隨著練習的深化，你會發現，自己越來越能在高壓情境中維持身體的舒適與完整，並且逐漸經歷深刻的轉變。我們會開始重新信任自己，擁有幸福的感受，並變得韌力十足。

★ 譯註：此五步驟描繪了從「反應性」轉化為「意向性」的心理成長歷程。在舊有運作模式（圖五中的 4→5→3）中，一旦遭遇觸發因素，個體便會被過往創傷經驗所內化的學習記憶迅速啟動，產生本能性的反應行為，通常是攻擊或逃避。此迴路無法區辨當下是否真正存在威脅或危險，因而容易導致失控行為與身心耗損。新模式中（4→放鬆的肌肉→1→2），轉化關鍵在於有意識地「放鬆肌肉」，藉此中斷本能性反應的自動流程，重啟大腦的高階功能，從而依循符合使命感與榮譽準則的意向性行為（即循意向行事）。此轉化過程，能即時解除觸發情境所帶來的壓力危機，也促使對該情境的「減敏化」，使舊有的創傷記憶逐漸失去對當下感知的控制力，因而實現深層的療癒與重建。藉由心理路徑的轉化，得以逐步奪回對自己行動與生命方向的主導權，並培養出強韌的存在狀態，順利往所設定的願景邁進。

CHAPTER 9

感知成熟：職場解毒與自我優化

> 世上本無善惡，思想使然。
> ——《哈姆雷特》第二幕第二場

在本書第五章，曾介紹艾瑞克和巴拉諾斯基博士於1998年「療癒慈悲枯竭的加速復原計畫」中對倦怠的定義[57]：**倦怠是個人感知要求超過其感知資源的慢性狀態**。他們對於許多研究者過度將倦怠歸咎於「環境」的觀點感到無奈，因為這樣的說法無形中將工作者塑造成「職場的受害者」。我們發現，「加速復原計畫」對倦怠的詮釋改變了以往的認知方式，將原本二十世紀偏向外控的信念，演化為二十一世紀內控的觀點，從而賦能於照護專業人

員,使其擁有希望與自主的願景。

此定義揭示的重要觀點:影響倦怠的主要因素是個人對職場的感知,而非職場本身。只要工作者認為自身的痛苦來自外在環境,便會認為唯有先改變職場,才能提升專業生活品質。然而,當他們理解並接受「感知」才是導致工作壓力的關鍵因素時,便能透過調整自己對工作的本能性認知,使其更為理性、有效,進而提升舒適與穩定度,並顯著減輕倦怠症狀。

本章將探討如何透過感知成熟★來降低職場的毒性影響,並聚焦兩個核心面向:一、面對外在環境:**職場解毒**(workplace detoxification);二、面對內在層面:**自我優化**(self-optimization)。

▶ 感知與創傷生成

「事情就是這樣。」對吧?未必!

你的感知雖無法改變客觀現實(當然,若深入探討量子物理,此點或許仍存有爭議),但它確實會影響你對現實的反應與關係。這種感知的影響力,可以從本書中多次提及的概念來說明:傷痛的過去學習,亦即「創傷生成」。

前幾章所提及的「創傷生成」是指:「當個人曾經歷過痛苦的經驗,往後只要再遇到和該經驗有某種程度相似的情境,就會產生威脅感知。」然而,這種威脅感知並非基於客觀事實或實證數據。在日常生活中,真正危險的情境極為罕見,但大腦因創傷

★ 譯注:本書所稱「感知成熟」,指的是個體在認知、情緒與行為層面上,對自身經驗與外界情境的理解方式,逐步趨向細緻、靈活且整合的過程。特別使用「感知」(perception)而非「認知」(cognition),意在強調對內在經驗和現實詮釋方式的深層轉化,而非單指思考能力或感官功能的發展。

生成的影響，仍會將這些情境視為潛在威脅，進而觸發一連串無意識的生理反應。這些反應發生得極快，以至於我們幾乎無法主動介入來加以阻止。

然而，當我們有意識地調整感知，便能打破這種自動化的威脅反應，大幅降低焦慮與壓力，從而緩解既有的慈悲枯竭，並預防未來的再次發生。過去二十年的韌力發展研究指出，當照護工作者能調整並培養幾項關鍵的感知轉變時，幾乎所有參與者都能從中受益。

其中，最核心的感知轉變之一，也是這個計畫成效的關鍵，在於能準確且具帶著洞察力的回答以下問題：「你現在正處於危險之中嗎？」

無論工作坊學員，或是此刻正在閱讀的你，幾乎都能自信地回答：「不。」

當你給出這個答案時，若你的內在覺察能力已具備一定的成熟度，可能會注意到：身體立刻變得更加放鬆，壓力也隨之減輕。「思考型大腦」正在被優化，而本能性的威脅反應（即壓力）則逐漸消散。值得注意的是，外在環境並未改變，但你的內在卻於瞬間產生了轉變。

這正是感知成熟（perceptual maturation）眾多強大應用之一。在專業照護者的工作坊中，我們經常會探討這些應用，並鼓勵他們在一天當中頻繁地自問這個問題。這麼做，能有效**將環境重新設定為「安全狀態」，使威脅反應維持在休眠模式**，從而能專注於技能實踐，堅持自身使命，同時保持較高程度的舒適感。

與其說「事情就是這樣」，我們更喜歡引用美國作家韋恩・戴爾的一句話，來凸顯感知演進對韌力和成熟的重要性：「改變你看待事物的方式，事物本身也會隨之改變[58]。」

▶ 感知與自我調節

　　約兩萬五千年前，人類在演化歷程中發展出極為複雜的前額葉皮質，從而具備遠超其他動物的能力。在布洛卡區（Broca's area）與韋尼克區（Wernicke's area）的協助下，人類開始發展語言，並能在腦海中建立並模擬世界的概念性地圖。

　　蜥蜴不會「感知」世界，而是直接和世界互動。人類是唯一能創造內在世界地圖，並透過調整感知來優化自身體驗的物種。舉例來說，一隻從加拿大遷徙至美國南端佛州基韋斯特島的鵝，並不會思考：「我要沿著海岸飛，還是選擇內陸路線？」牠只是本能地往南飛，直到某種無意識的、多世代遺傳的本能指標告訴牠已經抵達目的地。

　　人類要成功掌握感知成熟的技能，必須先具備一定程度的自我調節能力。當我們能成功自我調節，即中斷本能的威脅反應，就能降低交感神經系統對高階大腦功能的抑制。當大腦新皮質功能得以恢復，便能重新啟動跳脫框架思考的能力，並將注意力集中在可控的事物（即我們的感知）上，而非無法掌控的外在環境（許多專業照護者認為充滿毒性的職場）。

　　當專業照護者開始掌握自我調節的技能，便會發現自己的思緒變得更加清晰，思考速度更加敏捷。隨著新皮質（即思考型大腦）功能的恢復，會變得更有能力且有意識地賦予環境新的意義。當自我調節能力提升，個人與集體演化能力也會向前邁進，使我們得以超越動物性的本能，成為更具意向與智慧的人類（如前章所討論）。

　　隨著前額葉皮質功能的提升，能更有效地調整對環境及其中人物的感知與詮釋。當逐漸將這些感知調整得更加符合心理需

求、有意向、貼近自我，我們的專業和個人生活品質將獲得顯著提升。

▶ 辨識感知成熟的阻礙

在進一步探討之前，希望你能覺察自己對「感知成熟」此概念可能存在的抗拒。在透過加速復原計畫治療數百位照護者、並訓練數萬名遭受慈悲枯竭影響的專業人士時，我們發現相當多的照護者對於工作與職場的感知變得陰暗、狹隘且扭曲。此種扭曲的感知，會使他們愈發相信自己是工作壓力的受害者。

起初，我們以為只要指出這個問題，便能促使學員做出改變，以為他們一定會選擇放下「受害者心態」，轉而擁抱希望、舒適與成長的願景。然而，實際情況並非如此，即便有些人深受慈悲枯竭之苦，仍然固執地認為「是工作正在摧毀我」。對於這種最初的抗拒，我們始終坦誠地向參與者說明：「不是要你們『盲目接受』（drink the Kool-Aid）這些概念，你們有權保持懷疑。但希望你們在深入探索之前，請試著暫時放下敵意。」

我們會鼓勵參與者親自嘗試這些方法，並告訴他們：「如果這些方法對你無效，完全可以放棄。但如果發現自己的專業和個人生活品質立刻有所改善，或許你會願意將這些方法融入日常生活。」在透過加速復原計畫治療專業照護者的過程中，時常需要花費額外的時間，幫助他們意識到：他們從「工作受害者」的角色中獲得了某些次級獲益。

最明顯的次級獲益之一為：「只要相信某個人或某件事該為我的困境負責，**我就不需要做出任何改變。**」此外，專業照護者可能潛意識地維持「受害者」的姿態，以此獲取他人的憐憫或尊

重,並藉此合理化來放縱自己的行為(例如:「我今天工作很辛苦,所以應該喝上兩杯」),為降低對工作的承諾和貢獻找到正當理由。

也就是說,即使你在這本書中看到了許多證據,仍可能會對這些觀念產生抗拒,這是很正常的現象。誠摯地邀請你誠實地探索:「我是否因為認為自己是職場的受害者,而從中獲得了一些隱性的心理效益?」如果是這樣,誠摯地希望你放下這種本能且無意識的因應策略,因為它只能帶來短暫的「冷慰藉」(cold comfort);取而代之的,是一種更有意向、更具策略的感知成熟模式,能帶來真正的改變,並幫助你建造終身的韌力。

▶ 感知成熟的第一步:職場解毒

接下來,將介紹一些關鍵的感知轉變,這些轉變已幫助許多專業照護者減輕痛苦、改善生活品質。在閱讀本章過程中,請試著思考並記錄你自己的想法,將有助於在本章後續的習作部分填寫回應。

真實危險或感知威脅

到目前為止,你應該已經理解,由於創傷生成機制的影響,每天感知到的威脅遠遠多於實際遇到的危險。然而,身體無法區分兩者,當交感神經系統反覆因感知威脅而被激化時,便會導致慈悲枯竭與倦怠的症狀。要打破這種自動化的「戰或逃」反應的第一步,就是學會降低環境中那些看似具有威脅性的因素。

舉例來說,我們曾受邀在某大型、高競爭力的都市醫院,為一群急診醫師連續兩天舉辦兩場工作坊。這些醫師給我們的第一

印象是:他們似乎已經「硬化」了,明顯展現出倦怠的特徵。我們不禁懷疑,這種非傳統的方法是否能引起他們的共鳴(是的,當站在台上面對觀眾時,我們自己也會產生「威脅感知」!)。

到了第二天上午的休息時間,一位前天參加過工作坊的醫師特地來找我們。他才剛結束夜班輪值,甚至比預定時間多待了兩個小時,就是為了向我們分享他的親身經驗。他說:「我已擔任急診醫師二十年了,而剛剛結束的這個夜班,對我來說前所未有地不同!我開始能察覺到自己的身體何時變得緊繃,並運用昨天學到的『骨盆底放鬆技術』進行自我調節。最棒的是,我能一次又一次地提醒自己,雖然感覺自己『好像』處於危險之中,但實際上我『並未真正』陷入危險!這種感知的轉變,讓我對這個夜班的體驗產生了巨大的改變!今天特地來這裡,就是想和你們分享這件事。而且,我的妻子和女兒也要向你們表達感謝,因為昨天的課程對我的幫助實在太大了!」

僅僅是一個「微小」的感知轉變:從「我好像處於危險之中」到「其實我並未真正陷入危險」,就能幫助這位醫師放鬆了身體,重塑對職場的感知。他的職場,不再是一個「戰區」,而是一個安全、並且能展現自己專業能力的地方。

要求或選擇

「沒有人真的對你有所要求。」讀到這句話時,你的第一反應是什麼?是否本能地感到排斥,甚至立即想要反駁?如果是這樣,這可能反映出你對工作環境的習慣性感知,一種源自生活經驗的內在感知模式,可能因而成為壓力的隱性來源。

許多人從小到大接受到各種影響,來自家庭、同事、大學、主管、病人或媒體,**讓我們習慣性地將別人的「請求」視為對我**

們的「要求」。在職場中，當這種「被要求」的感受不斷累積，就越容易將其視為一種潛在威脅。當要求被誤解為威脅時，就可能觸發威脅反應，引發我們試圖避免的身心負擔及其伴隨症狀。因此，我們必須轉變觀點，不再將所有和工作相關的任務視為無可避免的要求，而是重新解讀成我們**可以選擇接受或拒絕**的活動。

當主管分派給我們一項工作任務時，並不自動構成對我們的要求。可以自問三個問題：

- 每個選擇的後果是什麼？
- 執行它會帶來哪些正面成果？
- 我選擇怎麼做？

這些都是很好的起頭問題，同時應該記住：**我們不必立即回應**，也無須一味地迎合對方的期望。如果忽視自己擁有選擇的自由，反而將這些任務視為強加於我們的要求，這將成為助長職場環境毒化的關鍵因素之一。一旦將主管、病人或家屬的請求視為要求，那麼很可能會：一、將這個要求視為威脅；二、產生恐懼感，甚至出現逃避相關任務的行為；三、透過蠻力（即「壓力」）來完成這些令人抗拒的任務。

我們會發現，即使面對那些不特別想做的工作，當我們**主動選擇投入並完成**時，職場壓力反而會顯著減輕。

在第四章中，曾討論過兩位醫師的對比經歷，分別是「倦怠的鮑比」和「強韌的蘿希」，以及他們如何因應來自醫療主管的意外電話，要求填補夜班。鮑比把醫療主管的電話視為要求，本能地接起電話並立即同意接班，過程中經歷了個人的痛苦（他的家人、同事，甚至可能是病人也受到影響）。另一方面，蘿希則

把醫療主管的電話視為請求，在接起電話並聽完主管的問題後，告訴對方她會稍後回覆。在決定之前，蘿希進行自我調節，激發最大的腦功能，並基於充分的理由選擇接受這個班次。

因為她是基於自由選擇而接受，她的家人和同事都能愉快地配合，讓夜班的安排順利進行。最重要的是，這個夜班都被填補了。參與者之間的差異可以歸因於個人的感知，一位認為是基於自由、舒適與接受的選擇；另一位則將其視為要求，因而未能帶來上述的正向結果。

以成果為導向或以原則為基礎

在當今的專業環境中，許多人對自己工作的成果承擔著越來越多的責任。監管機構、主管、病人、朋友和家人往往樂於讓我們來承擔他們福祉的責任。然而，仔細審視這種現象，會發現我們其實無法掌控所有影響成果的變數。無論是病人的康復，還是主管對我們工作的評價，都涉及無數難以控制的外在因素（變數），而這些因素往往才是決定成果的關鍵，即便我們已經付出了最大的努力。

許多專業照護者發現，他們的自我價值感往往取決於工作成果。這樣的心態使他們在職涯中更容易落入交感神經系統過度主導的風險。特別是那些對自己設定特定成果要求的人，一旦事件的發展不如預期，或是他人的行為對這些預期成果造成負面影響，便更容易感受到壓力。

更全面且健康的做法是：**在任何情境下都盡力而為，同時放下對成果的執著**。這並不意味著我們不設定治療目標，或不和病人、同事／團隊成員及自己定期檢視理想成果，而是理解到，在實際工作過程中，我們所需做的就是竭盡所能，並忠於自己的

原則。我們確實可以從經驗中學習，以因應未來的情境，但在當下，能做的唯有專注於眼前的努力。弔詭的是，許多醫療照護者發現，**當他們減少對成果的執著時，反而更常實現良好的成果。**

我*以敗血症病人為例來說明此觀點。大多數醫師都明白，敗血症的病程往往是混亂且具災難性的。受過訓練的我們，會盡可能早地對病人進行介入，但儘管提供最好的醫療照護，許多病人的臨床病程依然坎坷，並且常因潛在疾病而死亡。此外，醫師對這些病人的照護行為，還會被醫院和政府機構仔細衡量與評估。

事實上，對敗血症存活的決定因素仍未完全明朗。如我們所知，一旦病人落入敗血症所引發的生理惡性循環，通常難以逆轉導致死亡的事件連鎖反應。這正是醫療照護者要展現感知成熟度的地方，實際上這些病人的成果在很大程度上超出我們的掌控，能控制的也只是我們自身的反應，以及對每位病人或個案全力以赴的承諾。

透過專業訓練與臨床評估，我們能夠辨識敗血症的臨床症候群，並以最佳的意向和技能做出適當反應。當不再過度專注於病人治療成果的潛在影響，或擔憂外界對這些成果的評價時，往往更能發揮更佳的臨床表現。事實上，這些成果與外界評價並非我們能完全掌控，真正能影響的，是對情境的理解與回應方式。透過調整觀點，減少對過往負面經驗所帶來的心理威脅感，反而能更精確地評估、監測並治療病人。

「放下」特權心態與其他次級獲益

許多經歷職業倦怠的專業照護者，往往會不自覺地發展出

---

* 編注：此處的「我」是指傑佛瑞・吉姆・狄亞茲醫師。

某種特權心態，認為自己為工作付出犧牲，理應獲得某些回報。他們已經習慣於「受害者立場」，將自己視為工作中的受害者，而且這種觀點給他們帶來了一些次級（雖然未必明確）獲益。例如，相信自己應該因工作而受到讚賞（沒有人欣賞我所做的一切）或允許放縱自己（我今天工作很努力，所以應該去吃大餐或喝幾杯），甚至認為自己比其他照護團隊成員更優越或更重要（我在這裡的工作時間最長，所以應該是由他人來做額外的工作）。

然而，我們往往忽略一個關鍵事實：我們是經過競爭與專業訓練，才能進入目前的專業職位，而非工作的受害者。我們主動選擇在這裡工作，並選擇這樣的工作方式。唯有意識到自己是如何無意間滋養這類特權心態，並從中獲取次級獲益（因為工作艱難而享受他人對我們的同情或關注）時，才能放下受害者心態。當願意放棄受苦所帶來的次級獲益，才能重新找回工作中的使命感與意義感。

放下那些「自認應得的東西」，使我們能重拾最初選擇這個領域的熱情：**為受苦者服務**！當我們從特權心態轉向以維持個人誠信正直為目標，並在和病人、同事、上司及自己所有互動中保持此原則時，我們的職場將變成一座隱喻的心智健身房，也是自我發現與提升的場所，一個促進成長與成熟的地方，而非受傷的場所。在這裡，我們可以練習讓自己成為更好的人，更強大、堅韌，也更慈悲。

「接受」混亂的體系

所有提供照護的機構，無論是對於照護提供者、管理階層以及受照護的病人／個案而言，都是充滿焦慮的環境。醫療照護體系往往伴隨毒性的職場文化，在其中，高壓的工作要求、資源短

缺、病人或個案的痛苦，以及員工之間的政治角力和個人衝突，交織成一種高度焦慮與痛苦的氛圍。

更何況，許多機構的真正使命——無論其大廳裡的使命聲明如何闡述——往往是確保自身的永續經營。當組織的首要目標是維持自身存續，服務於該組織的個人便容易被視為可有可無。事實上，你所在的醫院、機構、集團診所或服務組織，即便少了你，依然能順利運作。無論我們為機構或病人付出多少努力，最終，這個體系總是會要求我們付出更多。

這些現象幾乎已成為醫療環境中的常態。儘管某些領域的情況正在逐步改善，但要真正實現符合心理需求、具支持性並能促進成長與發展的工作環境，可能仍需數十年的努力。醫療行業的工作充滿挑戰與痛苦，若不強化自身的韌力，並提升對其毒性環境的免疫力，甚至可能因此身心俱疲，影響自身健康。

隨著在專業生涯中的成熟，我們必須學會接受並擁抱此一現實：放下對現狀必然改變的期待。這並不意味著應該停止為更優質的照護體系努力與倡導，而是韌力要求我們不再將環境的缺陷，視為自身專業和個人生活品質低下的唯一原因。與其不斷地對抗體制，不如轉向培養內在的堅韌，並做到以下幾點：一、在職場中為自己爭取權益，同時避免和他人對立；二、在高度要求的環境中有效進行自我調節。

唯有發展這些能力，才能在一個可能挑戰我們誠信正直與價值觀的體系中，依然終於一己的原則。這正是專業韌力和成熟的關鍵標誌：**當職場要求我們付出超過所能承受時，我們是否仍能守護自己，並堅持初衷？**

當我們培養自我調節、循意向行事，並提升感知成熟度時，奇妙的變化將隨之而來：我們會發現自己在大多數工作日裡能更

加自在從容,在專業和個人生活中獲得自尊與自我效能,在和病人、同事、朋友及家人的互動中展現直覺性的優雅。或許最重要的是,我們將成為系統變革與成長的強大催化劑。

> // **吉姆的經驗分享** //
>
> ### 擔任醫療主任時的經歷
>
> 　　以下情境來自我擔任醫療主任時的親身經歷。我深知,大多數醫師都認為電子病歷系統難以使用,遠稱不上友善,甚至加重了工作負擔,將原本應由文書人員處理的任務轉嫁給醫師。儘管某些系統相對較為優越,但無論使用哪一種,專業人士幾乎都免不了抱怨。
>
> 　　在繁忙的班次中,我能解決電子病歷帶來的困境嗎?當然不能。但在早期,我仍然將它視為一種威脅,時而與之對抗,時而乾脆選擇逃避。
>
> 　　然而,經過這些年的學習與成長,我有了不同的體悟。如今,我會和他人分享的一個重要觀點是,電子病歷只是我們混亂工作環境中各種低效運作的極端例子之一。身為領導者,我一直(也將持續)倡導逐步改善電子病歷的功能。
>
> 　　然而,在值班時,反覆思考電子病歷的種種問題,只會在生理與心理層面帶來各種負面影響。現在,我所實踐並推薦給他人的方法是,在當班中,應將注意力從電子病歷的缺陷轉向自我調節與改變自身的感知方式。透過這種轉變,我發現自己的工作壓力大幅減輕,值班過程不再那麼令人感到壓力沉重。

強森的故事

強森是一位技術精湛的骨科醫師,畢業於頂尖醫學院,並在一個卓越的住院醫師培訓計畫中接受訓練。在最後一年,他擔任總住院醫師,隨後加入一支享有盛譽的醫療團隊,該團隊隸屬於一所位於富裕社區的優質醫院。然而,當他開始私人執業後,所面臨的現實令他震驚。他曾站在訓練體系的頂端,在那裡,他的話就是指令,習慣於他人的服從。然而,如今的他卻成了急診部門、基層醫師及病人的第一聯絡點,隨時需要接聽電話、回應需求。

此轉變讓他感到挫敗。在他的視角中,自己彷彿從「王子」淪為「無足輕重的僕役」。他對這種地位的落差感到不滿,情緒易怒,對轉診醫師和醫院同事的態度苛刻,導致醫務行政辦公室接連收到關於他不當行為的投訴。然而,他認為這些評價對他過於苛刻。身為一位受過菁英訓練的外科醫師,他認為自己有權要求高專業標準,並對未達標的行為表達不滿。久而久之,他和其他專業人員的關係日益疏遠,甚至發現轉診到他診所的病人數量開始減少。

直到有一天,妻子注意到他的情緒波動後,建議他尋求幫助。之後,他學會自我調節的技巧,並在自己開始感到激動時運用這些技巧。此外,他開始深思自己對「特權心態」的看法,雖然這帶來一種微妙的優越感,但也帶來了許多負面的影響。在和其他專業人士打交道時,他逐漸意識到,他們也都來自優秀的學術背景,並接受過嚴格的訓練。實際上,他在職場中的權利和義務,和其他人並無不同。

隨著逐漸放下這種特權心態,他的工作體驗發生了顯著

> 的轉變，儘管仍然執行著過去令他不滿的任務，他的感受已截然不同。他開始更投入和其他醫師及醫院同事的互動，妻子也明顯感受到他在家中的態度變得更加溫和而親近。之後，不出所料，診所的預約排程比以往任何時候都更快填滿。

▶職場解毒的五個練習：感知成熟所需的轉變

請閱讀每一項轉變，並依照建議的練習進行，以更深入了解自己當前的感知模式，並提升自身的專業韌力。

真正的危險或感知威脅

在工作中，每天問自己幾次：「我現在真的處於危險之中嗎？」

如果答案為「否」，那麼請運用第七章詳細介紹的自我調節技巧來放鬆肌肉，釋放身體的緊張感。若答案是「是」，則更應該讓自己放鬆，以回到最佳的認知與動作功能狀態（請記住，當你的神經系統處於調節狀態時，你會變得更強、更敏捷、更聰明）。

- 你目前在工作中感覺自己處於真正危險中的時間比例是多少？ _____%

要求或選擇

注意自己在工作中是否經常對自己或他人說：「我必須……」當你對工作的感知從「這些是我被迫做的事」轉變為「這是我可以選擇做或不做的事」時，將有助於減少工作壓力。

- 你目前認為哪些工作任務是「必須」做的？
  _____
  _____

　　進行一項成本效益分析，思考如何轉變你對這些任務的看法，使它們不再是「被要求的事」，而是你選擇從事的職業時，不可或缺的一部分。

　　例如：「我選擇現在執行這項腰椎穿刺，因為這是正確的決定。如果拖延，可能會對病人造成不良影響，並最終延長我的工作時間，因為無論如何，我仍然得完成這件事。」

　　例如：「我選擇代班補上這個夜班，因為這個班需要人手，而我不希望總是同一個人承擔額外的責任。」

- 我選擇去_____，因為_____。
- 我選擇去_____，因為我不想要_____。

成果驅動或原則驅動

- 寫下目前你要求自己負責哪些超出你所能控制範圍的成果，例如：「我必須緩解病人的痛苦。」
  _____
  _____

- 現在，看看你是否能將這些寫成一個你能控制的意向，例如：「我將給予每位病人我所能提供的最佳照護。」
  _____
  _____

放下特權心態與其他次級獲益

- 你能否列出你因為「犧牲」而暗自認為應該擁有的任何特權？例如：「因為我這麼忙且壓力大，希望別人能理解我無法像他們期望的那樣參與社交活動。」

　_____

　_____

- 你從自己在工作中的「受害者」角色中獲得哪些潛意識的「次級獲益」？例如：「我的配偶應該理解我所經歷的一切，並負責處理家庭的問題。那些問題不應該由我來處理。」

　_____

　_____

　_____

- 這些特權與次級獲益是如何改善你的生活品質？例如：「我已經犧牲這麼多，主管應該特別關照我，給我更多彈性或資源。」

　_____

　_____

- 你準備好要放棄它們了嗎？ 是_____；否_____

接受混亂的體系

- 列出一種你在工作體系中感到掙扎的情況。你如何讓自己對工作體系未滿足的期望引發困擾？例如：「醫院應該提供更多人手幫助我完成每天必須完成的工作。我每天進去工作時都很困擾。那些管理者在想什麼？」

- 試著練習接受系統運作的現實：它們往往要求超過你所能給予的付出，且很少對你所做的一切表達感謝。放鬆心情，記住：即使系統要求更多，你也不是真正處於危險之中。你如何在這種情境下轉變看法，將焦點轉向，去辨識並高效率完成那些在你掌控範圍內的事務？例如：「我們雇用了文書助手，這大大提高我的工作效率，而且成本並不高。」

感知成熟的第二步：自我優化

「智慧是通往自由之門，而警覺的注意力則是智慧之母。」美國醫學教授喬‧卡巴金這麼說[59]。感知成熟的第二部分，更專注於發展我們對自我的感知，而非環境。這部分的發展，主要借鑒於將正念和正向心理學推向治療與專業韌力前線的研究成果。

正念

正念的概念與發展源自佛教和道家傳統，數百年來在印度與亞洲地區流傳。正念冥想被視為一種有紀律的修練，其核心在於「默觀而不介入」自己的內在過程，這包括念頭與情緒。自1990年代起，心理學家開始將這些古老原則應用於臨床治療，幫助病

人減輕焦慮,重建對自我與世界的認知模式。

隨時間推移,正念逐漸成為多種心理治療方法的核心,並在許多過去被認為難以治療的病症上展現出顯著的療效。如今,這些原則和實踐也已進入商業與產業領域,用來促進並維持靈感、創造力與滿足感(例如韌力)。

正念通常涉及同時訓練兩項能力:一、放鬆身體;二、覺察(但不介入)自己的念頭。許多正念練習透過有意識的呼吸幫助身體放鬆,例如腹式呼吸、調節呼吸、數息法等。任何能讓人有意識地關注呼吸的練習,都能有效減少焦慮,並使身體進入放鬆狀態。當身體放鬆後,大腦便能恢復最佳運作狀態,使我們能更有效地察覺、調整並轉變自己的思考模式。

正念是一套需要持續練習的技巧,這些技巧通常會同時運用,以下是四種核心技巧的簡要介紹:

- **覺察(Awareness)**:正念的一項核心技巧,是學習如何將注意力集中於單一事物(研究顯示,多工處理並非高效的工作方式,反而會提高壓力程度)。此項技巧包括對周遭環境(例如視覺與聽覺刺激)保持覺察,同時也能辨識並理解自身內在狀態(如思考活動與生理反應)。
- **非批判性/非評價性觀察**:此項技巧著重於以不帶批判的態度,單純觀察自身經驗,以一種客觀的視角看待事物,而不是急於為其貼上「好」或「壞」的標籤。在培養這項能力的過程中,自我慈悲(self-compassion)扮演關鍵的角色。
- **活在當下**:正念的一個重要面向,在於和當下保持連結,而非沉溺於對過去的反芻或對未來的憂慮。此項技巧的核

心,在於積極參與當下的體驗,而不是只是機械性地行動,或陷入「自動駕駛」模式而不自覺。
- **初學者的心態:**此項正念技巧強調:對新可能性保持開放,同時以真實的視角觀察事物,而非被自己的既定觀念或評價所左右。例如,若帶著預設立場進入某個情境,可能會影響你的體驗,甚至阻礙我們真正接觸到事實的本質。

正念需要持續練習。有些人會特意安排時間,練習對呼吸或思考的正念覺察,但正念練習的可貴之處在於,你隨時隨地都可以進行。例如,你可以在日常生活中那些經常不假思索的活動中培養正念覺察,例如吃飯、洗碗、烹飪、洗澡或泡澡、步行、開車、聆聽音樂等。

正向心理學與「幸福科學」

幸福(Happiness)被定義為[60]:「一種心理或情緒上的良好狀態,其特徵包括從滿足感到強烈喜悅等各種正向或愉悅的情緒。」近年來,許多心理學家和研究者開始探索「幸福科學」,並提出了一些引人深思的發現。心理學家肖恩・阿喬爾在其著作《幸福優勢》[61]中指出,許多人習慣將幸福推遲至未來,例如:「當我找到工作時,我就會快樂。」、「當我升遷時,我就會快樂。」、「當我完成論文時,我就會快樂。」然而,這種心態往往讓人難以真正體驗幸福,因為目標達成後,新的期待又隨之而來,使得幸福始終遙不可及。

幸福研究者寇克・施耐德則在2011年的一篇文章中提出另一種觀點[62]:「或許真正的幸福並不是一個終點,而是一種活得充實

的副產品。」換句話說,幸福並非來自達成特定目標,而是源於如何體驗並投入生活本身。

關於「幸福科學」的研究還發現,人類天生具有「負向偏誤」(Negativity Bias)的習性,是一種源於演化的生存機制。我們的大腦傾向優先注意、反應、儲存並回憶負面資訊,因為這對祖先的生存至關重要。例如「不要吃紅色的漿果」(可能有毒)、「注意青苔覆蓋的鋸齒狀岩石後面是否潛伏著掠食者」。這種「先看壞處」的習性,確實在過去幫助我們避開危險,使物種得以延續。然而,在現代社會,這種本能卻可能導致過度焦慮、過分自我批評,甚至讓我們陷入不必要的負向思考模式,進而影響心理健康與幸福感。

好消息是:如果我們顛倒傳統的幸福公式——將幸福置於目標之前,而非等待目標達成後才追求幸福——就能獲得更高的幸福感,並提升成功的機率。心理學研究發現,那些能夠訓練大腦與內在對話聚焦於正向思考的人,往往比其他人更快樂,而幸福本身就是一種優勢,它能促進更高的成功率。當大腦先處於正向狀態時,人際關係、工作表現與學業成就都會顯著提升。如果我們能在工作、學習、失業或單身等困境中仍然培養幸福感,那麼不僅更有可能提高實現各種目標的機率,連幸福本身也會變得更容易達成。

心理學家約翰・高特曼的研究顯示,每一次負向互動,至少需要五次正向互動來彌補。而心理學家里克・韓森在其著作《幸福的內建機制》中指出[63]:「我們可以克服大腦天生的負向偏誤,透過深刻內化正向經驗,減少負向情緒帶來的心理與生理傷害。」

事實上,日常生活中充滿了許多美好事物,但往往被忽略。例如,當有人意外稱讚我們時,我們可能會本能地輕描淡寫,甚

至直接忽視，而非真正接受並享受這份善意。這種反應，多半源自一生中經歷過太多的批評，導致對正向回饋的感受已然鈍化。正向心理學的目標，就是幫助我們的大腦**學習「接納」與「擁抱」幸福**。研究顯示，只需要幾秒鐘到幾分鐘的時間，讓自己刻意停留在正向經驗裡，就能有效地「編碼」幸福，使它深植於大腦，進而改變我們的內在運作模式。

心理學家肖恩·阿喬爾於2011年發表於《今日心理學》期刊的文章中[64]，提出一種實用且具體的方法，幫助我們「編碼」幸福。他建議讀者從以下五種「幸福習慣」中選擇一種，並連續練習二十一天：

- **每天花兩分鐘，回顧過去二十四小時內的一個正向經驗**：這項練習能讓你的思考從「任務導向」轉變為「意義導向」，培養專注力，讓你更投入當下，減少對未來任務的焦慮。
- **每天運動十分鐘**：除了促進身體健康，這項習慣還能讓大腦意識到，你的行為與選擇對你的一天至關重要。這種感受能提升掌控感與自信心，讓你更有動力面對生活的挑戰。
- **每天寫下三件值得感恩的事**：無論是記錄在筆記本、手機，或任何方便回顧的地方，這個簡單的習慣能顯著提升你的樂觀程度與成功機會。研究顯示，刻意練習感恩能改變大腦神經連結，使幸福感更持久。
- **每天花兩分鐘冥想，專注於呼吸，並停止多工處理模式**：能有效降低壓力，讓大腦獲得短暫的「重置」，進而提升大腦皮層功能，使你能更有條理、更高效地完成每一項任務。
- **每天早晨寫一封簡短的電子郵件，讚美同事、朋友或家**

人：肯定他們的努力與成就，傳遞正向能量。哈佛大學的研究發現，這種簡單的社交支持，是影響人們幸福感的關鍵因素之一。

幸福與韌力之間的關係

幸福與韌力緊密相連，這並不令人意外，艱難時刻會考驗並鍛鍊我們，而許多人正是在克服逆境的過程中，找到生命的意義與目標。當擁有強大的社會支持與滿足的人際關係，即使面對困境，仍能體驗到內心的滿足和喜悅。

正向與負向情緒： 幸福並不意味著完全沒有負向情緒，而是正向情緒的強度與頻率超越了負向情緒。快樂的人與不快樂的人一樣會經歷負向情緒，但關鍵差異在於認知方式：是否能將挑戰視為成長的機會，從中學習、進化，成為更成熟且更具智慧的自己？

重新架構（reframing）思考模式，幾乎決定了我們是否能在日常生活與困境中體驗幸福。正如大屠殺倖存者弗蘭克醫師所示，刻意重新詮釋經驗，並在困難中尋求安適與平衡的態度，正是培養韌力的關鍵，也為幸福人生奠定基礎。

仔細想想，正向情緒的產生，往往離不開脆弱，而脆弱則往往源自負向情緒。如果我們未曾受過傷害，就無從真正理解慈悲或寬恕；創作的過程充滿了被拒絕與初期的失敗，而正是這些經歷催生了新點子、創新設計，以及觸動人心的音樂、藝術與書籍。無論是金錢上的慷慨或其他形式的付出，都需要我們先體察到他人的需求，並在某些時刻願意暫時放下自己的需求。

正向與負向情緒如何互動： 如前所述，幸福並不意味著從未經歷負向情緒。心理學家傑克・包爾等曾研究喪偶六個月後的個

案,並在兩年後進行追蹤調查。結果發現,那些僅表達負向情緒的人,生活狀況並不理想;但同樣地,那些僅表現出正向情緒的人,狀況同樣不佳。調適最良好的人,通常在談話中以約五比一的比例表達正向與負向情緒。他們能承認自身經歷的悲劇,但不會讓痛苦吞噬自己,而是找到平衡,繼續穩步前行[65]。

為韌力充能(fueling):心理學家芭芭拉·弗雷德里克森等於2001年探討透過韌力邁向更高幸福感的「向上螺旋」(upward spiral)現象,發現正向情緒是長期韌力的主要推動力之一。她指出[66]:「正向情緒能擴展注意力與認知範圍,提升思考的靈活性與創造力,從而增強個體持續因應困境的能力。」正向情緒及其衍生結果,包括喜悅、幽默感、創造力、靈感、感恩等,構成一座強大的「內在能量庫」,讓我們能在壓力和挑戰中汲取力量。

2011年,柯恩等發表了一項關於生活滿意度與韌力建構的研究,指出[67]:「快樂的人之所以感到更滿足,不僅因為他們感覺良好,更因為他們**培養出過上美好生活所需的各種資源**。」

從他者肯定轉化為自我肯定

這個細微卻影響深遠的自我優化領域,是我*在治療數百名受慈悲枯竭症狀影響的專業照護者時所發現的。當傾聽他們的故事時,許多人都表達了類似的困惑:他們已無法從工作中獲得快樂。當我進一步詢問,究竟什麼能讓他們在工作中感到最愉悅時,許多人提到「來自病人的感謝」、「同事的認可」以及「主管的讚揚」。簡而言之,他們渴望從他人口中聽到,他們的工作是

---

* 編注:此處的「我」是指艾瑞克·根特里博士。

有意義且有所幫助的。

在我長達三十五年的心理治療師生涯中，大部分時間都致力於創傷治療，特別是發展性創傷。我逐漸領悟到，疏忽、焦慮以及具攻擊性的養育方式會嚴重干擾青少年及成人的發展。這些依附創傷的倖存者，往往在日後的人際關係中感到焦慮與不安。

當孩子為了因應經常情緒失調、缺乏共鳴或具有攻擊性的父母時，往往會對父母的情緒狀態發展出「極度敏銳的覺察能力」。他們會經常中斷自己的活動，以「關注」父母的情緒變化。當父母表現出痛苦（如憤怒、憂鬱、焦慮等），孩子通常會採取行動，試圖安撫或協助父母。這是孩子面對無法提供安全感、安慰或情感連結的父母時，所發展出的一種潛意識的適應本能。此外，這也是許多孩子在面對有酗酒或成癮（如毒品、食物、性、金錢、權力）問題的父母時，最常見的因應方式。

助人技能與利社會行為

當這些孩子進入青少年時期，早已成為高度熟練的照護者，儘管這些能力大多是潛意識所養成的。然而，他們往往在人際關係中感到不自在，覺得自己不如同儕，似乎缺乏他人天生具備的社交能力，覺得自己有所不足、不完整，甚至受損或有缺陷。為了緩解這種社交焦慮與低落的自我價值感，許多青少年發現，過去所培養的「助人技能」，成為了通往社交能力、自我價值與同儕認可的橋梁。他們開始「強迫性地」幫助他人，藉此避免可能的批評或排斥，將內在的不安轉化為「利社會行為」，試圖透過不斷的付出來獲取人際關係中的影響力和地位。

當這些青少年進入成年，開始考慮職業方向時，許多人自然而然地被「照護者」的職業吸引。他們選擇成為護理師、醫師、

心理治療師、教師,甚至是執法人員,讓自己能持續發揮助人的能力,並從服務他人的過程中獲得熟悉的成就感和安全感。這聽起來像是一個有著幸福結局的故事,對吧?對少數人來說,或許如此,但對大多數人而言,幸福的結局並不會這麼快到來,這條道路往往需要經歷數個成熟發展的階段,才能真正展現出來。

許多我曾幫助過從早期創傷中療癒的個案,的確多為專業的照護者。他們在職業生涯初期便發現自己熱愛這份工作,並且擁有幫助他人療癒、改善生活的能力。他們從中找到過去未曾擁有的自我價值感與存在意義。有些學者曾將此階段稱為專業照護者職業生涯中的「熱衷期」或「蜜月期」。

然而,當這些滿懷熱忱的照護者在一兩年後,發現自己必須面對過度負擔的照護體系、過高的要求與資源不足的現實時,會發生什麼呢?當他們頻繁遇到缺乏動機的個案、憤怒的家屬或重症患者的無力感時,又該如何因應?當他們最終意識到,即便傾盡全力,也無法真正改變他人生命時,又會帶來什麼樣的衝擊?許多人會感到不堪重負、氣餒,甚至對自己的職業選擇感到幻滅,這正是我們所稱的「職業倦怠」。

他者肯定的困境

在照護者的生命當中,有一個微妙但強大的保護因子,能協助預防職業倦怠,就是關注「他者肯定」或「自我肯定」的問題。當我們的價值感過度依賴他人認同時,一旦肯定消失或未能滿足,便容易失去自我價值。對於那些在兒童時期為了因應並生存於混亂的家庭生活,而發展出「透過取悅他人來獲取肯定」的適應模式者來說,這種依賴「他者肯定」的信念,最終成為沉重的負擔。如果我們將每一次人際互動都視為必須獲得他人肯定與欣

賞的考驗，這個過程很容易變得既讓人疲憊，又有害健康。

「他者肯定」讓親密關係變得幾乎無法建立。當我們越了解一個人，對方對我們越重要，他也會更加深入地認識我們。如果我們的自我價值完全依賴於他人的認同，那麼當對方開始看到我們的缺點與不足時，我們將無法承受這種現實。過度依賴他者肯定的人，往往非常擅長迅速建立深厚的情感聯繫，但要維持並發展真正的親密關係（也就是完全坦誠地和他人分享自己）卻成為一項極具挑戰性的考驗。在心理學診斷語彙中，這種強烈依賴他者肯定的模式，通常與「依賴型」或「自戀型」人格特質相關。

對處於這種「他者肯定」模式的專業照護者來說，工作場域實際上是一個充滿情感雷區的戰場，他們必須時刻小心翼翼，以免觸發內心的不安和痛苦。這些照護者往往情緒敏感，容易受傷。他們會因為同事、上司，甚至病人的冷落或批評，便可能迅速偏離自己的初衷，影響使命、內在動力與情緒狀態。

理解自己如何在各種關係中尋求肯定，無論是來自主管、伴侶、孩子，還是個案，會是一場漫長、艱難，甚至痛苦的探索歷程。我們越依賴外界的肯定，社交環境就越顯得充滿威脅。當自我價值建立在他者的回應上，我們就會變得極度敏感，甚至在社交與親密關係中難以自在地做自己。當我們過度依賴他者肯定時，會不自覺地採取一系列防禦性行為，來因應內心所感知的「威脅」，如爭奪注意力、和人對立、打壓同儕、輕視他人、自我吹捧，或是完全自我隔離，以避免這些感知的威脅。

轉向自我肯定

當開始理解「他者肯定模式」背後隱含的威脅感結構時，便能逐步「釐清」這些反應性行為的來源。這些行為皆由交感神經

系統驅動,並指向兩種基本目標:戰鬥或逃避。當選擇「戰鬥」,實際上是在試圖消除威脅,這種戰鬥行為表現在社交場合中,可能表現為態度僵化、控制欲強或具有攻擊性。相對地,「逃避」行為則是試圖避開感知到的威脅,具體表現可能包括過度迎合他人、不敢為自己的價值與真理發聲,或選擇自我隔離。

對抗「他者肯定模式」的解方,是透過自我調節與正向的內在語言,來欣賞和支持自己,但非過度縱容。自我肯定始於能對自己說出這樣的話語:「我相信你能做到」、「你擁有堅韌的力量,即使這件事具有挑戰性,你依然能克服」,或「即便不完美,你的工作表現已經足夠好了」。當我們將重心從尋求外界肯定轉向培養內在的自我肯定時,行動的目標便不再是博取他者認可,而是建立更優化的專業與個人生活,使我們的行為變得更加優雅、有意向,且充滿韌力。

▶ 自我優化的練習:正念、幸福、韌力與自我肯定

此系列的練習是基於正念技巧,幫助你辨識在工作和家庭生活中產生壓力的具體情況,以解決負向思考,並透過自我肯定而在各種情境中追求幸福與韌力。

覺察

請列出三種讓你感到壓力的情境,並運用放鬆技巧,協助自己脫離情境引發的強烈情緒。在練習中,試著全然關注情境中的一切(包括你的想法、身體反應、他人的行為等),而不被情境的戲劇性所牽動。

例如:「當主管質疑我對案件的看法時,我會感到非常沮

喪，總是急於證明自己是對的、對方是錯的。但當我將注意力轉向『什麼才是對病人最有利的做法？』時，我發現自己能更有效地回應。」

- _____
- _____
- _____

非批判／非評價的觀察

當你感到焦慮時，請留意自己腦中浮現的想法。這些時刻，通常會出現哪些不自覺、慣性的想法？

例如：「這項壓力會讓我暴飲暴食。腦中會浮現：『我真是個蠢蛋，又變胖了許多。』」

- _____
- _____
- _____

理解你的想法

思考這些負向想法：它們如何基於本能的求生欲望，試圖促使你「生存」於感知威脅之中？（提示：戰或逃反應）？試著「真正理解」這些負向或批判性想法，它們實際上是試圖保護你免於感知威脅的方式嗎？

例如：「我知道應該吃得更健康，但我有充分的理由不去運動，因為『我太忙了！』」

- _____
- _____
- _____

釋放負向想法

練習讓這些想法自然流過你的心中，而不和它們糾纏。意識到這些思緒只是舊有的神經模式，原本是為了幫助你因應某些被感知為威脅的經驗。現在，你可以選擇溫和地看著它們來來去去，而不必再被它們牽引。

例如：「朋友對我的訊息已讀不回時，腦中浮現：『他們是否已經不在乎我了？』但我意識到，這只是舊有害怕被拒絕的習慣性反應，我可以讓這個念頭飄走。」

- _____
- _____
- _____

當下覺察

留意自己感到焦慮的時刻，並觀察：這些時刻與你的注意力轉向過去或未來之間的關聯性。練習將自己重新帶回並專注於此時此刻。現在，請找出一個工作情境，在那時，你能夠全然投入當下，不受任何要求的干擾，單純地「存在」（be）於其中。

例如：「當我和病人交談時，不再擔心時間或其他工作，能專注於聆聽病人的需求，完全投入當下，並感受到平靜與安穩。」

- _____
- _____
- _____

初學者心態

練習少用「我已經知道」的陳述，讓自己以好奇心與全新的觀點來面對生活中的經驗。請找出一個工作情境，嘗試將「確信

已知」的態度,轉變為好奇、開放的心態。

　　例如:「在這種情境下,我能如何成長?」、「我能做得更好的是哪些地方?」、「我如何讓周圍的人感到更被支持?」、「這裡有什麼我還沒發現、值得學習的?」

- _____
- _____
- _____

CHAPTER 10

連結與支持：建立連結且共依存的支持網絡

> 在每個人的生命中，總會有某個時刻，內在的火焰逐漸熄滅。就在此時，一次與他人的相遇，或許能讓它重新燃起。我們應心懷感激，感謝那些曾經重新點燃我們內心之火的人。　　——史懷哲

在我們工作坊的開場活動「沉默見證」中，以及本書第一章回顧的內容，有兩個關鍵的觀點：

- 我們都會受到職場環境的影響，而孤立自己或過度倚賴個人能力，並不代表在醫療體系中擁有真正的韌力。研究已充分證實[68]，我們和病人及個案的工作本質是關係性的，而要在專業實踐中保持有效性與良好調適，必須學會如何互

相連結並協同合作。
- 建立並善用支持網絡,是健康專業成長的重要關鍵,能讓我們獲得真誠且充滿關懷的回饋。

這樣的安全網絡不僅能為我們提供支持,當出現壓力症狀時,也能及時提醒我們留意自身狀態。更重要的是,應該善用這個支持網絡來分享工作中困難、痛苦及創傷性的經驗,以減輕次發(代入性)創傷壓力對生活的影響。此外,這個支持網絡還能成為我們的責任夥伴,幫助我們以更具原則性的方式來因應工作與職場環境。

這類支持網絡,既需要組織架構的設計,也仰賴個人主動建立,但**主要的責任仍然落在個人身上**。哈佛醫學院精神科臨床助理教授蘿莉・雷蒙德指出[69]:「學會分享,而非封閉自己的情感核心,是在臨床工作中維持韌力與樂觀態度的重要元素。」因此,韌力培養計畫應該鼓勵分享、溝通與表達,而非沉默、孤立與反芻。社會互動不僅能提供情感支持,也促使我們在更廣闊的社群脈絡中,反思自身的感知與反應。

人類天生具有關係連結的需求,因為我們是群體動物。正如本書第五章「創傷生成」中所述,當群體中的一個成員感到恐懼時,這種恐懼會迅速蔓延,並引發鄰近其他人相應的威脅反應,這是物種生存的機制之一。焦慮具有感染性,當專業人士長期處於焦慮狀態的職場中,將大幅增加工作相關的症狀,這也是醫療專業環境往往充滿毒性的主要原因之一。

然而,在這片烏雲中仍透出一線曙光。當我們能以穩定的神經系統與放鬆的身心,和焦慮環境中同樣焦慮的人互動時,就能促進對方的放鬆反應,而這對我們並無額外負擔。當我們保持身

心放鬆時,便成為這些毒性環境中的健康與韌力催化劑,為他人帶來正向影響。

此外,當我們能和具備良好自我調節能力的同儕建立支持網絡時,就能運用「共同調節」(co-regulation)的能力來減輕壓力、增強韌力,並深化專業環境中的人際連結。如果對共同調節的現象,以及人類透過關係來調節自律神經系統的天性感興趣,誠摯邀請你深入探索史蒂芬‧波赫斯的「多重迷走神經理論[70]」(Polyvagal Theory)。

正如之前章節所述,所有人類(尤其是專業照護者)都會受到創傷暴露的影響。請記住,面對「大T創傷」時,其影響通常會立即顯現,而「小t創傷」對專業照護者的影響則較為隱匿,呈現漸進且累積的特性。我們已經了解到,如果能在面對這些創傷時,有意識地放鬆身體,持續中斷交感神經系統的過度激化,就能有效減緩這些暴露所帶來的負面影響。

然而,在照護他人的過程中,並無法完全避免代入性創傷對自身的影響。長期接觸所造成的次發創傷,會在體內潛伏並逐漸累積,最終轉化為各種身心症狀。而這些變化往往是漸進的,使自己難以察覺,反而是朋友、同事或家人更可能先注意到我們的轉變。

▶ 連結與支持的目標

建立支持網絡、和他人連結並相互支持的目標,可歸納為四個關鍵面向:

- 成為我們的「眼睛與耳朵」:幫助我們監測自身狀態,及早

發現並提醒我們倦怠的初期跡象。我們刻意賦予這些支持者權力，使他們能在關鍵時刻直接指出我們的狀態，並勇敢地和我們對話。
- 促使我們對自己的言行舉止承擔更個人化的責任。
- 營造安全的空間，讓我們能消化並整合所積累的次發創傷經驗。
- 提供社會支持。

同儕支持的益處已有大量研究證實[71]，然而並非所有醫療照護者都能積極利用這些資源。這與我們在此項韌力技能中所闡述的好處相似：讓他人監控自己的情緒與行為，創造同儕壓力來增強個人責任感，並透過分享來減輕職業創傷帶來的影響。

儘管如此，醫療照護者相對較少主動尋求這類支持。我們先前探討過，這與傳統醫療文化有關，過去的醫療環境並不鼓勵這樣的概念，甚至可能會阻止專業人士向同事分享與工作相關的個人困境。值得慶幸的是，越來越多的醫療機構開始意識到同儕支持的重要性，並積極推動相關計畫。

許多醫院已開始舉辦施瓦茲（Schwartz）圓桌會議，提供醫療人員一個開放空間，討論在面對挑戰性情境與病例時的感受[72]。有些住院醫師培訓計畫也支持「談話圓桌會議」，專注於醫師工作中的非臨床層面，並為個人提供互相分享因應策略的機會。我們也開始看到一些線上支持團體，透過社交媒體平台來達成相同目的，這是令人鼓舞的現象。研究顯示，醫師在參加同儕支持活動後，比一趟海濱度假更加精神煥發[73]！

如何建立你的同儕支持網絡

雖然各機構已逐漸重視同儕支持的重要性，並積極鼓勵醫療照護者善用這些機會，但我們認為，每個人都應該主動建立屬於自己的同儕支持網絡。

這該如何進行呢？建議你選擇兩到三位希望建立支持網絡的對象，不一定是配偶或親屬。選定對象後，你可以和他們進行初步對話，例如這樣開場：

馬克：

我了解到自己很可能會受到慈悲枯竭的影響（根據個人理解進一步解釋此概念）。我也明白，和他人建立連結，將有助我緩解這些影響。因此，我想懇求您成為我支持網絡的一員。如果您同意，我希望當您注意到我的言行和我原本期望自己成為的模樣（無論是個人或專業人士身分）不符時，能提醒我，因為我自己可能未必能及時覺察。此外，我希望能安排一些機會與您交流，分享我在工作中遇到的具體挑戰。

我保證不會隨意在走廊攔住您，或突然打電話給您，而是會事先聯繫，並選擇一個雙方都合適的時間，也許是一起吃頓飯或喝杯咖啡。在這些交流中，我只希望您單純地聆聽，並非要您替我解決問題，因為我相信，單純向他人分享自身經歷本身就具有療癒的價值。同時，我也願意成為您的支持者，為您提供同樣的陪伴與支持。

當我們指定一位或數位同儕來「關注我們的狀態」，會帶來兩個重要的好處：

- 擁有了盟友，當我們尚未覺察到自己的工作相關壓力時，對方就能及早提醒我們，幫助我們進行調整。
- 當知道有人在關心自己時，自然會對自己的身心狀態更加負責，主動留意身體變化，並運用自己學會的調適技巧，降低過度反應的風險。

分享個人敘事

如本章之前所述，建立支持網絡的第三個目標，是提供一個和他人分享個人故事的安全空間。為什麼這很重要？不妨問問自己：在這個宇宙中，是否存在任何容器或儲存桶擁有無限的容量，能夠承受內容物而不會溢出、破裂或爆炸？幾乎沒有。我們都知道，任何容器都有其承載極限，無論是設計或命運如此，一旦超過這個極限，內容就會溢出。

分享敘事（narratives）是一種釋放累積創傷能量的自然機制，降低創傷所帶來的負面影響。我們將痛苦經歷所形成的故事稱為「敘事」。分享敘事過程應該盡可能具體，因為我們可能無法一開始就覺察到，自己經歷的哪些細節觸發了自律神經系統的激化反應，進而導致身心症狀。請記住，**重述自己經歷的過程必須維持放鬆的身體狀態**，才能避免進一步激化交感神經系統。唯有如此，傷痛的過去經歷才有機會轉化為一段普通記憶，不再能激發更多的刺激與傷害的心理機制。

隨著創傷治療領域的發展，我們逐漸掌握了一些關於治療這種潛伏性病症的重要關鍵。最重要的一點是，創傷後壓力症的治療其實是單純的。雖然不容易，但確實是單純的。隨著對有效治療策略的研究逐漸成熟，我們發現有效的治療都有三項核心因

素:一、治療性關係;二、放鬆與自我調節;三、曝露/敘事[74]。

當照護者能和病人建立穩固的治療性關係,並指導他們在放鬆的身體狀態下,透過分享故事來面對他們的感知威脅或創傷記憶時,他們通常能逐漸減緩創傷反應,甚至最終不再符合創傷後壓力症的診斷標準。這過程雖然看似單純,但對心理健康專業人士來說,仍然是最具挑戰性的工作之一。令人鼓舞的是,這些原則對於次發創傷壓力也同樣適用。可以這麼理解:

良好的關係+放鬆的身體+分享引起次發創傷壓力的敘事與經歷=次發創傷壓力症狀的緩解

雖然有些醫療照護者會與心理健康專家或員工協助計畫專家,建立此類正式的支持關係,但這種正式的安排並非絕對必要。過去二十年的實務經驗顯示,同儕間的互助支持模式同樣可以帶來顯著的療癒效果。

在傾聽他人敘述創傷經驗時,傾聽者本身需具備自我調節能力,至關重要。他們應該定期放鬆肌肉、調節自身的交感神經系統反應,以避免被分享者的敘事所「感染」。傾聽者的主要職責:以放鬆的身心狀態陪伴在場,適時給予鼓勵,使分享者能在安全的氛圍中自由表達。

需要強調的是,傾聽者的角色並非提供解決方案或建議,因為分享者並非「壞掉的」、「脆弱的」、「受損的」或「生病的」。他們只是承載了次發創傷壓力,而這些壓力需要透過敘事被釋放,使個體逐漸「減敏化」,讓壓力在過程中被稀釋和化解。

這項韌力技能的主要目標之一,就是讓我們擁有一個有效釋放過往創傷影響的機制,得以在容器破裂或爆炸前,及時將其

中的壓力釋放。如此，我們將能繼續運作，並在執行使命和目標時，能蓬勃發展。雖然無法完全避免未來的次發創傷，但透過參與同儕支持活動、建立個人的同儕支持網絡，以及運用「分享敘事」這項韌力技能，我們將能更靈活地適應職場，並在其中茁壯成長。

所有人類生來就具備在關係中因應困難的能力。這種能力是與生俱來的，只要我們願意加以運用，便能發揮強大的作用。當我們能在支持性的關係中開誠布公地分享，自律神經系統便會重新調整，讓我們重新獲得健康與歸屬感。這和許多專業照護者在職場中所經歷的孤立感形成了鮮明對比。而打破這種孤立感，正是個人療癒與專業韌力的關鍵。建立一個相互連結、彼此依存的社交網絡，不僅能為個別照護者帶來韌力與長遠的幸福感，也能讓整個醫療或服務機構建立更具永續性的運作模式，為所有人提供更長久、更美好的生活品質。

CHAPTER 11

自我照護與活力重振：為慈悲與韌力充能

> 發光者必得忍受焚燒之痛。
>
> ——維克多·弗蘭克

本書在第一章曾引用上述弗蘭克醫師的名言，作為對專業照護者的「警語」：奉獻於服務他者的人生，難免會帶來某些痛楚。希望讀到這裡的你，已經理解這種痛楚的根源，並掌握了一些技能，足以有效減輕其影響，並在未來持續服務他人的過程中，盡量減少這類困境的發生。

現在，我們再次提起此名言，但它不僅是「警語」，更是一種處方，一種弗蘭克醫師向所有志在堅韌前行、實踐使命者的無

聲召喚。為了深入理解其中的含義，在此提出一個問題：「要讓某物燃燒，甚至持續燃燒，它需要什麼？」答案是：「燃料。」沒錯，燃料能使我們撐過挑戰重重的一天，並在一天結束時得以修復、恢復體力、重拾希望與善意。為了持續維持最佳狀態，必須找到既能補充能量又不具自毀性的方式。若無法發展健康的充能方法，內在能量儲備將會枯竭。一旦耗盡，不僅在比喻上，甚至在生理層面上，都會陷入「燃燒殆盡」的狀態。

本章將探討，身為個人，如何恢復內在的光亮與**能量庫存**。篇幅刻意保持簡潔，因為和本書其他部分（其中許多是開創性的內容）不同，本章所談的概念大多為人熟知，且已有大量相關文獻深入討論。

對於照護者而言，成長過程中的一項關鍵課題，就是刻意地獲取維持身體、情緒、心理與靈性韌力所需的資源。那麼，我們需要多少燃料呢？這點因人而異，但可以確定的是：燃料必須足夠讓我們每天帶著輕盈與樂觀的心態回到工作崗位。當我們在職業或個人生活中經歷極度痛苦或困難的事件時，所需的燃料也會隨之增加。

當我們審視慈悲枯竭可能對照護者生活造成的摧毀性影響時，不難理解「自我照護與活力重振的紀律性」和「掌握專業領域最新文獻與最佳實務」同等重要。研究發現，工作的正向成果多數取決於我們和病人及團隊之間的關係，因此，對自我照護的投入，不僅關乎我們的續航力，更關乎我們的成功。

▶ 自我照護：促進韌力與活力重振

自我照護包括哪些活動？許多人將泡熱水澡或吃巧克力等能

立即帶來舒適感的活動,視為典型的自我照護方式。然而,真正有效的自我照護,往往是那些一開始可能不太想做,但事後卻讓我們感覺更有活力與成就感的活動。真正有效的自我照護應該會讓我們擁有更多的能量、耐力與輕盈感,並增強我們面對挑戰的能力。這些活動應該能讓我們感受到力量、自我效能與掌控感,而非僅止於片刻的慰藉。

因此,我們將這項至關重要的韌力技能稱為「自我照護與活力重振」。此一真理常會讓那些習慣以久坐或孤立方式作為自我安撫方式的人感到抗拒並逃避,然而自我照護活動中的「活力重振」成分是至關重要的。

在韌力相關研究中,規律運動已被公認為最重要且最有效的自我照護活動之一。事實上,若要維持韌力,並健康地從事任何形式的照護工作,每週至少三次、每次三十分鐘的有氧運動幾乎是必要條件。規律運動帶來的好處包括:改善情緒、減少病假、增進工作滿意度、增強生活幸福感、延長壽命、提升認知與動作能力。除了自我調節之外,幾乎沒有其他方法能比運動更有效地提升韌力、增進身心健康。

除了運動之外,定期健康檢查、牙齒保健、維持良好飲食習慣、靈性/宗教操練、智識探索、寫作/日記、在醫學以外的領域培養專業技能、藝術/音樂、財務規劃以及社交活動,都能成為有效自我照護計畫的一部分。

▶ 自我照護與活力重振之自我評估

在工作坊中,我們將自我照護與活力重振這項韌力技能分成五個主要類別:身體、心理、情緒、靈性與專業(最初,曾將「人

際韌力」列為第六個類別,但隨著在慈悲枯竭的治療與預防方面的持續研究和發展,發現人際關係的重要性,遠超過我們的最初預期。因此,我們在上一章特別將連結與支持作為一項獨立的韌力技能加以探討)。

以下練習將協助你評估自己在這五個類別中常見自我照護活動的參與情況,並找出你希望增加投入的活動。在每個類別,請依據如下圖示之評分標準,評估自己目前從事該活動的頻率。

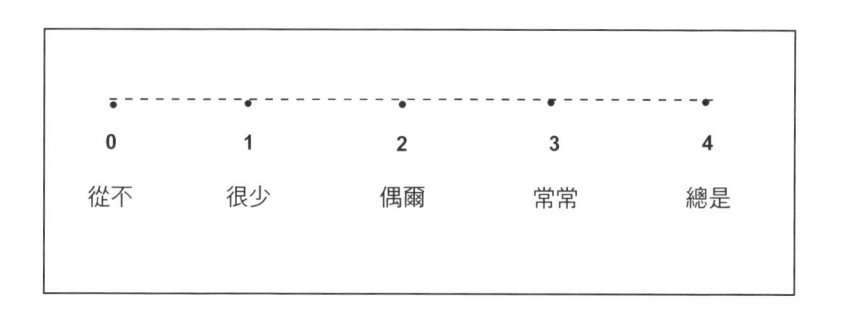

```
0        1        2        3        4
從不     很少     偶爾     常常     總是
```

完成所有類別的評分後,請回顧所有活動,選擇其中一項作為你未來一個月的重點關注目標,並努力將該活動的評分提高至少1分。

身體層面的自我照護與活力重振

此領域的重點在於發展並維持健康的身體,核心概念是朝向健康與體能邁進,而非遠離它們。你不需要成為純素飲食者,也不必每週多次參加高強度訓練營,才能享受到刻意且循序漸進投入身體活動所帶來的益處。即便只是稍微關注這個領域,也能產生顯著的正面影響。

分數	評分項目
	1. 輕度有氧運動（心率低於 110 次／分鐘）：每週不到三次、每次少於三十分鐘的輕鬆運動，如散步、高爾夫、時速低於十六公里的自行車騎行等
	2. 中度有氧運動（心率 110 至 140 次／分鐘）：每週至少三次、每次超過三十分鐘的中等強度運動，例如時速五到六公里以上的健走、慢跑、時速二十至三十公里的自行車騎行、網球、團體運動等
	3. 規律飲食（每日三餐，總熱量不超過兩千四百大卡）
	4. 健康飲食（均衡飲食，減少碳水化合物攝取，增加纖維、水果與蔬菜等）
	5. 無氧運動（增強肌力的鍛鍊，如肌肉訓練、健身房運動、負重行走等，每週至少一次）
	6. 健康檢查與預防醫學
	7. 按摩
	8. 戶外休閒活動
	9. 性生活
	10. 充足的睡眠
	11. 其他（請自填）
	12. 其他（請自填）

心理層面的自我照護與活力重振

此領域的重點在於增強與優化心理健康及認知功能。清晰的思考、更好的記憶力、敏捷的反應、善意的態度、不易動怒，以及內心的平靜，都是良好心理狀態的結果。在此領域投入一些心

力,能讓生活變得更輕鬆、更有滿足感,尤其對於專業照護者而言,這樣的提升至關重要。

分數	評分項目
	1. 有意識地面對(而非逃避)所感知的威脅,並保持肌肉放鬆
	2. 閱讀與工作無關的文學作品
	3. 解謎遊戲(如填字遊戲、數獨、文字遊戲等)、神經回饋訓練(如腦力遊戲、Lumosity 等網站上的訓練)、電子遊戲等
	4. 成人教育活動
	5. 寫日記(正式課程或非正式記錄)
	6. 心理治療/人生教練諮詢
	7. 冥想/正念練習(正式或非正式)
	8. 當自己陷入執念或過度思考時,練習自我調節、放鬆肌肉並重新聚焦
	9. 培養樂觀與感恩的心態
	10. 閱讀自助書籍或手冊
	11. 其他
	12. 其他

情緒層面的自我照護與活力重振

助人者與照護者經常目擊人類遭遇的最艱難時刻,即面對創傷、疾病、痛苦與死亡。長期接觸這些情境,即使是最具韌力的專業人士,也可能逐漸消耗其情緒健康。因此,必須透過能撫慰

心靈、喚回人性的活動,來平衡我們所經歷的這些沉重時刻。

分數	評分項目
	1. 親近大自然或從事園藝活動
	2. 和支持自己的正向人士建立連結
	3. 嘗試新鮮刺激的事物
	4. 處理財務規劃問題與活動
	5. 建造某些東西
	6. 定期規劃旅行(無論是一天或長期的)和享受的活動
	7. 匿名幫助他人
	8. 刻意培養與伴侶和(或)支持網絡更深刻、更充實的關係
	9. 參加支持團體
	10. 玩樂
	11. 其他
	12. 其他

靈性層面的自我照護與活力重振

　　靈性自我照護與活力重振是發掘並深化生命中的意義、安全感、希望、信仰、信念與喜悅的過程。

　　可以透過正規的方式（如參加教堂、教會活動或瑜伽練習）或非正規的方式（如行走冥想、祈禱／冥想或寫作）來實踐。任何增強你與超越自我力量的連結,並賦予你生命目的與意義的活動,都可以視為靈性自我照護。

分數	評分項目
	1. 參加宗教或靈性服務
	2. 瑜伽課程（同時也是發展內在覺察與自我調節的重要方法）
	3. 氣功、太極拳或其他武術訓練
	4. 祈禱／冥想
	5. 聽音樂和（或）彈奏音樂
	6. 參加靈性修練課程（例如正念、超越冥想、神秘主義、哲學等）
	7. 培養感恩的習慣（例如，每天列出五個你所感恩的事情，作為培養幸福的紀律）
	8. 練習謙遜
	9. 閱讀滋養心靈的書籍
	10. 觀看滋養心靈的電影
	11. 其他
	12. 其他

專業層面的自我照護與活力重振

　　早期在協助受到慈悲枯竭症狀困擾的專業人士過程中，我們會探索這個領域的韌力，結果發現許多專業人士所從事的工作領域，往往是他們缺乏足夠知識或技能的領域。

　　透過協助他們學習那些能讓工作變得不那麼具威脅性，並提升自信心的知識與技能之後，他們確實認為工作相關的壓力有所減輕。

分數	評分項目
	1. 鎖定專業發展訓練,能讓工作變得更輕鬆,並提供更多的能力與自信
	2. 在接下來的一年中,安排一項或多項這些技能領域的訓練
	3. 尋求專業和(或)同行的指導或諮詢
	4. 和行政部門討論(以協作且非反應性方式)改善機構╱組織的心理需求與工作氛圍
	5. 成為所在機構中的正向、解決問題導向與韌力的資源
	6. 安排並利用一天中的休息時間(如安排午餐時間)
	7. 訪談那些能幹且強韌的同事,學習他們達到並維持成功的訣竅
	8. 組織同事聯盟,探索如何讓專業環境更具韌力並提供更好的照護
	9. 閱讀滋養心靈的書籍
	10. 找出能增進你技能和知識的書籍與研究文章,並安排每月閱讀一些章節
	11. 其他
	12. 其他

就像大自然中的任何系統一樣,我們必須找到補充能量的來源,才能在追求照護使命與目標的過程中持續燃燒。我們希望你能利用此章節來評估自己目前在這項技能上的表現,並提供一個方法的框架,來協助你在增強韌力的同時,補足自己的能量。

CHAPTER 12

建立個人專屬的
前瞻式專業韌力計畫

{ 從當下出發，善用現有資源，全力以赴。
——亞瑟·艾許，美國網球選手 }

溫馨提醒：本章內容可能會對你的生活方式帶來重大變化，隨著你逐步閱讀與實踐這些方法，會帶來深遠的益處。然而，這是一個循序漸進的過程，建議你在發展並練習這些技能時，給自己時間，慢慢來。

請經常進行自我調節，並在閱讀這些練習時，注意內心的反應。提醒自己，你只是感知到威脅，並無真正的危險。本章所涵蓋的內容較多，因此請按自己的節奏來吸收與實踐。選擇

對你有幫助的部分，跳過暫時不適合的步驟。這是一項個人專屬的計畫，你可以依照自己的需求與步調來進行。建議從最感興趣的部分開始，然後逐步探索其他練習，找到最適合你自己的方式。

本章的核心目標，是將之前探討過的五項韌力技能融入你的日常生活。如果你渴望在工作與個人生活中獲得更深的滿足感，不再希望在追求成就的過程中承受更多的痛苦，那麼接下來的內容將為你提供一個契機，讓生活產生真正且持久的轉變，具體、可衡量且及時的改變。

如果你和數以萬計的其他人一樣，已經開始在日常生活中實踐這些技能，那麼在未來的一週內，你將會發現，透過這些簡單且有紀律的行動，自己的專業表現與個人生活品質將會有顯著的提升。

▶ 自我調節為核心，循意向行事為靈魂

在你開始制定個人計畫之前，讓我們回顧一下，在本書即將結束之際，你已經取得的轉變。首先，你已經了解「感知威脅」與「實際危險」之間的區別。

由於過去傷痛學習經驗的累積，大多數人在日常生活中都會感知到威脅。若將每一次感知到的威脅視為真實危險，便會本能地啟動我們的威脅反應系統。這種在沒有真正危險的情況下，本能且習慣性地激化交感神經系統的反應，是生活中所有與壓力相關症狀的根源。這和許多高學歷專業人士的觀點截然不同，**他們認為壓力的根源是外在環境。**

當明白壓力並非來自外在環境，而是源自我們在面對許多潛在的感知威脅所產生的生理反應時，整個情況便能迅速而徹底地改變。我們過去就像被困在艱難行進的隧道，依賴蠻力仍無法掙脫；如今迎來了一個全新的世界，在這個世界裡，只需要運用自我調節、加上循意向行事，就足以讓我們成功因應每一天的挑戰，並且不會產生任何不必要的症狀。

邀請你在每天經歷感知威脅的起伏跌宕時，反覆問自己一個問題：「**我現在真的處於危險之中嗎？**」當你開始發現，這個問題的答案幾乎都是「否」，你將發現自己的威脅反應隨之減弱，身體逐漸恢復舒適，思考變得更加清晰，並且能在這些情境中辨識出最合適自己的行動。

一旦你開始能刻意且審慎地感知自己身體的緊張，並簡單地放鬆這些肌肉，你就進入了韌力的核心技能：**自我調節**。你會發現，無論外界發生了什麼，無論是要求、資源、困難或挑戰，每次練習這項重要技能時，你都能迅速恢復舒適、動作功能、認知敏銳度，並且循意向行事。

自我調節是韌力的核心與基石，所有其他在韌力和生活品質上的成長，都奠基於練習並掌握這項技能。你投入的練習越多，生活品質就會越好。你渴望遠離壓力與紛爭的程度，會決定你對這項技能的投入深度與廣度。

當你持續練習自我調節並閱讀本書時，也會發現你的行為、思想開始和你的意向更加一致。如果自我調節是這項韌力計畫的核心，那麼**循意向行事**便是它的靈魂。在這個過程中，你會領悟到：所有違背誠信正直的行為，無論大小，都是自律神經失調的結果。你會明白，強迫性、衝動性、攻擊性與逃避行為並非道德上的失敗，而是威脅反應系統過度激化的結果。

當你能透過每天多次放鬆肌肉來中斷此威脅反應時，不僅能有效減少壓力、增加舒適感，更能在各種情境中保持自己的誠信正直。**你將能按照自己的目標前進，選擇自己期望的行為，並以優雅與得當的方式表達自己的想法。你正在成為自己選擇成為的那個人**，而不是過去傷痛學習經歷所塑造的樣子。

建立此種循意向行事的能力，是一項終身的練習，將你的職場從過去那個讓你感覺病態的毒性環境，轉變為一個能讓你練習以意向與誠信正直為生活標準的試煉場。透過接受此項挑戰並轉換觀念，你的職場正在**讓你成為更好的人**。你將變得更強大、更具韌力、更堅定地對準自己的原則，並對自己更加尊重。你還可能會發現，在人際關係中變得更加投入，對同事和家人展現更多同理心與耐心。最終，還可能發現自己的工作表現有所提升。透過這種刻意的練習，不僅工作相關的壓力症狀顯著減少，還能增強專業與個人幸福感。

我們協助過成千上萬的人解決慈悲枯竭的症狀，也陪伴數以萬計的人發展並維持韌力。對我們而言，能見證那些曾經僅僅為了生存而工作、耗盡所有資源的專業人士，重新找回他們曾失去的使命感、目標感與誠信正直，是一個深具滿足感的過程。

自我調節與循意向行事，是前瞻式專業韌力計畫的核心與靈魂。這兩者互相呼應，意味著照護者越是練習其中一項技能，另一項技能的執行能力也會隨之增強。

記住，所有的困擾本質上都源於感知威脅與身體對這些遭遇的自動性反應。持續中斷這些反應，將顯著減少困擾的程度。隨著困擾減少、認知功能的提升，照護者會發現他們更有意識地轉變對工作、職場與自我的看法，進一步削弱專業與個人環境中的毒性。

感知成熟引領職場解毒與自我優化

第三項韌力技能為感知成熟，主要目的是協助專業人員檢視他們如何感知自己的工作、專業環境、同事以及自己作為專業照護者的身分。一開始，我們會用「對環境的感知（即感知威脅）才是導致與工作相關困擾的根源」這一概念，來挑戰照護者的想法。這項感知轉變的結果既簡單且直接：正是我們**對工作與職場的感知，而非工作或職場本身**，才是造成所有症狀的根本原因。當這種感知轉變後，便能開始進行職場解毒。或許你還記得，我們將感知成熟分成兩個類別：職場解毒（面對外在環境）與自我優化（面對內在層面）。

職場解毒

職場解毒的第一步，是從每位專業人員都能理解的核心概念著手：即壓力症狀源自於對工作的感知。這項計畫的基礎在於，將注意力和能量，從外在因素與無法掌控的事物，轉移到我們的內在層面與真正能掌控的部分——就是我們的感知方式與身體的肌肉緊張狀態。

一旦意識到，決定我們困擾程度的並非外在環境或事件本身，而是我們對這些情境的感知，就能開始主動調整對工作的理解與詮釋。透過有意識地轉變感知模式，就能減少職場中的毒性影響，降低工作相關壓力，並提升專業生活品質與滿足感。

第九章「職場解毒」段落中，進一步探討了其他關鍵的感知轉變，包括：分辨真正的危險與主觀感知的威脅、區別要求與選擇、從成果導向轉為原則導向、放下特權心態與其他次要獲益，以及學習接受醫療體系的混亂本質。這些轉變不僅是挑戰，更是

對所有醫療專業人員的邀請，鼓勵他們重新檢視並進化自己的感知模式，擺脫在毒性環境中長年累積的痛苦經驗。

相對地，我們會挑戰你們使用更有意向、更符合心理需求的新觀點，來取代那些僵化且侵入性的舊感知。

新觀點：
- 我總是有選擇的權利，我不被迫做任何事。
- 我會盡其所能，善用所擁有的資源。
- 我有權得到的只有我薪水內應得的報酬。
- 是我主動選擇並競爭，才在此工作。
- 我會停止和他人比較，專注於今天展現最好的自我。

舊感知：
- 他們對我要求太多。
- 工作量太大，資源不足。
- 他們應該更欣賞我。
- 他們給我的薪水太少。
- 沒有人比我更努力工作。

在這些領域中培養更成熟的感知，將逐步削弱職場的毒性，使無法避免的挑戰，最終不再讓你受苦。許多參與工作坊的學員表示，他們不再對工作感到恐懼，甚至重新找回服務他人的真正喜悅，這正是他們當初選擇助人專業的初衷。

自我優化

自我優化是感知成熟的第二個層面。當專業照護者意識到：

透過改變看待事物的方式（如對工作與職場的看法），所感知的事物本身也會隨之改變時，便會自發地將這種感知轉變擴展到生活的其他領域。此感知成熟的過程通常始於一場實驗，測試改變感知是否真的能帶來正向影響。而當他們親身體驗到，這確實能減輕症狀、提升生活品質時，便會更願意將這場實驗轉化為一種有意向且有紀律的生活方式。

在第九章，我們介紹了幾種具體的資源與方法，來支持感知能力的進化，以及應該練習的技能，讓你透過感知轉變來體驗更好的生活。其中包括：正念與正念減壓、正向心理學或幸福科學的應用、從他者肯定轉向自我肯定。這三個領域都經過設計且證實能改善專業與個人領域中的生活品質。我們邀請你能參與並掌握這些終身的實踐，從中提升自我。

連結與支持網絡的效益

在第十章中，我們討論了第四項韌力技能：**連結與支持**。章節當中你將學到最有效的療法之一，就是利用同儕支持來幫助專業照護者減輕和工作相關的壓力症狀。你還會明白，越是受苦於慈悲枯竭的症狀，就越難利用與維持這些支持性的連結。慈悲枯竭會削弱我們的耐力、自我效能感與正向的心態，取而代之的是疲憊、羞愧、絕望與孤立。因此，積極投入、修復並優化同儕支持網絡，有助於減少工作相關的症狀，並鞏固我們對抗其負面影響的韌力。

我們探討了支持網絡發揮最大效益的四種方式：

一、利用支持性同儕「分享痛苦經驗」：我們利用支持性的同儕來分享痛苦的工作經驗，避免這些經驗擴散並演變為次發創傷壓力。當我們在身體保持放鬆的狀態下，向他人敘述這些經驗

時，能夠將其整合並降低敏感度，使其歸於長期記憶，不會轉變為具侵入性的創傷壓力症狀。這有助於防止激化程度的升高，以維持我們的專業效能。

二、授權信任者成為你的「安全網絡」：我們建議你授權一至兩位信任的人，成為你的「安全網絡」。慈悲枯竭的症狀，尤其是和次發創傷壓力相關的症狀（如侵入性體驗、逃避、認知與情緒的負向改變、過度警醒與反應等），通常是逐漸且隱微地出現的，當事人初期未必能察覺這些變化，直到症狀對其專業生活造成重大干擾。相較之下，親密的朋友、同事與家人通常能較早發現這些徵兆。

若能事先授權他們在發現你行為、情緒或外觀有顯著變化時，主動和你展開對話，便能在慈悲枯竭進一步惡化之前及早發現，從而防止其影響專業生涯。此外，知道有人正在默默關注與守護，也能提升你的自我覺察力，促使你在問題變得明顯之前，主動採取行動。

三、支持性同儕協助你維持「使命與榮譽準則」：擁有幾位可以讓你坦誠自白的人，能幫助你面對自己在意向與誠信正直上的偏離。他們會支持你落實並維持對自身使命與榮譽準則的忠誠。對於曾參與此計畫的人來說，這樣的支持在協助他們從被動反應性轉為意向性的生活方式上，發揮了關鍵作用。透過培養一群支持性的同儕，你可以和他們分享自己的過失，他們則能幫助你將這些經驗常態化，並接納自身的缺點。這不僅有助於減輕羞愧感，還能幫助你重拾初衷。

四、從「社會支持系統」中受益：大多數人都能從社會支持系統中受益。我們需要能夠一起放鬆、恢復活力並共享愉悅經驗的夥伴。人類的本能驅使我們透過和他人的連結來化解威脅反

應。即使是內向者，定期參與社交活動仍然至關重要，例如團隊運動、健行、聚餐、旅行、嗜好培養、成人學習活動與支持團體等。透過刻意增加並強化我們的社交連結與支持活動，能減輕工作帶來的負面影響，並確保他人無法輕易動搖我們持續發展的強韌專業生活方式。

自我照護與活力重振是本計畫中的最後一項韌力技能。我們引用弗蘭克醫師的名言「發光者必得忍受焚燒之痛」作為本計畫的重要基石之一。第十一章指出，如果選擇成為他人的「發光者」，並在這個過程中「承受燃燒」，那我們必須進行「刻意的充能」，這樣燃燒的會是這些燃料，而不是我們自己。這種刻意的充能過程就是我們所稱的「自我照護」。然而，我們也強調，最好的自我照護，並非那些立刻能帶來快感的活動，比如吃甜食或喝雙份威士忌。真正的自我照護，是那些一開始可能不太情願投入，但完成後卻能提供我們耐力、彈性與正向期望的活動。

定期的有氧運動，能消耗多餘的能量、提高新陳代謝效率、降低BMI，並增強情緒與耐力，是這項韌力技能中最重要的活動之一。如果過著久坐的生活方式，要培養並維持韌力將會很困難；即便是最基本要求的運動（每週三次，每次三十分鐘）也與許多正向的成果密切相關。此外，其他容易被忽視，但卻至關重要的自我照護與活力重振活動，還包括：預防性醫療保健、保持均衡與營養的飲食、執行良好的睡眠衛生習慣，以及培養工作之外的嗜好。

在上一章當中，曾提供一份自我照護與活力重振的評估，要求你根據在五個不同自我照護與活力重振類別中的參與頻率來評價自己，包括身體、心理、情緒、靈性與專業。如果當時未完成該評估，建議你現在進行回顧，為完成你個人專屬的前瞻式專業

韌力計畫,做好準備。

▶ 個人專屬的前瞻式專業韌力計畫

自我調節

　　自我調節是指持續監測並調節自律神經系統的能力,使自己僅激化完成任務所需的能量即可。此過程需要兩個核心活動:內在覺察與即刻放鬆,在幾秒鐘內完成,同時保持完全投入專業、個人與日常生活的所有活動。釋放核心肌群的緊張,是快速達成自我調節的絕佳方法,察覺到並釋放全身肌肉的緊繃,則代表你成功地實踐了自我調節。當肌肉放鬆時,壓力感受便隨之消散。

　　列出你在個人和(或)專業生活中,最常出現失調反應的五種情況,例如:「當我的電話響起,來電顯示是醫院。」承諾在接下來的一個月中,以刻意放鬆肌肉的方式來面對這些情境。

1. _____
2. _____
3. _____
4. _____
5. _____

循意向行事

　　「循意向行事」指的是在生活中的各個層面,無論是專業或個人生活領域,都能遵循個人的誓約、使命與榮譽準則,並保持誠信正直。也意味著從被動反應性與衝動行為,轉向有選擇性與目的性的行動。

列出兩種你習慣性反應過度的情境,並辨識自己確實處在偏離使命並違背個人誠信正直的情況(一次專業情境與一次個人情境)。接著,承諾在面對這些情境中隱含的感知威脅時,進行自我調節,將反應性行為轉變為意向性行為。

1. 描述一個構成違背誠信正直的具體專業行為(通常是攻擊或逃避)。例如:「面對同事,我變得不耐煩與生氣。」

   _____

   _____

   觸發因素/感知的威脅是什麼?例如:「技術員問了我一個『愚蠢』的問題。」

   _____

   _____

   在這種情況下,你的意向性行為是什麼?例如:「尊重技術員正在執行他們的工作,如果他們提出問題的最佳解方,我會努力安靜聆聽並耐心回應。」

   _____

   _____

2. 描述一個違背誠信正直的具體個人行為(通常是攻擊或逃避)。例如:當我的伴侶表達對某件事不滿時,我會變得防衛,並且反擊,指責對方總是挑剔我。

   _____

   _____

   觸發因素/感知的威脅是什麼?例如:伴侶對我的批評,覺得是在否定我。

   _____

   _____

在這種情況下,你的意向性行為是什麼?例如:我會深呼吸、冷靜下來,認真聽取對方的感受,坦誠表達想法,並一起解決問題。

感知成熟

你的職場本身並不是壓力的根源。真正造成壓力的,是你對職場及其內部發生事情的感知。要讓職場改變以符合你的期待並不容易;相比之下,改變你的感知,採用更滿意且符合心理需求的方式來看待事物,要簡單得多。僅僅透過改變一些感知與詮釋,就能顯著減少職場的毒性。

請回顧第九章的練習,選擇一項活動或一種方式,看看你如何在專業或個人生活中練習這些感知轉變。

// 職場解毒的練習 //

1. 真正的危險或感知的威脅

在一天當中,你有多少次真正面臨即時且實質的危險?又有多少次只是感受到威脅?真實危險與感知威脅的比例是多少?當你停下來思考這些問題時,會發現自己感受到的威脅遠遠多於實際遭遇的危險。提醒自己這一點,是轉變並淨化你對環境感知的良好起點。

在接下來的一個月中,每天多次問自己:**我現在真的處於危險之中嗎**?在那些情境中,問自己並回答這個問題,是

否會對你的壓力程度有任何影響？
- 形容如下：
_____
_____
_____

2.要求或選擇

　　你的工作對你有何要求？答案是：**沒有**！在你的生命中，每一刻你都擁有選擇的權利。當你不再將工作任務、主管的請求或病人的痛苦視為對你的強制要求，而是將其看作一種機會，去評估執行或不執行這項任務的成本效益，然後再做出有意識的決定。如此，將顯著減輕毒性職場對你的影響。

　　你可以透過改變描述語言來培養此種能力，例如將「我必須……」換成「我選擇……」。這個簡單的轉變，能幫助你擺脫被迫執行任務的感受，重新掌握自主權，並提升你的生活品質。尤其對於那些你不情願卻仍需完成的任務，這種方法特別有效。

- 列出五項你在工作中非常不喜歡，但仍然會執行的任務。

    1._____
    2._____
    3._____
    4._____
    5._____

- 在接下來的一週，試著選擇去執行這些任務，同時保持放鬆的身體與正向的態度。當你選擇去執行這些任務時，會

有什麼不同？

_____

_____

- 接下來，列出五項你經常說「我必須⋯⋯」的任務。

  1. _____
  2. _____
  3. _____
  4. _____
  5. _____

- 在接下來的一週，試著選擇去執行這些任務，同時保持放鬆的身體與正向的態度。當你選擇去執行這些任務時，有何不同嗎？

  _____

  _____

  _____

3. 以成果為導向或以原則為基礎

在照護工作的複雜世界中，幾乎沒有任何成果能單靠意志力促成。無論結果好壞，都受到眾多變數的影響，這些變數往往超出我們所能預測或控制範圍。如果你總是將他人或自己的人生成果視為自身的責任，那麼每當情境出現可能危及期望成果的變化時，就容易產生壓力反應。

學習放下對成果的執著，轉而擁抱承諾，將你最好的個人能力──技能、專注、慈悲、付出意願──投入每個情境

中,便能顯著減輕掛心特定成果所帶來的壓力。
- 請列出五種工作中讓你特別執著於達成某種特定成果的情境(例如:接受績效評估時,渴望獲得高度評價)。
    1. _____
    2. _____
    3. _____
    4. _____
    5. _____
- 在接下來的一週,練習將注意力從這些成果上移開,並列出五種你可以實踐「以原則導向」的行為,以取代對成果的執著。
    1. _____
    2. _____
    3. _____
    4. _____
    5. _____
- 這項改變對你的生活品質有什麼影響?
    _____
    _____

4.放下特權心態與次級獲益

　　因工作壓力而受影響的專業工作者,可能會導致大腦新皮層區域的功能下降。此種損傷可能會使照護者逐漸以受害者的心態看待自己的工作,進而發展出一種特權心態,認為職場虧欠自己某些理所當然的待遇,並期待從工作中獲得更

多回報，例如更少的壓力、更高的薪資、更長的休假時間、更少的病人負擔，或要求有更多的資源來完成工作。

我們確實應該期待領導階層致力於提升職場效能與資源，但若懷抱苦澀的特權心態與受害者的感知，反而會消耗自身能量、正向態度與韌力。唯有放下這些特權心態及其背後支撐的受害者立場，才能即刻提升韌力與生活品質。

特權心態

- 列出所有身為專業照護者認為自己應得、卻未從職場獲得的各項待遇。例如：「以我的學位，不應該負責這麼多低階層的工作。」

  1. _____
  2. _____
  3. _____
  4. _____
  5. _____
  6. _____
  7. _____
  8. _____

- 哪些是你願意在下週就放下的？

  1. _____
  2. _____
  3. _____

- 在接下來的一週，練習以這樣的心態走進職場：沒有人虧欠你任何東西，你在這裡，是因為你選擇了這份工作；你

的生活品質不應由職場來負責。這種心態的轉變，對你的感受與工作體驗產生了什麼影響？

_____
_____
_____

放縱行為

- 因為覺得工作「壓力大」，你會允許自己沉溺於哪些對自身有害的放縱行為？

　　1. _____
　　2. _____
　　3. _____
　　4. _____
　　5. _____

- 其中哪些你願意放棄並用健康的替代方案取而代之（參見第十一章的自我照護與活力重振技能）？

　　1. _____
　　2. _____
　　3. _____

5. 接受混亂的體系

　　人類系統，尤其是醫療領域，往往充滿混亂、焦慮與高壓，這種情況過去如此，未來也可能依然如此。尚未建立專業韌力生活方式的醫療照護者，常會將職場中的各種要求、焦慮、缺乏感激，甚至體制內的政治角力，視為對個人的冒

犯。然而，當一位專業人士逐漸培養出韌力後，他們會發現自己能停止與現實對抗，並學會接受當下的現況。同時，仍可以持續倡導並努力推動環境的正向變革。

- 快速列出職場中讓你憤怒、挫折、惱怒、焦慮或困擾的事情。例如：「當我剛到工作崗位時，就已經有三十位病人在等待，這讓我非常煩躁。」

    1. _____
    2. _____
    3. _____
    4. _____
    5. _____
    6. _____
    7. _____
    8. _____

- 在這些讓你困擾的事件中，有哪些是你現在願意嘗試接納的，而非一味地抗拒，讓這些尚未改變的問題持續困擾你的身心？

    1. _____
    2. _____
    3. _____

- 在接下來的一週，列出三項具體行動（無論多麼微小）是你可以採取來改善自己與他人在職場中生活品質的措施。

    1. _____
    2. _____
    3. _____

// 自我優化的練習 //

1. 正念

- **覺察**：列出三種讓你感到壓力的情境,並運用放鬆技巧,協助自己脫離情境引發的強烈情緒。在練習中,試著全然關注情境中的一切(包括你的想法、身體反應、他人的行為等)而不被情境的戲劇性牽動。

  例如:「當主管質疑我對案件的看法時,我會感到非常沮喪,總是急於證明自己是對的、對方是錯的。但當我將注意力轉向『什麼才是對病人最有利的做法?』時,我發現自己能更有效地回應。」

  1. _____
  2. _____
  3. _____

- **非批判性/非評價性的觀察**：當你感到焦慮時,請留意自己腦中浮現的想法。這些時刻,通常會出現哪些不自覺、慣性的思考模式?例如:面對壓力時,我常會暴飲暴食。腦中常會浮現:「我真是個蠢蛋,又變胖了許多。」

  1. _____
  2. _____
  3. _____

- **理解你的想法**：思考這些負向想法:它們是如何基於本能的求生欲望,試圖協助你在感知的威脅中存活下來(提示:戰或逃反應)?試著「真正理解」這些負向或批判性想法——它們是否其實正以某種方式,試圖保護你免於感

知威脅的傷害？例如：我知道應該吃得更健康，但我會告訴自己「我太忙了」，作為不去運動的合理藉口
- 列出三種方式，說明這些想法是如何設計來協助你「生存」。
   1. _____
   2. _____
   3. _____
- **釋放負向想法**：練習讓這些想法自然流過你的心中，而不和它們糾纏。意識到這些思緒只是舊有的神經模式，原本是為了幫助你因應某些被感知為威脅的經驗。例如：朋友對我的訊息已讀不回時，腦中浮現：「他們是否已經不在乎我了？」但我意識到，這只是舊有害怕被拒絕的習慣性反應，我可以讓這個念頭飄走。
   1. _____
   2. _____
- **當下覺察**：留意自己感到焦慮的時刻，並觀察：這些時刻與你的注意力轉向過去或未來之間的關聯性。練習將自己重新帶回並專注於此時此刻。現在，請找出一個工作情境，在那時，你能夠全然投入當下，不受任何要求的干擾，單純地「存在」於其中。
   1. _____
   2. _____
- **初學者的心態**：練習少用「我已經知道」的陳述，讓自己以好奇心與全新的觀點來面對生活中的經驗。請找出一個工作情境，嘗試將「確信已知」的態度，轉變為好奇、開

放的心態。例如:「在這種情境下,我能如何成長?」、「我能做得更好的是哪些地方?」、「我如何讓周圍的人感到更被支持?」、「這裡有什麼我還沒發現、值得學習的?」

1. _____
2. _____

2. 幸福科學

- 每天花兩分鐘,描述過去二十四小時內的一個正向經驗。這種方法能幫助你的思考從任務導向轉變為意義導向,並培養更專注、投入的觀點,而不會總是在尋找下一件該做的事。請在此寫下一個例子來練習。

  _____
  _____

- 每週至少三次運動,每次三十分鐘;這不僅對身體有益,還能訓練你的大腦,去相信你的行為與選擇對你整天都很重要,且深具影響力。

- 每天寫下三件你所感恩的事,無論是寫在日記本、手機上,或是任何能提供以後回顧的地方。研究顯示,這將大大提高你的樂觀態度與成功率。如果願意,你可以寫在下面練習。

  1. _____
  2. _____
  3. _____

- 花兩分鐘冥想並專注於你的呼吸,完全放下任何你可能正

在進行的多工處理模式。這將有助於降低壓力，並重置大腦，讓你能逐一專注地處理每項任務，並發揮大腦新皮質的最佳功能。
- 每天早晨醒來後，寫一封簡短的電子郵件，給一位同事、朋友或家人，稱讚他們以及他們正在做的事情。

3. 從他者肯定轉為自我肯定

在照護者的生活中，他者肯定與自我肯定之間的轉換，是預防倦怠的一個微妙卻強大的保護因素。當我們的價值由他人決定時，如果對方不認同或不欣賞我們，就有可能失去對自我的肯定，進而陷入困境。

- 請列出四種情境，這些情境會讓你感受到來自他人評價或潛在批評的威脅。

    1. _____
    2. _____
    3. _____
    4. _____

- 請找出上述情境中，你曾改變自己的行為，以避免或減少來自他人評價或批評風險的時刻。

    1. _____
    2. _____
    3. _____

- 如果你在這些情境中選擇循意向行事並自我肯定，你會對自己說些什麼？

    _____

- 寫一封信給自己，以「卓越督導者」的口吻，告訴自己那些你曾渴望從外界聽到的話。在信中，給予自己完全的肯定，滿足你一直以來對肯定的渴望。不帶任何批評，只專注於你所做過的正向行動，以及你持續努力的事。提供自己你最希望得到的支持。寫完後，放入信封並寄給自己。當這封信送回到你手上時，能以放鬆的身心、慈悲與好奇的態度閱讀它。

連結與支持

在本書中，我們討論了發展、維護與善用支持網絡對韌力的重要性。現在是時候將其付諸實踐了。連結與支持的四個主要功能是：

1.安全網絡

列出一位了解你、關心你、經常見到你的人，並且（也許最重要的是）他們本身也是強韌者。在接下來的幾週中，主動尋找這些人，並邀請他們成為你的「安全網絡」。你可以參考以下的範例作為指引：

嗨！最近我了解到自己有很高的風險會遭遇慈悲枯竭和由工作引發的壓力。我學到了一件事，那就是擁有至少一位了解我的人來關注我，非常重要。在我認識的所有人中，最適合擔任這個角色的人是您。因為這些影響很難自己察覺到，所以我

想請您留意一下，看看我是否開始出現某些症狀。這些症狀可能包括煩躁、憤怒、經常抱怨、焦躁不安、過度執著於某些事情，任何看起來像是壓力的徵兆。也可能是相反的徵兆，例如退縮、孤立、沮喪、慢性疲勞或散漫。

如果您發現我在未來幾週或幾個月內持續表現出這些徵兆，請您直接提醒我。大多數情況下，如果我處於這樣的狀態，可能不會很開放地聽取您的指正，但這樣的提醒對我來說極其重要。請您不要放棄，直到我承諾採取行動改變。即便這可能會加劇我們之間的關係緊張，但您可能會因此拯救我的生命。如果您願意的話，我也願意為您做同樣的事。

- 列出你要尋找的那位成為你安全網的人：＿＿＿＿＿＿

2. 分享敘事

在第五章中，我們討論了次級創傷壓力，即目擊他人創傷和（或）痛苦所帶來的創傷後壓力。如果你經常接觸到正在經歷這些情況的病人（或他們的家屬），那麼你已經處於高風險的次級創傷壓力當中。壞消息是，這類型的創傷可能會產生各種難以承受的症狀。好消息是，透過和同儕（或聘請的專業人士）分享這些痛苦的經歷，並保持放鬆的肌肉狀態，這些創傷的記憶會被減敏化，從而減少出現症狀的機會。

以下是範例，幫助你進行類似的對話：

嗨！我最近了解到自己可能處於高風險的慈悲枯竭狀態，而預防慈悲枯竭的關鍵在於定期和他人分享我的經歷。我希望您能成為那個支持我分享的人，如果您願意，我想向您展示一

個學到的技能,讓你在聆聽我的故事時,能保持放鬆的身體,避免因我的敘事而感到不適(請參見第七章,第一項技能:自我調節)。

我保證會事先徵求您的同意,並讓您有充分時間準備,然後才開始和您談論這些問題,我不會擅自打擾您。希望您能在我最初聯繫後的七十二小時內,找時間與我見面,可以是面對面或通話。我會將需要分享的內容整理成二十分鐘的敘事,請您聽我講完,不要在中途打岔。如果有任何見解、評論或建議,我很樂意在我講完後聽取。

如果您願意為我提供這個幫助,我也很樂意回報您。我也會提供相同的支持,只希望您先詢問我,我也會在七十二小時內為您提供幫助。

- 請列出三位你會尋求的同儕或專業人士(例如:心理健康專業人士)以擔任這個角色:
    1. _____
    2. _____
    3. _____

3. 責任感(accountability)

這項重要資源的目的,在於支持你實踐並維護循意向行事的生活方式。單靠自己,幾乎不可能過上有意向、以原則為基礎的生活,我們都需要他人的支持。

善用這些支持來慶祝我們成功克服那些曾讓我們偏離誠信正直的情境,對我們的持續進步至關重要。擁有一群安全且支持我們的人,特別正當我們偏離誠信正直時,能尋求他們的幫助,也

是同等重要。我們發現,這種「對自己坦白」是循意向行事的關鍵部分。

- 請列出三位你將邀請來擔任此角色的人(注意,他們可能與你在其他角色中的支持者是相同的)。
    1. _____
    2. _____
    3. _____

4. 社會支持

這些人是你希望成為更廣泛社會支持網絡的一部分。他們應該是會讓你感到安全、舒適,並且和你心靈相通的人。和他們在一起後,你應該會感到重新充能、充滿希望,並感受到真摯的關愛與快樂。

- 請列出五位符合這些要求、並願意與你深度連結的人。
    1. _____
    2. _____
    3. _____
    4. _____
    5. _____

自我照護與活力重振

我們必須刻意地為自己的身體、心理與靈性充能,以便能因應工作中的艱辛挑戰。透過定期進行這些活動,你會發現自己能燃燒出一盞明亮的光,照亮那些在困境中掙扎的人們,並且這盞光永不熄滅。回顧第十一章的「自我照護與活力重振」自我評估,請你從五個類別中選擇一項活動,並在接下來的幾個月內刻意增

加你的參與度。

- 身體自我照護與活力重振。

　_____

- 心理自我照護與活力重振。

　_____

- 情緒自我照護與活力重振。

　_____

- 靈性自我照護與活力重振。

　_____

- 專業自我照護與活力重振。

　_____

恭喜！你正在落實一套經過研究驗證的自我修復方案，這將有助於減輕症狀、增強韌力，並改善專業生活品質。我們非常樂意聽到你的聲音，如有任何問題、建議，或想安排前瞻式專業韌力工作坊，請隨時透過網站資訊和我們聯繫，網址為：www.professionalresiliency.com

CHAPTER 13

未來願景：理性溝通、團結合作，共創三贏局面

> 在任何機構中，領導者的任務：透過不焦慮、穩定而清晰的自我展現，妥善調節團隊的運作。
> ──愛德溫‧佛瑞德曼[75]，家庭治療顧問

我們已經走到共同旅程的最後一站。在本章當中，邀請你一起構思，當我們對個人韌力的承諾在專業與個人生活中實現，並不斷進化時，將如何促進醫療環境的效能，並治癒其中的毒性。希望你能想像，在一個職場中，所有成員都能自我調節、循意向行事、彼此連結並相互支持。這不僅是某部1970年代虛構的電視劇情節，更真實存在於二十一世紀的職場。相信這樣的職場會變得比我們所經歷的更美好，並留給下一代，這是我們的責任。從

第13章　未來願景：理性溝通、團結合作，共創三贏局面

許多角度來看，這正是我們在專業韌力領域所有工作的使命與傳承，也包括本書的出版。請再花點時間，繼續閱讀下去。

在本書〈前言〉中，我們曾描述自己是如何投入慈悲枯竭與韌力相關的工作。現在，想和你繼續分享這項工作對我們自身帶來的深遠轉變。

艾瑞克的故事後續

這項工作對我而言，始於博士訓練的第一天，當時我走進菲格利教授的辦公室，開始和他及綠十字機構合作，擔任研究生助理。在決定攻讀博士學位之前，我已經在心理健康領域工作了十五年。前一年，我曾與菲格利教授見面，最終選擇就讀佛羅里達州立大學，因為我渴望能和這位創傷壓力治療領域的先驅及資深學者一起研究。

在這次會面的最初幾分鐘內，菲格利教授遞給我一本書《專業照護者如何因應慈悲枯竭與次發創傷壓力症》，這是他於1995年底撰寫並出版的著作。在此之前，我甚至從未聽過「慈悲枯竭」這個詞。作為一位剛入學的博士生，我當時因緊張而未能意識到那一刻的重要性。直到多年後，我無數次回顧這段經歷，才真正理解，那一刻其實是我踏上這條使命道路的命定起點。

在過去的二十一年間，我曾協助過數百位專業照護者，並成功緩解他們慈悲枯竭的症狀。我也曾舉辦超過五百場各類的前瞻式專業韌力工作坊（在早期稱為「慈悲枯竭的預防」），涵蓋四大洲、十一個國家，受眾超過十萬名專業照護者與志工（包括透過DVD、視訊會議及其他遠距學習平台受訓者）。

2002年，我和佛羅里達州立大學的同僚首創並發表「訓練即

治療」的概念,並多次發表相關研究成果的論文。我們累積了大量證據,證明此過程確實能顯著減輕工作相關壓力的症狀,同時提升韌力與專業滿意度。

對我而言,進行這些基礎研究,並親眼見證許多人立即從中受益,並將其原則與方法融入專業與個人生活,帶來許多意想不到的正向影響。其中最重要的一項,就是運用韌力的兩大核心技能——自我調節與循意向行事——來全面重塑與發展創傷壓力治療。2016年,我出版關於此療法的專書《前瞻式創傷治療》。這種治療方法能迅速減輕創傷壓力的症狀,並協助創傷倖存者開始建立有紀律且有意向的生活方式。該方法在心理健康專業界獲得了極為熱烈且振奮人心的迴響。

如今,我越來越專注於指導並賦能他人來推動這個過程。我也很喜歡聆聽他們的經驗,了解他們是如何幫助其他專業人士,去因應醫療照護領域的挑戰,並找到通往終身解脫痛苦的道路。這個過程帶給我最寶貴的收穫之一,就是和吉姆長達九年的合作關係。我們共同培訓了數百位醫療照護者,主要是醫師、中階醫療人員及護理師,幫助他們確實掌握這套韌力培養方法。能和這位才華洋溢且富有感知力的治療者並肩工作,讓這段旅程更加豐富且充滿意義。我深深感激,能和他建立深厚的友誼,並一同推動這項使命。讓我們繼續前行……

▶ 吉姆的故事後續

2008年,我和妻子及女兒住在美麗的舊金山灣區的家中(如今仍然住在這裡)。當時,我是一位經驗豐富的急診科醫師,正處於職業生涯的巔峰,並擔任社區醫院急診科的醫療主任。對大

多數人而言,我似乎過得相當順遂,但對我最親近的人來說,他們明白我內心其實很掙扎。無論是上班前或工作中,我經常感到焦慮。儘管醫療業務與醫院運作順利,但我對自己在掌舵過程可能出現的種種錯誤和問題,心中始終充滿存在性的恐懼。

我和妻子的關係有些緊張,我發現自己經常像我父親一樣,對女兒保持距離。哥哥邁克的去世讓我更接近那個始終感覺不太遙遠的深淵邊緣。直到我開始和艾瑞克合作,一切才開始改變。我學習到創傷的概念(大T創傷與小t創傷),開始思考感知威脅的普遍性,並探索長期過度激化的威脅反應系統對生理與行為的影響。我理解到,儘管我99.9%的時間都感覺處於危險中,但這並不意味著那是真的,那只是我的感知,而我可以重新定義它,這讓我鬆了口氣。

當我學會自我調節,並能中斷個人的威脅反應後,發現自己無論是專業或是個人生活,都能更加從容地因應生活中的各種經歷。每當我開車前往醫院準備上班時,以往那股熟悉的恐懼感,在我放鬆肌肉、改變感知後,也能逐漸消退。那只不過是我職業生涯中完成過的數千個當班之一。

到達醫院後,我能提供最好的服務與技能。雖然有時仍未能達到他人對我的期望,當意識到這點時,我能提醒自己,我無法控制他人對我的看法。與其採取攻擊或逃避的反應,我會評估發生了什麼,**吸取那些有助於未來實踐的反饋,並放下那些無法指引我臨床或個人成長的批評**。

我的領導能力也隨之提升,更能聆聽他人的意見,與醫院管理層的互動中所感受到的威脅減輕了。能放鬆身心地坐在那些實際掌控我們工作合約的人面前,這使我不再以反應性的方式看待他們的要求,而是能有意義地回應他們的請求。我也更能實踐自

己的承諾,堅守誠信正直,這或許是所有領導力中最重要的表現之一。

我在家裡變得更加自在。妻子和我意識到,我們之間關係的緊張,很大一部分出自個人對威脅的感知。隨著我們學會自我調節,能成功中斷並防止通常會發生的情況:不斷升級的對立情緒,我們的關係因此變得更加緊密和諧。同樣地,我也能更加開放地面對成長中的女兒,能看出她對威脅的感知是如何影響她的行為。我確信,這些坦誠的對話,幫助她順利渡過了那些動盪的青春歲月。我的友誼也變得更加充實,和九十四歲的母親以及我在世的手足、侄子侄女們的關係,也變得更加親近。

當艾瑞克和我舉辦工作坊,將我們專業韌力計畫的概念分享給更廣泛的群體時,經常聽到一些故事,講述這個計畫如何改變參與的專業照護者的工作經歷。隨著口碑的傳播,工作坊受到越來越多人的歡迎,我們的聽眾也不斷增長。我在醫院舉辦了兩場工作坊,並注意到隨著文化的改變,與職場壓力相關的用語也發生了變化。我聽到其他人談論感知威脅、自律神經系統的刺激與自我調節。顯然,工作坊對那些運用這些教材的人,產生了實質性的影響。

當我開始寫這一部分時,距離我寫下本書的第一篇章已經過了大約十八個月。在這段時間裡,發生了許多事情。我完成了兩年前就啟動的計畫,決定卸下科室醫療主任的職位。我認為,是時候將領導工作交給下一代的醫師,讓他們帶領科室邁向未來。去年,我正式將醫療主任職位交接給一位同事。過去一年,我一直擔任他的指導者,並在雙方溝通與同意下,於上月底結束了醫療主任顧問的職務。我很高興地報告,這一傳承過程非常順利,科室也順利交到可靠者的手中。

我必須坦言，在過去幾年裡，我們的迷你拉布拉多犬露西，確實成為我放鬆與享受生活的重要夥伴。她的陪伴讓我感到無比的安慰與歡樂。

就在上週，我完成了最後一個臨床班次，現在我已經從急診醫學的臨床執業中退休。我想明確指出，這個決定是出於個人意願與目標，並非因為倦怠，而只是簡單地決定結束。隨著年齡增長，我意識到環境中不可避免的壓力需求，變得越來越難以因應，我選擇在自己仍「處於巔峰狀態」，仍擁有精力探索其他事物時，從容退場。我打算完成這本書之後，繼續和艾瑞克合作，來幫助更多人發展專業韌力。

我為自己這段所謂的「傳承」（legacy）而感到自豪。

▶ 寫在最後

本書的〈前言〉中，我們提出所謂的「一個關鍵問題」，並承諾在本章的結尾時，再次回答這個問題：「**減少痛苦並確保我**

們的專業滿足感,這項責任應該由誰來承擔?」是屬於我們的領導／機構,還是每位作為個體者所該承擔的?

我們在〈前言〉中堅定地回答:「兩者皆是。」本書的核心內容旨在幫助身為讀者和照護者的你,能掌握當前可以完全控制的事物:你的個人韌力。希望你現在已經能擁抱我們所描述的概念,開始實踐這些技能,並從中獲益。學會中斷每天在身體中爆發的數百個威脅反應,並將自己帶回到調節過的狀態,這是我們每個人的責任。

每個人都必須能在每次提供醫療服務時,穿越工作中的混亂與困難,同時維持自己誠信正直的平衡。我們的責任是從改變自己的感知模式開始,並使職場變得不再那麼具有毒性。我們會建立並利用社會支持系統來增強功能性、減輕負擔,但要確認一件事:沒有人能為我們注入活力與充能,那是個人的責任。在同儕支持下,我們都能建造個人的韌力。在執行工作、進行處置或度過辦公室中的每一天,我們幾乎無法有效地改變外在環境,但透過每天專注於維持你的韌力,盡一切可能降低工作對你個人的負面影響,並在執行每項任務中發揮最佳表現。

在此,或許可以向醫療行業中各機構的領導階層遞出橄欖枝。我們承諾將運用我們一生所學(包括本書)在每次進入專業醫療提供者的角色時,發揮出個人的最佳表現。我們將專注於病人的照護與照護團隊的表現(當然還包括我們的肌肉狀態與感知)而不會被職場的各種挑戰所分心。以下是我們的誓約:

我們將為病人／個案提供最佳的照護與服務,成為最好的團隊成員,並且在每一刻都全力推動機構的使命。我們每個人都將負責在每一天維持自己的韌力。

作為交換,我們請求領導階層開始理解環境創傷的影響,以及其對專業照護工作者的影響。我們要求領導層和我們合作,既為我們所服務的對象,也為我們這些提供服務的工作者,共同來優化職場。我們所提出的「誓約」用一段話表達就是:

如果我們每個人都能對今天負責,那麼你們——醫療行業的領導階層——也必須承擔起明天的責任,協助創建一個更健康、更符合心理需求、更具人性化、更少混亂的職場。

這樣的誓約代表什麼?醫療照護改善研究院(IHI)及其他機構已經明確指出,實現「臨床工作的喜悅」(Joy in practice)必須關注的三個領域:一、健康的文化;二、執業的效率;三、個人的韌力[76]。

我們已經提出一條明確的路徑來實現第三項。個人韌力對於未來幾千年的照護者至關重要,我們深信這一點,但同時也認為這還不夠。領導階層必須確保組織文化能支持提供者的健康。醫療照護者的健康、士氣、參與度及留任率必須成為機構使命與日常管理(包括預算)的核心。

我們呼籲醫療領導者(及贊助者)在程序、政策與資源上進行有意義的改變,來提高執業效率。這是一個三贏的提案:更好的照護、更好的員工與更有利可圖的醫療營運。我們同意醫療改善研究院的立場:除非領導階層與醫療照護者進行真正的合作,否則組織文化無法改變,執業效率也無法提高。

在當前的情況下,醫療照護者與醫院管理者在解決問題、制定政策或因應風險時的合作程度如何?往往並不太理想。領導階層與醫療照護者可能會因為過去痛苦的經驗而在彼此面前感受到

威脅,這使得雙方在互動中往往以反應性而非有意識的方式參與其中。當我們和醫院管理者坐在會議桌對面,若彼此都沒有調節好個人的威脅反應,可以預期會得到如下的結果:強迫性與衝動的行為,通常表現為攻擊或逃避。

為什麼會這樣?現在你應該已經認識到,雙方都將對方視為威脅,並且他們的身體正在根據本能作出反應。當我們被「戰鬥或逃跑」的反應驅動時,真正的合作是不可能實現的。這就是為什麼這樣的關係經常充滿衝突。醫院領導者與醫療照護者必須以一種全新且不同的方式共同合作。

以下是我們的願景:

當領導者和醫療照護者理解此一動態,並能中斷各自的威脅反應時,真正的合作就有可能實現。隨著每位利益關係人都能減緩交感神經系統的反應,創造性、同理心、問題解決與溝通的腦區將得以恢復活力。在舒適的身體與完全活躍的大腦皮層的支持下,我們能團結合作,共同制定策略、計畫與程序,將職場從有毒轉向健康,激勵醫療照護者為病人提供有效且滿意的照護,並最大化服務的盈利能力。

我們深信,這個願景代表專業醫療領域的一場革命性的轉變。醫療照護者在「最佳發揮專業能力」的狀態下舒適工作;行政人員能和醫療照護者合作,減少職場混亂,並更加支持所進行的工作;病人從能掌控自己身心的醫療照護者那裡獲得更好的照護。這正是我們所謂的三贏局面。

現在,你已經擁有以無壓力的身體、最佳運作的頭腦與基於原則的生活方式,繼續推進職業生涯的能力。透過實證且發表於

同行評審的研究，我們已經證明：大多數實踐本書中所介紹各項技能的人，能顯著減少與工作相關的壓力症狀，並顯著提升他們的專業生活品質。

你的專業生活品質，**從今天起，是你自己的責任**，而你現在已經掌握成功實現此目標的各項技能。然而，機構及其領導團隊在未來醫療系統的設計中，仍扮演著重要角色，以促使整個系統變得更高效且更具同理心。當我們每位醫療照護者能各自培養出良好的舒壓能耐與韌力，整體成果也將隨之提升。

慈悲枯竭是全球醫療與專業照護者所面對的真實且使人耗損的問題，他們肩負著當今社會中最艱難的心理與情緒性工作。這不再是需要感到羞愧的事情，也不需要將其埋藏在心中，直到痛苦無法承受而爆發。你並不孤單，並非有缺陷，這也不是一場無法擺脫的長久掙扎。

我們誠摯邀請你踏上這段療癒、滿足與韌力的旅程，讓這些技能在你的職業生涯中持續發揮作用。在這過程中，你會發現這些技能同樣適用於你個人與職業生活的其他領域。歡迎加入我們，攜手踏上這段旅程，重拾力量、熱情與同理心，並重新充滿起初吸引你進入照護專業領域的那份慈悲。

附錄

專為療癒慈悲枯竭設計的前瞻式加速復原計畫

專為療癒慈悲枯竭設計的「前瞻式加速復原計畫」,是現今為數不多,甚或是唯一有實證基礎的治療方案。這項計畫採用五階段模式,既可透過五次個別會議來完成,也可以為期兩天的密集課程形式進行。儘管它運用了某些心理治療中常見的技術與方法,但它本身並非心理治療,也不被視為一種治療某種疾病的手段,而是設計成一種同行輔導的過程,旨在改善慈悲枯竭的症狀,並培養長遠的韌力。過去二十年間,已有數百名專業照護者成功透過此計畫獲得改善。

我們認為,加速復原計畫是一個比員工援助計畫更具實用性,且較少帶有汙名化的標籤。我們希望此計畫能被醫療體系廣

泛採納,成為維護專業人員健康、士氣、投入與留任的重要資源。

▶個人專業的發展歷程*

1997年,安娜・巴拉諾斯基博士、凱瑟琳・鄧寧和我開始探索減緩慈悲枯竭對專業照護者造成負面影響的方法。安娜當時正在渥太華大學攻讀心理學博士學位,並處於實習期間;凱瑟琳則是一位來自塔斯馬尼亞的社會工作者,曾在1996年四月波特亞瑟大屠殺發生後,協助當地倖存者的復原計畫。兩人後來加入菲格利教授的團隊,並完成和綠十字組織合作的創傷研究獎學金計畫。當時,我則是佛羅里達州立大學的第一年博士生,同時擔任菲格利教授的助理。

菲格利教授於1995年出版《專業照護者如何因應慈悲枯竭與次發創傷壓力症》一書。隨著這本書的發表,慈悲枯竭的概念開始在全球學術界與專業領域中引起廣泛關注,也讓塔拉哈西(佛羅里達州立大學所在地)成為慈悲枯竭早期研究的重鎮。我們也在那裡觀察並參與早期的討論。當時,研究焦點都集中在分類學、病因學與評估層面:這究竟是什麼?我們該怎麼命名它?是什麼原因引起的?如何判斷自己是否已經陷入其中?

然而,我們所專注的卻是尋找一種治療方法。正如我在〈前言〉中所說,在職業生涯初期,我是一位焦慮且缺乏自信的心理治療師。為了彌補這種自認的無能感,我積極追求各種可能的訓練與認證。在1980年代末與1990年代初,我學習了現實療法、完形(Gestalt)療法、眼動減敏與歷程更新(EMDR)、催眠/神經

---

* 編注:此段是由艾瑞克・根特里博士分享,文中的「我」也是指他。

語言程式學（NLP）、生理回饋、認知行為療法（CBT）、情緒釋放技能（TFT）、辯證行為療法（DBT）、客體關係理論、結構性創傷療法、危機介入與臨床支持治療（CISM）、情緒依附行為治療（DOBT）及創傷藝術療法，並成為認證的成癮諮商師。當時，我手握眾多的技術，卻依然缺乏安全感，因為我真誠地認為心理治療的關鍵，在於為每位個案找到合適的技術。我將每個來訪者視為一把鎖，而自己則像個鎖匠，努力找到匹配的鑰匙。當時，我是一位技術專家，現在我才是一位真正的治療者。

五大韌力技能的緣起與介入方案

我們首先發現，許多引發慈悲枯竭症狀的因素與創傷後壓力症的成因相似，即便在幾乎沒有真正危險的情境下，仍會強烈感知到威脅。

自我調節的意義

在嘗試了多種壓力管理方法後，我們開始探索如何透過調節身體來釋放壓力。我們三人皆有多年針對創傷倖存者的治療經驗，深知放鬆對創傷壓力治療成效至關重要。然而，我們當時對可用的技術感到挫折，因為它們往往要求個案脫離日常活動，專門進行放鬆反應。這促使我們進一步理解「自我調節」的意義。

早在1997年或1998年，我在研究中提及自我調節，就將其視為減緩慈悲枯竭症狀與增強韌力的重要工具。這種技能的關鍵在於培養對身體狀態的覺察，也就是內在覺察（interoception），辨識身體因感知威脅（即便這種威脅未必是真實存在的）所引發的生理反應，並透過即刻放鬆來中斷此種威脅反應。這些概念後來

成為我們在慈悲枯竭治療與預防領域的研究基礎。

感知成熟的轉變

當我們繼續協助經歷慈悲枯竭症狀的專業照護者後,發現在他們在情緒失調狀態下,往往認為唯有改變職場環境,才能實現滿意的生活品質並減輕症狀。他們將職場(如工作時間、要求、政治角力、人事、工作負荷等)視為壓力的根源。然而,當我們幫助他們意識到,真正造成他們困擾的並非環境本身,而是他們對環境的感知時,便開啟了「感知成熟」作為治療慈悲枯竭的一項關鍵學習技能。

循意向行事——價值觀與使命的重要性

這種早期的理解帶來的另一個深刻洞察:當我們聆聽專業照護者描述他們試圖因應工作壓力的行為模式時,發現他們經常違背自身的個人道德與價值觀。這些頻繁違背誠信正直的現象,並非出於本意,而是由於他們長期處於高壓狀態,幾乎不斷面對感知的威脅(即「壓力」),導致交感神經系統持續過度激化。

我們聽到一個又一個的故事,描述照護者在試圖減少這種由過度激化的交感神經系統引起的內在壓力時,採取了強迫性的攻擊或逃避行為(即「戰鬥或逃跑」)。我們發現,經歷工作壓力的專業照護者,比那些壓力較低的同儕,更有可能從事違背他們個人或專業倫理的行為。

此外,隨著這些照護者越來越焦慮,卻找不到有效方法來舒緩症狀時,他們的症狀往往會從以焦慮為主的表現(警醒性)轉變為類似憂鬱的狀態(無力感)。隨著無助和絕望感的增加,他們逐漸喪失對使命與誓約的認同。然而,經驗告訴我們,使命感

和對使命的忠誠,正是韌力的核心支柱。當照護者在生活與工作中的行動能和自己的使命維持一致,並將努力投入於超越自我的目標時,就能承受不適而不被耗盡,從而維持內在的穩定與動力。

最初,我和同事們意識到,如果我們能幫助那些遭受慈悲枯竭症狀的專業人員開始自我調節,並減輕他們生活中壓力的影響,他們的使命與核心價值便會重新在他們的專業生活中顯現、並成為重心。基於此發現,我們進一步推導出:如果能幫助專業人員明確界定他們的使命與價值觀,並幫助他們理解之所以經常會違背這些原則,並非因為他們道德軟弱或妥協,而是因為他們長期處於過度激化、過度警覺的威脅反應系統中,這將會加速他們的復原過程。

在過去二十年間,幫助個人釐清自身價值,並過上以原則為基礎、以使命為驅動的生活,一直是我在韌力與心理治療領域工作的核心。透過發展自我調節技能,並以放鬆的肌肉面對高壓環境,**循意向行事**成為前瞻式過程的核心技能。當我們將此過程整合進加速復原計畫中後,前瞻式流程展現出強大且有效的作用,能迅速緩解倦怠與慈悲枯竭的症狀。

除了加速復原計畫為照護者提供個別指導,幫助他們在專業與個人生活中應用這些韌力技能之外,我們還認為需要協助他們解決,在長期治療創傷與痛苦的病人/個案過程中所積累的次級創傷壓力。為了解決此問題,我們在治療中納入了幾項強而有力的介入方案。

任何參與加速復原計畫的人,都會被要求構建一份自己的「職業生涯的圖形時間軸」(graphic timeline),並標出身為專業照護者所經歷過的正面經驗與痛苦/創傷經驗。我們會請他們標注任何重大創傷壓力經驗(如病人自殺、被身體或語言攻擊、遭到

跟蹤、主管的霸凌或羞辱等），以及任何在職業生涯中仍困擾他們的次級創傷壓力經歷（如病人的創傷故事所帶來的衝擊）等。

完成這個圖形時間軸後，我們會指導他們運用這張地圖來敘述自己完整的職業生涯，並**將他們分享這段敘事的過程錄製下來**，然後把錄影檔交給他們。接著，會要求他們在兩次會議之間，以「接受、慈悲與好奇心」的態度來**觀看這段錄影**。幾乎所有完成這項練習的人，在隨後的會議中，皆會回報他們的自我慈悲與自我尊重程度都有所增強。這是一項強而有力的介入方法，幫助有慈悲枯竭的人，開始從對自己負向偏誤（如「這都是我的錯」、「我太軟弱」等）轉變成自身療癒與韌力的擁護者。

以下案例生動展現敘事過程中轉化與療癒的力量。

一位牧師因遭受極度的慈悲枯竭而身心俱疲，甚至無法履行職責。在對他進行評估與訪談的第一天，我設置了錄影機，讓他敘述身為信仰領袖三十年的職業歷程。他在敘述過程中不斷流淚，並觸及多年來未曾正視的失落與痛苦。我將錄製的影像交給他，讓他帶回旅館，並要求他以開放與接受的心態觀看錄影帶。他同意了。

翌日清晨，他回到佛羅里達州立大學的治療所。而我在治療所後廊等他，只見他拿著攜帶式VHS播放器，緩步走向治療所，然後說：「艾瑞克，我昨晚看了一部電影。」

我微笑以對，未置一詞。

「是啊，一開始我不太喜歡那個演員。但隨著電影看得越久，他漸漸讓我覺得順眼。到了最後，我甚至發現自己有點喜歡他了。」牧師說道，語氣中透出一絲希望。

這正是敘事過程確實帶來力量的完美範例。

接著，我們設計將眼動減敏與歷程更新療法（EMDR）納入

加速復原計畫，讓專業照護者能整合並減敏化這些過去的經歷，以緩解他們的創傷壓力症狀，重新建立對自我與工作的正向看法。對於少數無法耐受此療法的專業人士，或是效果不佳的情況，我們則採用一種專門為緩解工作相關創傷而開發的催眠療法。

建立與連結支持網絡

在完成上述所有任務後，接下來的會議將專注於幫助專業人員認識、建立並維持支持網絡，而且最重要的是**與支持網絡建立深厚且持續的連結**。我們深知，人類的神經系統是被設計以人際關係來調節威脅反應的，如果能幫助專業人員利用支持性的關係來緩解過度激化的威脅反應，他們將不再受困於感知威脅的影響，也將停止在工作情境中採取攻擊或逃避的行為。

我和同事認為，讓照護者透過支持網絡來分享其工作中的痛苦經歷，是預防次發創傷壓力的一項強而有力的措施。除了向加速復原計畫參與者傳遞這些概念，還會挑戰他們主動列出能成為個人支持網絡的對象，並承諾在接下來的一個月內，積極和這些人建立連結，並運用他們所提供的支持。

自我照護與活力重振

最後，我們在加速復原計畫中納入**自我照護與活力重振**的步驟，並和參與者深入討論其重要性。協助他們破除自我照護是「縱容或自私行為」的迷思，反而要求專業照護者將其視為一個刻意充能的過程，以獲取維持耐力、彈性、韌力與正向態度所需的必要資源，這些都是成為一位優秀照護者不可或缺的要素。

我們會引導他們進行自我評估（詳見第十一章），並要求他們在以下各個領域中至少列出一項活動，來增強他們的能力與韌

力：身體、心理、情緒、靈性與專業自我照護。

▶「前瞻式加速復原計畫」大綱

「加速復原計畫」首先會透過多種量化工具對慈悲枯竭進行全面評估，包括專業生活品質量表（Pro-QOL）、創傷復原量表（Trauma Recovery Scale）、沉默反應量表（Silencing Response Scale）、生活滿意度量表（Satisfaction with Life Scale）、康納—戴維森韌力量表（Connor-Davidson Resilience Scale）。此外，會透過訪談來評估次發性創傷壓力及倦怠症狀。

在計畫的五個階段結束後，我們會再次施測這些量表，並和參與計畫的專業照護者討論結果。若某些症狀仍持續存在，會為他們制定後續照護計畫（此計畫可透過與計畫督導者的視訊會議完成，或轉介至當地的醫療專家）。

若該專業照護者回報其慈悲枯竭症狀已獲得緩解，並對計畫成果感到滿意，我們仍會安排計畫結束後的二至四週內，進行一次視訊或電話追蹤訪談，以確保其長期穩定與持續成長。

階段一

⊙ **量化評估：**
- 專業生活品質量表
- 創傷復原量表
- 沉默反應量表
- 生活滿意度量表
- 康納—戴維森韌力量表

⊙ **質性評估：**

- 和參與者討論他們在工作相關壓力下所經歷的各種症狀與功能受損情況。
- 確立專業與個人目標。
⊙ 建構照護職涯（包含專業與志工服務）的圖像化時間軸。
⊙ 口述職涯敘事（錄影存檔）。
⊙ 作業1：觀看自身的敘事影片。

階段二

⊙ 回顧與討論：觀看自身敘事影片後的感受與反思。
⊙ 個別化心理教育：
- 慈悲枯竭
  －次發創傷壓力
  －倦怠
- 喚起希望的工具：壓力＝感知的威脅（「你的工作本身壓力並不大」）
  －自律神經系統使用手冊
  －自我調節技能
  －練習自我調節

⊙ 作業1：以自我調節來因應感知的威脅。
⊙ 作業2：完成誓約／使命宣言及榮譽準則。

階段三

⊙ 回顧與討論：自我調節的成功經驗。
⊙ 個別化心理教育：循意向行事。
- 違背誠信正直＝自律神經失調。
- 循意向行事＝明確的意圖＋放鬆的身體。

- ⊙朗讀並錄製誓約／使命宣言與榮譽準則。
- ⊙完成「從反應性轉為意向性」工作表。
- ⊙作業1：在日常生活中，以循意向行事與自我調節來因應那些習慣性違背誠信正直的情境。

階段四

- ⊙**回顧與討論**：在實踐循意向行事上的成功經驗。
- ⊙**個別化心理教育**：感知成熟
  - 職場解毒
  - 自我優化
- ⊙**次發創傷壓力減敏**
  - 使用「眼動減敏與歷程更新療法」聚焦於專業生涯中的關鍵議題。
  - 替代方案：其他減敏方法，例如：敘事暴露療法、神經語言程式學心錨法／視觸分離法、創傷藝術治療）。
- ⊙**作業 1：量化評估**
  - 專業生活品質量表
  - 創傷復原量表
  - 沉默反應量表
  - 生活滿意度量表
  - 康納—戴維森韌力量表
- ⊙作業2：還有哪些未完成的部分？

階段五

- ⊙**回顧評估工具並評估成效**：尚待完成的事項？
- ⊙**開放式討論**：解決任何遺留問題。

⊙個別化心理教育：
  • 連結與支持：確認支持網絡
  • 自我照護與活力重振：
    －自我照護評估
    －確認並承諾在未來一個月內實踐七項新的自我照護活動。
⊙完成個人專屬韌力計畫
  • 自我調節
  • 循意向行事
  • 感知成熟
  • 連結與支持
  • 自我照護與活力重振
⊙啟動儀式
⊙作業1：安排視訊會議／電話追蹤。

如果你或認識的人有興趣參與加速復原計畫、安排一個前瞻式專業韌力工作坊，或想了解更多訊息，可以透過網站www.forward-facing.com、電子郵件j.eric.gentry.phd@gmail.com和艾瑞克聯繫。

專業生活品質量表（PRO-QOL）

當你幫助別人時，會直接接觸到他人的生活。你可能因此經驗過正面及負面的影響。以下問題旨在了解你身為「助人者」所經歷的正面與負面經驗。請依據你自身的經歷及目前的工作狀況回答，並誠實地填選出最符合你在過去三十天中所經歷過的情況。

慈悲滿足與慈悲枯竭（PRO-QOL）第五版（2009）★

1= 從未有過　2= 很少　3= 偶爾　4= 經常如此　5= 總是如此	
	1. 我是快樂的
	2. 我常常想到一個以上我所「幫助」過的人
	3.「幫助」他人讓我得到滿足感
	4. 我感到和他人有所連結
	5. 突如其來的聲響會讓我感到驚嚇
	6. 和需要我「幫助」的人在一起，讓我感到充滿活力
	7. 我發現很難將個人生活與「助人」工作分開
	8. 當「幫助」經歷重大創傷的人時，我會睡得不好，因而工作效率較差
	9. 我覺得自己已經受到那些曾「幫助」過的嚴重創傷者影響了
	10. 從事「助人」的工作讓我感到困惑
	11. 因為我的「助人」工作，讓我對很多事情感到緊張
	12. 我喜歡從事「助人」的工作
	13. 我所「幫助」的嚴重創傷經歷者讓我感到沮喪
	14. 我覺得自己似乎也經歷了那些曾被我「幫助」過的嚴重創傷者所經歷的傷痛
	15. 我有信念支持著我
	16. 我對自己在「助人」技能的提升與進展感到滿意
	17. 我已經成為自己心目中一直渴望成為的模樣
	18. 我的工作讓我感到滿意
	19. 我覺得精疲力竭，因為我的工作屬於「助人」類型
	20. 我對於自己如何幫助他人以及那些曾受我幫助的人，懷抱愉悅的想法和感受
	21. 我覺得「工作」的負擔似乎無止境，讓我難以承受
	22. 我相信透過我所做的，可以讓事情變得不同
	23. 我會避免某些活動或情境，因它們會讓我想起那些曾經「幫助」過者的可怕經歷
	24. 我為自己能夠幫助他人而感到自豪
	25. 由於從事助人工作，讓我產生令人不安與恐懼的想法
	26. 我感覺自己「深陷」於制度的泥沼之中
	27. 我認為自己是一位「成功」的「助人者」
	28. 我無法回想起我在和創傷受害者工作時的重要經歷
	29. 我是一個非常有愛心的人
	30. 我很慶幸自己選擇了這份工作

你的量表分數：專業生活品質篩檢

基於你的回答，請將個人分數填入以下空格。如果你對結果有疑慮，建議你和身心健康照護專家進行討論。

慈悲滿足 _____

慈悲滿足指的是你因能做好自己的工作而獲得的喜悅感。例如，你可能會因透過工作幫助他人而感到快樂，對同事或自己在職場中的貢獻，甚至對整個社會的貢獻，感到正向。此量表的高分代表你在工作中身為照護者的角色帶來較高的滿足感。

本量表的平均分數為 50（標準差 10；信度係數 α =0.88）。約 25% 的人得分高於 57，而約 25% 的人得分低於 43。如果你的分數較高，代表你可能從職位中獲得了相當大的專業滿足感。如果你的得分低於 40，這可能表示你在工作中遇到問題，或者你的滿足感主要來自於其他活動，而非工作。

倦怠 _____

大多數人對於「倦怠」都有直覺性的理解。從研究的角度來看，倦怠是慈悲枯竭的核心要素之一，與無助感、難以因應工作、以及難以有效執行職責的感受有關。這些負向感受通常是逐漸累積的，可能反映出你覺得自己的努力未見成效，或與極高的工作負荷及缺乏支持的職場環境有關。此量表的高分代表你較容易出現倦怠的風險。

本量表的平均分數為 50（標準差 10；信度係數 α =0.75）。約 25% 的人得分高於 57，而約 25% 的人得分低於 43。如果得分低於 43，這通常代表你對自己的工作能力持正向態度。如果得分高於 57，你可能需要思考是什麼因素讓你覺得在工作中無法發揮效能。此分數可能與當下的情緒有關，例如，你可能只是「今天狀況不好」，或者你需要一些休息時間。然而，如果高分持續存在，或與其他憂慮有關，則可能需要特別關注。

次發創傷壓力 _____

慈悲枯竭的另一個要素是次發創傷壓力，它與你因工作而間接接觸到極端或創傷性事件的經驗有關。例如，你可能經常聽到他人經歷的創傷事件，這種情況通常被稱為代入性創傷。如果你的工作讓你直接面臨危險（例如在戰區或暴力衝突區域進行現場工作），這屬於原發暴露。但如果你的工作讓你接觸到他人的創傷事件（例如作為心理治療師或急救人員），這就屬於次發暴露。

次發創傷壓力的症狀通常發生得較為迅速，且與特定事件相關。這些症狀可能包括感到恐懼、難以入睡、腦海中不時浮現令人痛苦的事件畫面，或是刻意避開讓你聯想到該事件的事物。

本量表的平均分數為 50（標準差 10；信度係數 α =0.81）。約 25% 的人得分低於 43，而約 25% 的人得分高於 57。如果你的得分高於 57，建議你花點時間思考，是否有某些工作內容讓你感到恐懼，或是否有其他原因導致你的分數較高。雖然高分並不代表你一定有問題，但它可能提示你需要檢視自己對工作及職場的感受。你可以和主管、同事或醫療專業人員討論你的感受，以尋求支持與因應策略。

我的分數是多少？這代表什麼意思？

在此階段，你將為自己的測驗結果進行計分，以便更好地理解結果。為了計算每個部分的分數，請將左側列出的問題的分數相加，然後在該部分右側的表格中找到你的總分所對應的解釋。

慈悲滿足量表

請將你對「專業生活品質量表」問題的評分填入下方的左邊欄目（例如，3 是指第 3 題、12 是第 12 題，依此類推，接下來的倦怠量表、次發壓力量表亦同），然後加總分數。完成加總後，你可以在下方右側欄目中找到你的分數所對應的解釋。

3. _____ 6. _____	我的慈悲滿足問題的分數加總為	因此我的分數等於	我的慈悲滿足程度為
12. _____ 16. _____	22 分或更少	43 分或更少	低
18. _____ 20. _____			
22. _____ 24. _____	介於 23 分到 41 分之間	約略 50 分	平均
27. _____ 30. _____			
總分：_____	42 分或更多	57 分或更多	高

倦怠量表

在「倦怠量表」中，你需要額外執行一步驟。標有＊號的題目是「反向計分」。如果你在該題目的評分為 1，請在下列左方欄目寫上 5，評分為 2 則寫 4，評分為 3 則同為 3，評分為 4 則寫 2，評分為 5 則寫 1。我們要求你反向計分的原因是，從科學角度來看，當這些問題以正向方式提問時，測量效果會更好，儘管它們的負向表達形式能提供更多資訊。例如：問題 1：當你不快樂時，「我感到快樂」的提問能更清楚地顯示助人工作的影響，因此需要反向計分。

*1.___ = ___ *4.___ = ___	我的倦怠問題的分數加總為	因此我的分數等於	我的慈悲滿足程度為
8. _____ 10. _____	22 分或更少	43 分或更少	低
*15.___ = ___ *17.___ = ___			
19. _____ 21. _____	介於 23 分到 41 分之間	約略 50 分	平均
26. _____ *29.___ = ___			
總分：_____	42 分或更多	57 分或更多	高

次發創傷壓力量表

如同你在慈悲滿足量表中所做的那樣,請將你對這些問題的評分填入下方的左邊欄目並加總。完成加總後,你可以在下方右邊的欄目中找到你的分數所相對應的解釋。

2. _____   5. _____
7. _____   9. _____
11. _____ 13. _____
14. _____ 23. _____
25. _____ 28. _____
總分:_____

我的慈悲滿足問題的分數加總為	因此我的分數等於	我的慈悲滿足程度為
22 分或更少	43 分或更少	低
介於 23 分到 41 分之間	約略 50 分	平均
42 分或更多	57 分或更多	高

慈悲枯竭症狀量表*

身體症狀	☐ 我的病假次數增加了 ☐ 我感到身體不適 ☐ 我感到疲憊不堪 ☐ 我感到緊張不安、焦躁不已 ☐ 我運動的頻率減少了 ☐ 我的睡眠變得困難 ☐ 我對親密關係與性生活的興趣減少
心理症狀	☐ 我變得更憤世嫉俗與悲觀 ☐ 我發現自己試圖透過麻木或封閉情感來逃避感受 ☐ 我曾有與工作相關的惡夢或夢魘 ☐ 我對曾經喜愛的活動失去興趣與樂趣 ☐ 我難以做決定,或經常做出不佳的決策 ☐ 我覺得自尊心有所下降
情緒症狀	☐ 我對主管或同事產生憤怒情緒 ☐ 我感到比過去更憂鬱、低落與絕望 ☐ 我的憤怒與易怒比平時更明顯 ☐ 一想到要上班,我就感到恐懼與不安 ☐ 我難以找到希望 ☐ 我和自己過去的信仰或精神寄託變得疏離 ☐ 過去一週內,我感到不堪負荷的次數超過三次

靈性症狀	☐ 我開始避免和親友共度時光
	☐ 我擔憂自己和親人的安全
	☐ 我較少參與過去曾帶給我快樂的活動
	☐ 我缺乏時間自我照顧
	☐ 我變得難以信任他人
	☐ 我感到絕望與無助
專業症狀	☐ 我無法擺脫與工作相關的思緒
	☐ 我經常不自主地想起過去工作中發生的不愉快事件
	☐ 我的工作效率下降了
	☐ 我曾多次想過要辭職
	☐ 我覺得文書工作與瑣事影響了我對工作的熱情
註:若勾選五項或以上,顯示你可能正為慈悲枯竭所苦,請留意自身狀態與需求。	

★ © B. Hudnall Stamm, 2009–2012。《專業生活品質量表:慈悲滿足與枯竭》第五版(ProQOL)。原始出處:www.proqol.org。本量表可自由複製,惟須遵守以下條件:(a) 必須標示原作者;(b) 不得更動內容;(c) 不得用於販售用途。使用本量表者應造訪官方網站(www.proqol.org),以確認所使用版本為目前最新版本。

∗ 譯注:本書第三章提到菲格利教授將慈悲枯竭定義為:「次發創傷壓力與倦怠綜合影響的後果。」因此,在附錄二 PROQOL 量表中,「倦怠量表」及「次發創傷壓力量表」是分開量測的,並未合併為「慈悲枯竭」進行解讀。

此外,同段落也指出,從心理動力學的角度來看,「慈悲枯竭」可被描述為:「因長期暴露於毒性照護工作環境,所造成的一種心理、生理、道德與靈性層面的損害。」在該章的典型症狀也分別簡述身體、心理與情緒、專業及靈性症狀。加上第十一章所述,自我照護與活力重振這項韌力技能分成五個主要類別:身體、心理、情緒、靈性與專業。

基於上述觀點,作者(J. Eric Gentry)在實務工作坊中,嘗試整合這些概念,設計出「慈悲枯竭症狀量表」作為簡易篩檢工具,供學員進行自我評估。然而,該量表尚未經過信效度驗證,只能作為參考之用。

該量表來源:https://webinars.jackhirose.com/wp-content/uploads/2020/07/FFPR-2020-HIROSEi.pdf

(查閱日期:2025.6.17。)

致謝

根特里博士（艾瑞克）與狄亞茲醫師（吉姆）謹向艾希莉‧卡爾森以及烏托邦編輯與代筆服務公司表達我們誠摯的感謝。自本書開篇之初，她便一路相伴，展現出卓越的編輯才華，將我們零散的想法、拙劣的句構與冗長的語句，轉化為條理清晰、言之有物且易於閱讀的內容。若非她堅定不移的奉獻精神與專業素養，和我們傳遞希望訊息的使命相契合，本書無法順利出版。

我們還要感謝蘇珊‧道爾在設計封面與巧妙格式化本書內文方面的出色圖形藝術工作。

我們還要感謝威特締醫療集團專業韌力項目團隊（前稱CEP America）的成員。在近十年的全球培訓與韌力工作坊過程中，他們的不懈協助下，我們得以將這些資料發展成最具效力的形式。我們要感謝並致敬以下團隊成員對韌力專案的貢獻：卡馬‧洛克、拉瑞莎‧納度霍夫斯卡婭、柯妮‧阿莫迪、泰德‧穆里、布魯克‧韋斯特、凱爾希、清田、安娜‧范阿斯特羅。

來自艾瑞克‧根特里博士

首先，我要向兩位偉大的先行者致敬，正是站在他們的肩膀上，我才能在過去二十年間發展、精煉並呈現這些內容。第一位

是維克多‧弗蘭克醫師，他讓我明白，不論環境多麼惡劣，任何人都能擁有優質的生活。他的思想構成了前瞻式韌力培養過程的基石。

其次，我要向我的博士論文指導教授、創傷壓力與慈悲枯竭領域的先驅——查爾斯‧菲格利博士致敬。他在1995年撰寫了此領域的奠基之作《專業照護者如何因應慈悲枯竭與次發創傷壓力症》。若沒有他的指導、支持與耐心，專為療癒慈悲枯竭的加速復原計畫以及其他相關成果皆不可能問世。我今天能擁有博士學位，並成為如今的研究者與臨床工作者，他的啟發與提攜功不可沒。謝謝您，查爾斯。

我還要感謝我和安娜‧巴拉諾夫斯基博士的二十年夥伴關係，她目前是加拿大創傷學研究所的主任兼執行長。安娜、凱瑟琳‧鄧寧和我於1997年春天在佛羅里達州立大學開始了這項工作，我希望本書能尊重我們在一起工作中所發現的種子，並展現這份工作帶來的魔力。

我還要感謝派提‧波特、德雷莎‧迪謝德斯，以及所有在2006至2010年期間參與巴恩斯猶太醫院多年間實施此工作坊、並研究其效果的指導員。此外，感謝凱薩琳‧弗拉莉提博士，感謝她的研究與出版品，證明本書中所包含的原則的有效性。

理想情況下，我希望能感謝每一位在這些資料和工作坊的開發過程中作出貢獻的人，但這其中有成千上萬的人。我想特別感謝一些人，按順序不分先後：李‧諾頓博士；查理‧耶爾根博士；梅森‧海恩斯碩士；瑪吉‧斯科非爾德社工碩士；喬和維琦‧摩爾；里克‧歐比德；海倫‧凱莉；康納‧沃德斯博士；保羅‧賽門律師；凱蒂‧賽門；約翰‧伊爾切夫；羅伯特‧洛頓心理學博士；邁克‧蘭克博士；以及雅克‧根特里學士。

最後，我要衷心且真摯地感謝我的朋友傑佛瑞‧吉姆醫師，沒有他，這一切都不會發生。十年前，我們作為同事共同踏上這段旅程，致力於幫助醫療照護者避免因工作而遭受痛苦與死亡。十年後，在成功完成使命後，我們已建立起終生的友誼。

來自傑佛瑞‧吉姆‧狄亞茲醫師
　　衷心感謝艾瑞克，感謝你在這段旅程中的智慧、同理、耐心與幽默陪伴。謝謝你，兄弟。同時也要感謝我的妻子佩姬，沒有你，這一切都無法發生。

參考文獻

第一部分：前言

1. Craigie, Mark, Susan Slatyer, Desley Hegney, Rebecca Osseiran-Moisson, J. Eric Gentry, Sue Davis, Tony Dolan, and Clare Rees. "A Pilot Evaluation of a Mindful Self-Care and Resiliency (MSCR) Intervention for Nurses." Mindfulness 7, no. 3 (2016): 764-774.
2. Flarity, Kathleen, Kim Nash, Whitney Jones, and Dave Steinbruner. "Intervening to Improve Compassion Fatigue Resilience in Forensic Nurses." Advanced Emergency Nursing Journal 38, no. 2(2016): 147-156.
3. Flarity, Kathleen, Whitney Jones Rhodes, and Paul Reckard. "Intervening to Improve Compassion Fatigue Resiliency in Nurse Residents." Journal of Nursing Education and Practice 6, no 12 2016): 99-104.
4. Potter, Patricia, Sarah Pion, and J. Eric Gentry. "Compassion Fatigue Resiliency Training: The Experience of Facilitators." Journal of Continuing Education in Nursing 46, no. 2(2015): 1-6.
5. Flarity, Kathleen, J. Eric Gentry, and Nathan Mesnikoff. "The Effectiveness of an Educational Program on Preventing and Treating Compassion Fatigue in Emergency Nurses." Advanced Emergency Nursing Journal 35, no. 3 (2013): 247-258.
6. Rank, Michael, Tracy Zaparanick, and J. Eric Gentry."Nonhuman-Animal Care Compassion Fatigue: Training as Treatment." Best Practices in Mental Health 5, no. 2(2009): 40-61.
7. Baranowsky, Anna, J. Eric Gentry, and Jennifer Baggerly."Accelerated Recovery Program: Training-as-Treatment."Canadian Association of Rehabilitation Professionals (2005).
8. Gentry, J. Eric, Jennifer Baggerly, and Anna Baranowsky. "Training-as-Treatment: The Effectiveness of the Certified Compassion Fatigue Specialist Training." International Journal of Emergency Mental Health 6, no. 3(2004): 147-155.
9. Gentry, J. Eric. "Compassion Fatigue: A Crucible of Transformation." Journal of Trauma Practice 1, no. 3-4(2002): 37-61.

第二部分:全文

1. Balch, Charles M., Julie A. Freischlag, and Tait D. Shanafelt. "Stress and Burnout Among Surgeons: Understanding and Managing the Syndrome and Avoiding the Adverse Consequences." Archives of Surgery 144, no. 4 (April2009): 371-376. doi: 10.1001/archsurg.2008.575; Frank, Erica, Holly Biola, and Carol A. Burnett. "Mortality Rates and Causes Among U.S. Physicians." American Journal of Preventative Medicine 19, no. 3 (October 2000):155-159. doi:10.1016/S0749-3797(00)00201-4; Center, Claudia, Miriam Davis, Thomas Detre, Daniel Ford, Wendy Hansbrough, Herbert Hendin, John Laszlo et al. "Confronting Depression and Suicide in Physicians: A Consensus Statement." The Journal of the American Medical Association 289, no. 23 (June 2003): 3161-3166. doi: 10.1001/jama.289.23.3161; Lindeman, Sari, Esa Läärä, Helinä Hakko, and Jouko Lönnqvist. "A Systematic Review on Gender-Specific Suicide Mortality in Medical Doctors." The British Journal of Psychiatry 168, no. 3 (March 1996) 274-279. doi: 10.1192/bjp. 168.3.274.
2. Thomassen, Harvey, Marcel Lavanchy, Ian Connelly, Jonathan Berkowitz, and Stefan Grzybowski. "Mental Health, Job Satisfaction, and Intention to Relocate. Opinions of Physicians in Rural British Columbia." Canadian Family Physician no. 47 (May 2001): 737-744. http://www.ncbi.nlm.nih.gov/pubmed/11340754.
3. Cooper, Cary, Usha Rout, and Brian Faragher. "Mental Health, Job Satisfaction, and Job Stress among General Practitioners." British Medical Journal 298, no. 6670(1989):366-370. doi: 10.1057/9781137310651_17.
4. Bridgeman, Patrick, Mary Bridgeman, and Joseph Barone. "Burnout Syndrome Among Healthcare Professionals." American Journal of Health-System Pharmacy 75, no. 3(2018): 147-152. doi:10.2146/ajhp170460.
5. Donnelly, Elizabeth, and Darcy Siebert. "Occupational Risk Factors in the Emergency Medical Services." Prehospital and Disaster Medicine 24, no. 5(2009): 422-429. doi:10.1017/ S1049023X00007251.
6. Canadian Institute for Health Information. A Summary of Highlights from the 2005 National Survey of the Work and Health of Nurses. Ottawa: Statistics Canada, 2005. http:// www.cihi.ca/en/nursing_nswhn_summary2005_en.pdf.
7. Embriaco, Nathalie, Laurent Papazian, Nancy Kentish-Barnes, Frederic Pochard, and Elie Azoulay. "Burnout Syndrome Among Critical Care Healthcare Workers." Current Opinion in Critical Care 13, no. 5 (2007): 482-488. doi: 10.1097/MCC. Ob013e3282efd28a.
8. Bridgeman, Bridgeman, and Barone. "Burnout Syndrome,"147.
9. Warren, Ternarian. "The Effects of Frequent Exposure to Violence and Trauma on Police Officers." PhD diss., Walden University, 2015. http://scholarworks.waldenu.edu/cgi/viewcontent.cgi?article=2328&context-dissertations.
10. National Child Welfare Resource Center for Family-Centered Practice. "Foster Families and Agencies Respond." Best Practice/Next Practice (Winter 2002): 9-11. http:// www.hunter.cuny.edu/socwork/nrcfcpp/downloads/ newsletter/BPNPWinter02.pdf.

11. Acker, Gila. "The Challenges in Providing Services to Clients with Mental Illness: Managed Care, Burnout and Somatic Symptoms Among Social Workers." Community Mental Health Journal 46, no. 6 (November 2009): 591-600. doi: 10.1007/10597-009-9269-5.
12. Di Benedetto, Mirello, and Michael Swadling. "Burnout in Australian Psychologists: Correlations with Work-Setting, Mindfulness and Self-Care Behaviours." Psychology, Health & Medicine 19, no. 6 (201): 705-715. doi: 10.1080/13548506.2013.875362.
13. Sim, Wonjin, Gina Zanardelli, Mary Jo Loughran, Mary Beth Mannarino and Clara Hill. "Thriving, Burnout, and Coping Strategies of Early and Later Career Counseling Center Psychologists in the United States." Counselling Psychology Quarterly 29, no. 4(2016): 382-404. doi:10.1080/09515070.2015.1121135.
14. Van Dam, Arno, Ger Keijsers, Paul Eling, and Eni Becker. "Burnout and Impaired Cognitive Performance; Review of Evidence, Underlying Processes and Future Directions." In Handbook on Burnout and Sleep Deprivation: Risk Factors, Management Strategies and Impact on Performance and Behaviour, edited by Travis Winston, 113-128. Hauppauge: Nova Science Publishers, 2015.
15. Kandelman, Nadia, Thierry Mazars, and Antonin Levy. "Risk Factors for Burnout Among Caregivers Working in Nursing Homes." Journal of Clinical Nursing 27, no. 1-2(2018): e147-e153. doi:10.1111/jocn.13891.
16. Shanafelt, Tait D., Katherine A. Bradley, Joyce E. Wipf, and Anthony L. Back. "Burnout and Self-Reported Patient Care in an Internal Medicine Residency Program." Annals of Internal Medicine 136, no. 5 (March 2002): 358-367, http://www.ncbi.nlm.nih.gov/pubmed/11874308.
17. Salyers, Michelle, Mindy Flanagan, Ruth Firmin, and Angela Rollins. "Clinicians' Perceptions of How Burnout Affects Their Work." Psychiatric Services 66, no. 2 February2015): 204-207. doi:10.1176/appi.ps.201400138.
18. Privitera, Michael, Alan Rosenstein, Franziska Plessow, and Tara LoCastro. "Physician Burnout and Occupational Stress: An Inconvenient Truth with Unintended Consequences." Journal of Hospital Administration 4, no. 1(2015): 27-35. doi:10.5430/jha.v4n1p27.
19. Schindler, Barbara A., Dennis H. Novack, Diane G. Cohen, Joel Yager, Dora Wang, Nicholas J. Shaheen, Phyllis Guze, LuAnn Wilkerson, and Douglas A. Drossman. "The Impact of the Changing Health Care Environment on the Health and Wellbeing of Faculty at Four Medical Schools." Academic Medicine 81, no. 1 (January 2006): 27-34, http://www.ncbi.nlm.nih.gov/pubmed/16377815.
20. The Physicians Foundation. 2016 Survey of America's Physicians: Practice Patterns and Perspectives. Accessed February 5, 2017. http://www.physiciansfoundation.org/uploads/default/Biennial Physician Survey_2016.pdf.
21. Peckham, Carol. Medscape Lifestyle Report 2017: Race and Ethnicity, Bias and Burnout. (New York: Art Science Code LLC, 2017).
22. Shanafelt, Tait, Sonja Boone, Litjen Tan, Lotte Dyrbye, Wayne Sotile, Daniel Satele, Colin West, Jeff Sloan, and Michael Oreskovich. "Burnout and Satisfaction with

Work-Life Balance Among U.S. Physicians Relative to the General U.S. Population." Archives of Internal Medicine 172, no. 18(2012): 1377-1385. doi:10.1001/archinternmed.2012.3199.
23. Swensen, Stephen, Tait Shanafelt, and Namita Seth Mohta. "Leadership Survey: Why Physician Burnout Is Endemic, and How Health Care Must Respond." NEJM Catalyst Insights Report. December 8,2016. http://catalyst.nejm.org/physician-burnout-endemic-healthcare-respond/.
24. Ibid.（同前處 23）
25. Landro, Laura. "When Nurses Catch Compassion Fatigue, Patients Suffer." Wall Street Journal. January 3, 2012. http://www.wsj.com/articles/ SB10001424052970 204720204577128882104188856.
26. Zuger, Abigail. "Dissatisfaction with Medical Practice." New England Journal of Medicine 350, no. 1 (January 2004):69-75. doi:10.1056/NEJMsr031703.
27. Bohall, Greg, and Mary-Jo Bautista. The Psychologist's Guide to Professional Development. Cham: Springer, 2017; Coy, Jacey S., Jessica E. Lambert, and Marianne M. Miller. "Stories of the Accused: A Phenomenological Inquiry of MFTs and Accusations of Unprofessional Conduct." Journal of Marital and Family Therapy 42, no. 1 (January 2016):139-152. doi:10.1111/jmft.12109; Gentry, J. Eric. "The Effects of Caregiver Stress Upon Ethics At-Risk Behavior Among Florida Licensed Marriage and Family Therapists." PhD diss., Florida State University, 2007, http://diginole.lib.fsu.edu/islandora/object/fsu%3A168465 #tabs-2; Jones, John W., Bruce N. Barge, Brian D. Steffy, Lisa M. Fay, Lisa K. Kunz, and Lisa K.Wuebker. "Stress and Medical Malpractice: Organizational Risk Assessment and Intervention." Journal of Applied Psychology 73, no. 4 (November 1988): 727-735. http:// www.ncbi.nlm.nih.gov/pubmed/3209582; Olson, Linda, and Felicia Stokes. "The ANA Code of Ethics for Nurses With Interpretive Statements: Resource for Nursing Regulation." Journal of Nursing Regulation 7, no. 2 July 2016): 9-20. doi: 10.1016/S2155-8256(16)31073-0.
28. Shanafelt, Tait, Charles Balch, Gerald Bechamps, Tom Russell, Lotte Dybye, Daniel Satele, Paul Collicott, Paul Novotny, Jeff Sloan, and Julie Freischlag. "Burnout and Medical Errors Among American Surgeons." Annals of Surgery 251, no. 6 (2010): 995-1000. doi:10/1097/ SLA.0b013e3181bfdab3.
29. Ibid.
30. Berg, Sara. "At Stanford, Physician Burnout Costs At Least $7.75 Million a Year." AMA Wire. November 17, 2017. http://wire.ama-assn.org/life-career/stanford-physician-burnout-costs-least-775-million-year.
31. Steenhuysen, Julie. "Counting the Costs: U.S. Hospitals Feeling the Pain of Physician Burnout." Reuters. November 20,2017. http://www.reuters.com/article/us-usa-healthcare-burnout/counting-the-costs-u-s-hospitals-feeling-the-pain-of-physician-burnout-idUSKBN1DLOEX.
32. Institute for Healthcare Improvement. "IHI Triple Aim Initiative: Better Care for Individuals, Better Health for Populations, and Lower per Capita Costs." Accessed February 5, 2017. http://www.ihi.org/Engage/Initiatives/ TripleAim/Pages/default.aspx.

33. Bodenheimer, Thomas, and Christine Sinsky. "From Triple to Quadruple Aim: Care of the Patient Requires Care of the Provider." Annals of Family Medicine 12, no. 6 (November2014): 573-576. doi:10.1370/afm.1713.
34. Perlo, Jessica, Barbara Balik, Stephen Swensen, Andrea Kabcenell, Julie Landsman, and Derek Feeley. IHI Framework for Improving Joy in Work. Cambridge, MA: Institute for Healthcare Improvement, 2017.
35. Saakvitne, Karen, Sarah Gamble, Laurie Pearlman, and Beth Lev. Risking Connection: A Training Curriculum for Working with Survivors of Childhood Abuse. Baltimore: Sidran Press, 2000.
36. Price, Michael, and Page Anderson. "Outcome Expectancy as a Predictor of Treatment Response in Cognitive Behavioral Therapy for Public Speaking Fears Within Social Anxiety Disorder." Psychotherapy 49, no. 2 (2012):173-179. doi:10.1037/a0024734.
37. Almarzouki, Abeer, Christopher Brown, Richard Brown, Matthew Leung, and Anthony Jones. "Negative Expectations Interfere with the Analgesic Effect of Safety Cues on Pain Perception by Priming the Cortical Representation of Pain in the Midcingulate Cortex." Plos One 12, no. 6(2017): e0180006. doi: 10.1371/ journal.pone.0180006; van Osch, Mara, Sandra van Dulmen, Liesbeth van Vliet, and Jozien Bensing."Specifying the Effects of Physician's Communication on Patients' Outcomes: A Randomised Controlled Trial." Patient Education and Counseling 100, no. 8 (2017):1482-1489. doi: 10.1016/j.pec.2017.03.009.
38. Gentry, J. Eric. Tools for Hope. DVD. Sarasota: Compassion Unlimited, 2009.
39. LeDoux, Joseph. "Coming to Terms with Fear." Proceedings of the National Academy of Sciences of the United States of America 111 no. 8 (February 2014): 2871-2878. doi:10.1073/pnas.1400335111.
40. Pinker, Steven. The Better Angels of Our Nature: Why Violence Has Declined. New York: Viking, 2011.
41. McCann, Lisa I., and Laurie A. Pearlman. "Vicarious Traumatization: A Framework for Understanding the Psychological Effects of Working with Victims." Journal of Traumatic Stress 3, no. 1 (1990): 131-149. doi:10.1007/ BF00975140.
42. Yerkes, Robert M., and John D. Dodson. "The Relation of Strength of Stimulus to Rapidity of Habit-Formation." The Journal of Comparative Neurology 18, no. 5 (November1908): 459-482. doi:10.1002/cne.920180503.
43. "What is Stress?" The American Institute of Stress. Accessed December 23, 2017. http://www.stress.org/ what-is-stress/.
44. Selye, Hans. "Stress without Distress." In Psychopathology of Human Adaptation, edited by George Serban, 137-146. Boston: Springer, 1976.
45. Malach, Christine, Susan Jackson, and Michael Leiter. The Malach Burnout Inventory. 3rd ed. Palo Alto: Consulting Psychologists Press, 1996.
46. Gentry, J. Eric, Anna Baranowsky, and Kathleen Dunning. "The Accelerated Recovery Program (ARP) for Compassion Fatigue." In Psychosocial Stress Series, no. 24. Treating Compassion Fatigue, edited by Charles Figley, 123-137. New York: Brunner-Routledge, 2002.

47. Kabat-Zinn, Jon. Wherever You Go, There You Are:Mindfulness Meditation in Everyday Life. New York: Hyperion, 1994.
48. "Mindfulness." Psychology Today. Accessed April 24,2018. http://www.psychologytoday.com/us/basics/ mindfulness.
49. "Buddhist Teachings on Mindfulness." Lion's Roar.Accessed April 24, 2018. https://www.lionsroar.com/ buddhist-teachings-on-mindfulness/.
50. "Joseph Wolpe." New World Encyclopedia. Accessed September 7, 2017. http://www.newworldencyclopedia.org/entry/Joseph_Wolpe.
51. Wolpe, Joseph. "Psychotherapy by Reciprocal Inhibition." Integrative Psychological and Behavioral Science 3, no. 4(1968) 234-240. doi:10.1007/BF03000093.
52. Bach, Richard. Illusions: The Adventures of a Reluctant Messiah. New York: Delacorte Press/Eleanor Friede, 1977.
53. Grossman, Dave. On Combat: The Psychology and Physiology of Deadly Conflict in War and in Peace. 3rd ed. Pennsauken: bookbaby, 2017.
54. Ziglar, Zig. Quoted in Baerg, Kevin, Created for Excellence:12 Keys to Godly Success. Tacoma: Inspiration Press, 1999.
55. LeDoux, Joseph. Anxious: Using the Brain to Understand and Treat Fear and Anxiety. New York: Penguin, 2016.
56. Gentry, J. Eric. Forward-Facing Trauma Therapy: Healing the Moral Wound. Sarasota: Compassion Unlimited, 2016.
57. Gentry, Baranowsky, and Dunning. "Accelerated Recovery Program," 123 (see chap. 5, n. 1).
58. Dyer, Wayne. "Success Secrets." Wayne's Blog. https:// www.drwaynedyer.com/blog/success-secrets/.
59. Kabat-Zinn. Wherever You Go, There You Are (see chap. 7, n. 1).
60. Wikiversity. "Happiness." Last modified April 27, 2017. https://en.wikiversity.org/wiki/Happiness.
61. Achor, Shawn. The Happiness Advantage: The Seven Principles of Positive Psychology That Fuel Success and Performance at Work. New York: Crown Business, 2010.
62. Schneider, Kirk. "Toward a Humanistic Positive Psychology: Why Can't We Just Get Along?" Psychology Today. Article published November 29, 2010. https:// www.psychologytoday.com/us/blog/awakening- awe/201011/toward-humanistic-positive-psychology-why-cant-we-just-get-along.
63. Hanson, Rick. Hardwiring Happiness: The New Brain Science of Contentment, Calm, and Confidence. New York: Harmony, 2013.
64. Achor, Shawn. "5 Ways to Turn Happiness Into an Advantage." Psychology Today. Article published August 23, 2011. https://www.psychologytoday.com/us/blog/ the-happiness-advantage/201108/5-ways-turn-happiness-advantage.
65. Bauer, Jack, and George Bonanno. "Continuity amid Discontinuity: Bridging One's Past and Present in Stories of Conjugal Bereavement." Narrative Inquiry 11, no. 1 (November 2001): 123-158. doi:10.1075/ni.11.1.06bau.
66. Fredrickson, Barbara. "The Role of Positive Emotions in Positive Psychology: The

Broaden-and-Build Theory of Positive Emotions." American Psychologist 56, no. 3 (2001):218-226. doi: 10.1037/0003-066X.56.3.218.
67. Cohn, Michael, Barbara Fredrickson, Stephanie Brown, Joseph Mikels, and Anne Conway. "Happiness Unpacked: Positive Emotions Increase Life Satisfaction by Building Resilience." Emotion 9, no. 3 (2009): 361-368. doi: 10.1037/ a0015952.
68. Hyman, Steve, Matthew Shotwell, Damon Michaels, Xue Han, Elizabeth Card, Jennifer Morse, and Matthew Weinger. "A Survey Evaluating Burnout, Health Status, Depression, Reported Alcohol and Substance Use, and Social Support of Anesthesiologists." Anesthesia & Analgesia 125, no. 6 (October 2017): 1. doi:10.1213/ANE.0000000000002298; Biglan, Anthony, Brian Flay, Dennis Embry, and Irwin Sandler. "The Critical Role of Nurturing Environments for Promoting Human Wellbeing." American Psychologist 67, no. 4 (2012):257-271. doi:10.1037/a0026796; Deckard, Gloria, Mark Meterko, and Diane Field. "Physician Burnout: An Examination of Personal, Professional, and Organizational Relationships." Medical Care 32, no. 7 July 1994): 745-754. doi: 10.1097/00005650-199407000-00007.
69. Harvard Medical School. "Fostering Resiliency Among Students and Trainees: A Conversation with HMS psychiatrist Laurie Raymond." Article published May 6, 2011. https://hms.harvard.edu/news/fostering-resiliency-among-students-and-trainees-5-6-11.
70. Porges, Steven. The Polyvagal Theory: Neurophysiological Foundations of Emotions, Attachment, Communication, and Self-Regulation. New York: W.W. Norton & Company, 2011.
71. Taku, Kanako. "Relationships among Perceived Psychological Growth, Resilience, and Burnout in Physicians." Personality and Individual Differences 59 (March 2014): 120-123. doi:10.1016/j.paid.2013.11.003; Eckleberry-Hunt, Jodie, Heather Kirkpatrick, and Ronald Hunt. "Physician Burnout and Wellness." In Physician Mental Health and Well-Being, edited by Kirk Brower and Michelle Riba, 3-32. Cham: Springer, 2017; Cohen, Jordan, and Scott Patten. "Well-Being in Residency Training: A Survey Examining Resident Physician Satisfaction Both Within and Outside of Residency Training and Mental Health in Alberta." BMC Medical Education 5 (2005): 21. doi: 10.1186/1472-6920-5-21.
72. Pepper, John, Sian Jagger, Mark Mason, Simon Finney, and Michael Dusmet. "Schwartz Rounds: Reviving Compassion in Modern Healthcare." Journal of the Royal Society of Medicine 105, no. 3 (March 2012): 94-95. doi:10.1258/ jrsm.2011.110231.
73. Taku. "Perceived Psychological Growth, Resilience, and Burnout," 120; Cohen and Patten. "Survey Examining Resident Physician Satisfaction," 21.
74. Gentry, Eric, Anna Baranowsky, and Robert Rhoton. Trauma Competency: An Active Ingredients Approach to Treating Post-Traumatic Stress Disorder." Journal of Counseling & Development 95, no: 3 (2017): 279-287. doi: 10.1002/jcad.12142.
75. Friedman, Edwin. A Failure of Nerve: Leadership in the Age of the Quick Fix. New York: Church Publishing, Inc, 2007.
76. Institute for Healthcare Improvement. "IHI Triple Aim Initiative," 1 (see introduction, n. 32).

國家圖書館出版品預行編目資料

慈悲枯竭：我撐不住了，還能繼續幫人嗎？助人者的自我修復指南 / 艾瑞克.根特里(J. Eric Gentry), 傑佛瑞.吉姆.狄亞茲(Jeffrey Jim Dietz) 著；郭約瑟譯. -- 初版. -- 臺北市：啟示出版：英屬蓋曼群島商家庭傳媒股份有限公司城邦分公司發行, 2025.07
面；　公分. -- (Talent系列；66)

譯自：Forward-Facing® Professional Resilience.
ISBN 978-626-7257-88-3 (平裝)

1.CST: 疲勞　2.CST: 工作壓力　3.CST: 生活指導

176.76　　　　　　　　　　　　　　　114007613

線上版讀者回函卡

Talent系列66
慈悲枯竭：我撐不住了，還能繼續幫人嗎？助人者的自我修復指南

作　　　者	艾瑞克・根特里（J. Eric Gentry）、傑佛瑞・吉姆・狄亞茲（Jeffrey Jim Dietz）
譯　　　者	郭約瑟
審　訂　者	林式穀
企畫選書人	周品淳
總　編　輯	彭之琬
責　任　編　輯	周品淳
版　　　權	江欣瑜
行　銷　業　務	周佳葳
事業群總經理	黃淑貞
發　行　人	何飛鵬
法　律　顧　問	元禾法律事務所王子文律師
出　　　版	啟示出版
	台北市南港區昆陽街16號4樓
	電話：(02) 25007008　傳真：(02)25007759
	E-mail:bwp.service@cite.com.tw
發　　　行	英屬蓋曼群島商家庭傳媒股份有限公司城邦分公司
	台北市南港區昆陽街16號8樓
訂　購　服　務	書虫客服服務專線：02-25007718；25007719
	服務時間：週一至週五上午09:30-12:00；下午13:30-17:00
	24小時傳真專線：02-25001990；25001991
	劃撥帳號：19863813；戶名：書虫股份有限公司
	讀者服務信箱：service@readingclub.com.tw
	城邦讀書花園：www.cite.com.tw
香港發行所	城邦（香港）出版集團有限公司
	香港九龍土瓜灣土瓜灣道86號順聯工業大廈6樓A室
	電話：(852)25086231　傳真：(852)25789337　E-MAIL：hkcite@biznetvigator.com
馬新發行所	城邦（馬新）出版集團【Cite (M) Sdn Bhd】
	41, Jalan Radin Anum, Bandar Baru Sri Petaling, 57000 Kuala Lumpur, Malaysia.
	電話：(603) 90578822　傳真：(603) 90576622
	Email: cite@cite.com.my

封　面　設　計	李東記
排　　　版	芯澤有限公司
印　　　刷	韋懋實業有限公司

■2025年7月10日初版　　　　　　　　　　　　　　　Printed in Taiwan

定價480元

Forward-Facing® Professional Resilience
Prevention and Resolution of Burnout, Toxic Stress and Compassion Fatigue
Copyright @2020 J. Eric Gentry, Ph.D. & Jeffiey Jim Dietz, M.D.
Complex Chinese translation copyright© 2025 by Apocalypse Press, a division of Cite Publishing Ltd.
All Rights Reserved.

城邦讀書花園
www.cite.com.tw

著作權所有，翻印必究　ISBN 978-626-7257-88-3　978-626-7257-89-0 (EPUB)